ANDREAS KUBA

# WIR KINDER
# DES KRIEGES

Lektorat: Heike Hauf
Art Direction: Peter Feierabend
Gestaltung und Satz: Frank Behrendt
Coverfoto: © Junge/Friedrich Giersig, © Auge/istockphoto.com – olgaecat

ISBN: 978-3-7110-0065-1
1 2 3 4 5 6 7 8 / 16 15 14
www.ecowin.at
Printed in Europe

ANDREAS KUBA

# WIR KINDER DES KRIEGES

## EINE GENERATION ERZÄHLT IHRE GESCHICHTE

ecoWIN

# Inhaltsverzeichnis

1   Traumaland ................................................ 9

2   Unheile Welt ................................................ 37

3   Der Führer erzieht ........................................ 51

4   Judenrein .................................................... 63

5   Vater ist im Krieg ......................................... 81

6   Kinder ins Lager ........................................... 103

7   Bombenstimmung ......................................... 117

8   Gefallen ..................................................... 149

9   Wir Kindersoldaten ...................................... 161

10   Endzeit .................................................... 189

11   Zusammenbruch .......................................... 223

12   Gefangen .................................................. 241

13   Vertrieben ................................................. 255

14   Trümmerkinder ........................................... 263

15   Schweigen ................................................. 295

16   Vermächtnis .............................................. 309


Nachwort ......................................................... 323

„<u>NICHT</u> IM VERGESSEN,
SONDERN IM SICHERINNERN
BESTEHT DAS GEHEIMNIS
DER <u>ERLÖSUNG</u>."

Baal Schem Tov

# 1

# TRAUMALAND

"UND NACHTS KOMMEN WIEDER DIE FLIEGER."

In manchen Nächten herrscht wieder Krieg im beschaulichen Bauernhaus von Jutta Schneider. Dann ist die heute 86-Jährige in ihren Träumen plötzlich das Kind, das sich schützend über ihre Mutter legt, während draußen die Bomber immer neue Angriffe auf Bremen fliegen. „Meine Mutti ist so schwer krank, dass sie das Bett nicht verlassen kann. Bei Fliegeralarm können wir deshalb nicht in den Luftschutzkeller flüchten. Ich lege meinen Kopf auf die Bettdecke der Mutti, breite meine Arme über sie und meine kleine Schwester, und bete ganz still: Lieber Gott, lass hier keine Bomben runterfallen. Meine Mutti darf nicht sterben. Sie ist ja alles, was ich habe."

Dann sieht sie über sich die „Christbäume" am Himmel, diese glitzernden, an Fallschirmen herabschwebenden, Leuchtsterne, mit denen die Alliierten jenes Viertel markieren, das als nächstes angegriffen wird. Spürt den Druck der Luftminen. Wartet auf den nächsten Einschlag. Gleich könnte auch sie so unwirklich leblos daliegen, wie die Tochter von Muttis Freundin Martha, die vom Luftdruck einer Sprengbombe einen Lungenriss erlitten hat. Ob das wohl wehtut? Dann hört sie das scharfe Pfeifen einer Sprengbombe. „Ich kann mich nicht mehr rühren. Jetzt ist es soweit, denke ich. Plötzlich ist der Ton weg. Es herrscht Totenstille. Dann gibt es eine unglaubliche Erschütterung, das ganze Haus schwankt. Gleich wird es zusammenfallen. Ich reiße meine Schwester aus dem Bett. Stürze die Treppe hinunter. Aber ich komme nur bis zur ersten Etage. Das ganze Stiegenhaus ist voller Steine und Schutt. Die Angst treibt mich weiter, meine Schwester schreit. Jetzt sehe ich die Bescherung. Eine Bombe ist seitlich im Haus eingeschlagen."

Jutta Schneider schreckt aus dem Schlaf hoch. Neben ihrem Bett, hier in der Idylle des kleinen bayerischen Dorfs Reisbach, in dem nachts nur die Kirchturmglocken und der Hahn zu hören sind, liegen 70 Jahre danach, fein säuberlich zusammengelegt, die Kleider. Griffbereit. „Damit ich jederzeit flüchten könnte!" In einem kleinen Koffer im Schlafzimmer sind die wichtigsten Wertsachen aufbewahrt, „ein wenig Schmuck könnte ich noch schnell reingeben". Die schlanke alte Dame, die seit dem Tod ihres Mannes Wolf alleine hier schläft, will, dass die Bilder von damals aus ihrem Kopf verschwinden. „Doch das geht nicht weg. Das ist so stark, dass es drei, vier Mal in einer Nacht wiederkommt." Das ist vor allem das Feuer, dass sich in den Schlaf von Jutta Schneider frisst. Das ist so laut, so heiß, so verzehrend, dass sie es wieder nicht löschen kann.

Als 16-jähriges Mädchen, sie war soeben als „Führerin" der „Kinderlandverschickung" von Bayern zurück nach Bremen gekommen, begann im Herbst 1944 für sie eine Nacht wie alle anderen. „Fliegeralarm. Entwarnung. Wieder Fliegeralarm. Wir sind gerade vom Bunker wieder zurück nach Hause gekommen, hoffen, endlich schlafen zu können. Da heulen abermals die Sirenen. Die Flieger haben nur kurz abgedreht. Und kommen wieder. Die Angriffe beim zweiten Alarm sind oft noch weit schlimmer als beim ersten." Es war die perfide Taktik der Angreifer, die Menschen unten sollten es so nicht mehr rechtzeitig in die Luftschutzkeller schaffen. „Wir stolpern durch die Dunkelheit, schaffen es noch bis in den Bunker. Die Einschläge werden immer bedrohlicher. Unser Viertel ist dran, heißt es. Sie werfen Stabbrandbomben. Die meisten sitzen still, fast gottergeben da, halten sich an den Händen. Nur manchmal springt jemand auf, möchte raus, sein Haus, sein Hab und Gut retten. Ich will auch raus, etwas tun. Die Hitze der brennenden Häuser ist so stark, dass wir nicht losgehen können. Ich gehe zurück, hole mir eine Wolldecke, mache sie im Stadtgraben neben dem Bunker nass. Mit der Decke über den Schultern laufe ich durch die hoch aufragenden Feuerwände. Meine Augenbrauen, die Wimpern und die Haare über der Stirn versengen, aber das bemerke ich gar nicht. Da, das ist unser Haus. In hellen Flammen. Das oberste Stockwerk ist bereits auf das darunterliegende gestürzt. Innen, an der Außenmauer, hängt die Badewanne. Glühende Balken liegen überall kreuz und quer. Wände fallen zusammen. Fenster zerspringen. Da unten ist unser Keller. Ich springe hinein, will irgendetwas retten. Meine Schulbücher, den Schlitten, die Geige. Die Hitze wird immer stärker. Die Decke, die längst staubtrocken ist, wird von einem brennenden Holzbalken verschlungen. Ich muss hier weg."

Im Traum brennt jetzt die Wand des Wohnzimmers, an der all die Bücher und Filme und persönlichen Schätze ihres langen erfüllten Lebens verstaut sind. Da ist er wieder, der Feuersturm der letzten Kriegsmonate, der erneut all das verzehrt, was ihr lieb ist. „Dann muss ich löschen und retten, schaffe es aber nicht!" Es gibt kein Wasser, und das Holz glüht immer weiter. Bis Jutta Schneider erneut aufwacht. Und sich erst zurechtfinden muss im Heute, das nach frischem Gras, Blumen und friedlich schlummerndem Land duftet. Sie steht auf, geht die Holztreppen, die im Traum verkohlt sind, hinunter und macht sich einen Kaffee. Auf den Fensterbänken, dahinter der üppig blühende Hof, stehen aufgereiht die Einmachgläser, die sie selbst gefüllt hat. „Ich kann ja nichts wegschmeißen, muss alles einkochen, die Birnen, Kirschen, Marillen – ich esse sogar die angefaulten Äpfel, das ist einfach in einem drinnen!" Jutta Schneider ist nicht schrullig, was sie denkt und sagt und tut, zeigt eine Frau, die auch mit Mitte Achtzig jünger, offener und moderner ist als viele der jüngeren Dorfbewohner um sie. Sie setzt ihr Auto rasant aus dem Schuppen, checkt ihre Mails, schreibt wunderschöne

Geschichten, hört dazu Klassik übers Internet, lässt ihren Garten erblühen, lädt sich Gäste ein, lacht viel und gerne, und ist genauso gerne unter Menschen wie sie es liebt, alleine und kreativ zu sein.

Doch der Krieg, in dem sie Kind war, 12 zu Kriegsbeginn, 17 am Kriegsende, ist immer in ihr. Wie ein Eindringling, der nicht kapituliert, obwohl seit mittlerweile 70 Jahren Frieden ist im Land.

„Ich sehe die Einmachgläser und muss an den Morgen nach dem Bombentreffer auf unser Haus denken. Wir sind zusammen hingegangen und haben uns den Schuttberg angesehen, ganz oben lag das Innenleben des Klaviers, die Badewanne hing immer noch an der Mauer. Die ganze Straße roch verbrannt. Und durch das kleine, vergitterte Fenster unseres Vorratskellers, der noch nicht zusammengefallen war, haben wir gesehen, wie der Inhalt der Einmachgläser kochte und blubberte." Und wenn im Dorf wieder einmal die Sirenen zum Probealarm aufheulen, „dann heule ich heute noch, geh weg aus dem Zimmer, wo ich sie am lautesten höre, und verstecke mich." Die Angst vor dem Feuer ist so mächtig, dass sie Jutta Schneider nicht nur in den Nächten heimsucht, sondern auch ohnmächtig dastehen ließ, als es bei den Nachbarn tatsächlich brannte. „Ich habe vor Angst vergessen, dass wir im Haus ja Wasser haben. Bin nur wie gelähmt dagestanden – und konnte nichts tun."

An manchen Wintertagen dreht Jutta Schneider die Heizung herunter, zieht sich drinnen in ihrem gemütlichen Haus die Stiefeln an, legt sich eine Wolldecke über den Schoß – und ist einfach glücklich. „Ich bin so zu zufrieden, weil ich ja nichts gehabt habe. Ich habe bitter erfahren, wie es ist, in Zimmern mit dicken Eisblumen an den Fenstern zu frieren, und nichts zu essen zu haben, deshalb weiß ich jedes Stück Wohlstand zu schätzen." So kann Jutta Schneider auch nur sehr schwer etwas wegwerfen: „Ich finde Sicherheit darin, etwas aufzuheben, deshalb ist das Haus so voll, weil ich einmal, im Krieg, eben alles verloren habe." Die herzliche, lebenslustige alte Dame muss immer wieder innehalten, wenn sie sich an damals erinnert. Dann kommen ihr die Tränen, und sie fürchtet, „dass ich heute Nacht wohl wieder vom Krieg träumen werde. Das geht einfach nicht weg." Das Trauma des Krieges, im Alltag so gut wie nicht sichtbar, drängt in den Träumen umso stärker in den Vordergrund. „Jedes von uns Kriegskindern hat sein Stückchen zu tragen, ich bin eh noch gut weggekommen."

Jutta Schneider ist eines von etwa 15 Millionen Kriegskindern, die heute in Deutschland leben, in Österreich sind es etwa 1,5 Millionen Frauen und Männer, die im Zweiten Weltkrieg Kinder waren. Sie alle haben das Trauma Krieg in der Kindheit erlebt, als Kleinkinder, als Pubertierende, als Jugendliche, und sie alle holt ihre Geschichte wieder ein. Manche erleben die Rückkehr der dramatischen Vergangenheit ganz schlimm, manche fühlen sich so gut wie gar nicht belastet, vielen wird erst jetzt, in der Ruhe des Lebensabends, bewusst, was sie erlitten und ihr Leben lang mit sich getragen haben, doch fast alle Kriegskinder erzählen nun ihre Geschichte, wenn man sie nur fragt.

Helmut Godai aus Wien ist ein gewitzter kleiner Mann. Der frühere Buchhändler hat Schwarz-Weiß-Bilder mitgebracht, die ihn unter anderem im Herbst 1944 als feschen Soldaten der Kriegsmarine zeigen. Auf der Rückseite eines der Porträts, das er als 17-Jähriger nach einem Rendezvous der Angebeteten zu hinterlassen pflegte, steht in verblasster Frauenhandschrift: „Enttäuschung". Der 86-jährige muss laut auflachen: „Sie hat gemeint, dass ich wie ein Großvater küsse, mir das Bild retourniert und mich abserviert. Ich habe wirklich schlecht geküsst, ich hatte doch keine Möglichkeit, Erfahrungen zu sammeln. Ich war ein echter Jungmann. Meine Affäre war der Krieg." An diesen wird der Wiener jede Stunde seines Lebens erinnert. Beim Bau des Ostwalls, „eine furchtbar schwere Arbeit", hat er sich eine Ohrenentzündung zugezogen. „Ich war immer so verschwitzt, habe mich unter einem Wasserfall nackt geduscht, und da dürfte mir Wasser ins Ohr gekommen sein." Als Rezept gegen die Schmerzen hört er nur, er solle sich doch „in die Sonne setzen". Schwer möglich in Zeiten, da der Krieg alles in den Schatten stellt. Die Angst, die Angriffe, der Dreck, der Lärm. Schließlich ist das Trommelfell so durchlöchert, dass eine radikale Operation notwendig ist. „Seither höre ich auf einem Ohr gar nichts, auf dem anderen sehr schlecht!" Kriegsfolge, sagt er. Nicht Trauma.

Helmut Godai wurde im Mai 1943 mit 15 Jahren als Luftwaffenhelfer eingezogen. „Sie haben unsere gesamte fünfte Klasse des Realgymnasiums in Uniformen gesteckt und uns zum Winterhafen in die Wiener Lobau gebracht." Zur Einheit 3. Leichte 837. Um die Öllager zu schützen, die den Krieg speisten. Dort geriet der Kindersoldat mehrere Male in Bombenteppiche der Alliierten. Doch die eigenen K-2-Geschütze waren für den Abschuss der hoch fliegenden Bomberverbände vollkommen untauglich. Beim Angriff hieß es zumeist „volle Deckung". Durch den Laufgraben in den Unterstand. Dort angekommen, beeilte sich Helmut Godai das Grammophon unter den Tisch in Sicherheit zu bringen. „Damit ihm nur nichts passiert." Die Soldaten hörten auf dem Plattenspieler, dem ihn seine Schwester aus Tschechien gebracht hatte, mit Vorliebe amerikanischen Swing. „Die Unteroffiziere haben das auch gerne gehört." So liefen unten im Bunker die als „Negermusik" verbotenen Lieder der Feinde oben im Flieger.

Einmal, im Mai 1944, mitten in einem der schwersten Angriffe auf den Hafen an der Donau, schnappte sich Helmut Godai seine Kamera. „Ich war an diesem Tag besonders übermütig und bin einfach rausgegangen." Durch den Sucher des Fotoapparats sah er in unmittelbarer Nähe die Einschläge der Bomben. Und drückte ab. Die Bilder, die ihn bis heute verfolgen, zeigen mächtig aufragende, schwarze Wolkenwände, die alles verschlucken. Und dann, als die Flieger abdrehten, und auch die

Kameraden an die Oberfläche kamen und sahen, dass alles verwüstet war und sogar die eigenen Baracken getroffen wurden, betätigte Helmut Godai erneut den Auslöser. Die Fotos, die dabei entstanden, sind einzigartige Dokumente. „Jedem meiner Kameraden ist die Angst ins Gesicht geschrieben. Keine panische Angst, keine Todesangst, aber Angst." Ein paar Wochen später sollte alles noch viel schlimmer kommen. Die Verlegung an die Front ins „Reich", nach Norddeutschland. Der Endkampf. Der Moment, als er mit dem Kochgeschirr in den Händen über eine Brücke laufen musste, die jeden Moment von den eigenen Leuten gesprengt werden konnte, und in dem er sich plötzlich nicht mehr rühren konnte, vor bleierner Angst, weil er von Tieffliegern beschossen wurde. „Ich will mich bewegen, wegkommen, aber es geht nicht. Meine Beine versagen, bleiben einfach stehen." Der Moment, als er nach der Gefangennahme mit dem Gesicht zur Wand gestellt wurde. „Da habe ich mit meinem Leben abgeschlossen." Der Moment, als er halb ohnmächtig und verhungert, im Camp ganz auf sich allein gestellt, zu beten begann. „Da bin ich religiös geworden." Helmut Godai bekommt eine Gänsehaut, wenn er daran denkt. „Dabei habe ich immer Glück gehabt. So viele meiner Freunde, Kindersoldaten wie ich, sind unter die Erde gekommen. Und hatten noch nicht einmal ein Mädchen geküsst."

Deshalb will er erzählen, wie das war damals, und warum er, der vor dem Krieg alle Abenteuergeschichten verschlungen hatte, nach dem Krieg nie wieder Karl May gelesen hat. „Ich hatte und habe ein für alle Mal genug von Helden!" Deshalb will er, dem der Krieg das Gehör genommen hat, dass die Geschichte der Kriegskinder endlich Gehör findet. „Obwohl ich und wohl wir alle immer versuchen, zu vergessen, denn man erinnert sich eben nicht gerne an Sünden!"

Jörg und Dorit Sonnabend haben nie etwas von ihrem Schicksal als Kriegskinder erzählt, „auch nicht unseren Kindern." Was das spätere Ehepaar aus Berlin in den Wirren des Krieges erlebt hat, wie sehr ihnen wehgetan wurde, wie ihre Kindheit im Nationalsozialismus verspielt wurde, wie sich die Ängste in ihnen festgefressen haben, all das haben die beiden, wie ihre ganze Generation, immer verdrängen und zur Seite schieben müssen.

Selbst zumeist unschuldig, schon, weil sie Kinder waren, sind sie nach dem Zusammenbruch des Dritten Reichs von Erwachsenen umgeben, die Ohnmacht, Trauer, Schuld und Scham sprachlos gemacht haben. Und ihren Kindern klar machen, sie sollten froh sein, überlebt zu haben. Und überhaupt: Wie und warum über etwas jammern, das ja allen widerfahren ist?

So bleiben auch Dorit und Jörg Sonnabend mit ihrem Trauma als Kinder des Krieges alleine. „Dabei hätten wir bei dem, was wir als Kinder erlebt haben, Tausende Psychiater gebraucht." Die freilich gab es nicht, oder sie sind selbst in das NS-System verstrickt gewesen. „Also haben wir das alles weggesteckt." Nach vorne schauen hieß es. Den nächsten Tag überleben. Aufräumen. Aufbauen. Rackern. „Das alles zu schaffen, hat schon dafür gesorgt, dass wir seelisch gar nicht durchhängen konnten." Arbeiten. Nicht verarbeiten. Das war das Credo. So feilt Jörg Sonnabend, er ist zu Kriegsende 11 Jahre alt, aus seinem Koppelschloss einfach das Hakenkreuz heraus und „Blut und Ehre", die eingeprägte Grußformel der Hitlerjugend. „Die Gürtelschnalle habe ich ja weiter gebraucht." Die Ideologie des Nationalsozialismus, in der er groß geworden ist, lässt sich freilich nicht so einfach verwischen. Aus den Stahlhelmen der Wehrmacht wurden bei Siemens in Berlin Siebe und Kochtöpfe produziert. Und aus der weißen Fallschirmseide, die bis gestern noch von Zwangsarbeiterinnen verarbeitet werden musste, und an der Kampfsoldaten Tod und Verderben vom Himmel brachten, wurde ein prächtiges Hochzeitskleid. „Wir haben uns 7 Meter gehamstert und um den Bauch gewickelt, für den schönsten Tag im Leben." Für Jörg Sonnabend kam dieser schönste Tag schon mit 13, als er 1947 zum ersten Mal die 70 Mark zusammenhatte, die ein Laib Brot am Schwarzmarkt in Berlin kostete. „Als Junge habe ich immer ein und dieselbe Vision gehabt: Einen vollen Bäckerladen. Als ich mir dann das Brot gekauft habe, habe ich es ganz fest an mich gedrückt, mich unter den nächsten Baum gesetzt, und es ganz alleine auf einmal aufgegessen."

Bis heute können Jörg und Dorit Sonnabend kein Brot wegwerfen. „Wenn es doch schon älter ist, dann wird es eben geröstet." Der 80-Jährige sieht noch immer „die unzähligen toten Soldaten, über die ich hinwegsteige", hat den Geruch der toten Russen in der Nase, „die wir ausgraben mussten." Und in klaren Nächten, in denen der Mond besonders hell scheint, wird Dorit Sonnabend, die in der Einflugschneise des Flughafens Berlin-Tegel wohnt, unruhig. „Dann spüre ich ein furchtbares Kribbeln auf der Haut, mein Kopf vibriert. Und ich habe Angst, dass sie diese Nacht wiederkommen." Sie, das sind „die silbernen Vögel", die sie als kleines Mädchen in den Luftschutzkeller getrieben haben: „Meine Mutter hat mich mitten in der Nacht aufgeweckt, mir einen Mantel über den Pyjama angezogen und dann sind wir schon gerannt. Das Einzige, das ich immer mitgenommen habe, war mein Teddybär. Er war mein zweites Ich. Mit ihm habe ich immer alles besprochen." Ihm erzählte sie auch, was sie sonst niemandem sagte, was sie sich so sehr erträumte: „Ich habe mir gewünscht, dass der Himmel über Berlin von einer dicken Eisenplatte geschützt wird. Damit keine Bomben mehr durchkommen können!" Und dass ihre Mutter diesen Satz nicht mehr sagte, der sie wohl trösten sollte, stattdessen aber unendlich traurig machte: „Komm auf meinen Schoß, Dorchen. Wenn uns eine Bombe trifft, dann trifft sie uns beide. Dann sterben wir gemeinsam!"

Auch wenn über dem Bunker, den Dorits Vater im Krieg aus Angst vor Luftminen trotz strengen Verbots im eigenen Garten der Laubenkolonie gegraben und mit dicken Betonmauern versehen hatte, längst Gras gewachsen ist und heute Kirschbäume blühen, so drängen die alten Ängste doch immer wieder an die Oberfläche. Eine Sirene reicht, „und alles in mir vibriert und ich wünsche mir nur, dass es sofort aufhört. Aber das geht nicht weg! Damit muss ich wohl leben."

Sabine Werner war vor Kurzem selbst der Krieg. Die 78-jährige, die sich ihrer Vergangenheit stellt, indem sie alles zum Thema Kriegskinder liest, Gesprächskreise besucht oder an therapeutischen Aufstellungen teilnimmt, wurde gebeten, in einer Gruppe den Krieg darzustellen. „Das hat mich furchtbar mitgenommen. Als ob ich alles noch einmal durchmachen würde: Die ständige Angst, die Tiefflieger, die vielen Toten, die Kälte, der Hunger." Obwohl der Krieg für das 9-jährige Mädchen in Potsdam vor fast 70 Jahren zu Ende ging, kann schon ein Bild reichen, um ihr Trauma zu aktivieren. „Ich war in einem Museum, und da hing eine bedruckte Stoffbahn, auf der ein Soldat seinen Arm um ein kleines Mädchen legt. Ich habe beim Anblick dieses Motives Weinkrämpfe bekommen und bin richtiggehend zusammengebrochen. Wahrscheinlich hat es mich an meinen Vater erinnert." Der Vater, Offizier einer Fallschirmjägertruppe, wurde 1941 auf der griechischen Insel Kreta „wie ein Kaninchen abgeschossen", nachdem er am Boden gelandet war. Nach drei Tagen erlag er dem Bauchschuss. Nach weiteren zehn Tagen erschien ein Gefreiter an der Tür in Potsdam und überbrachte die Todesnachricht aus Chania. Sabine Werner war da knapp 5 Jahre alt. „Doch ich habe verstanden, dass Papi tot ist.

Nach seinem Tod war das Wort Kreta unauslöschlich mit meinem Vater verbunden. Kreta war mein Vater und mein Vater war Kreta. Irgendwann habe ich natürlich begriffen, dass Kreta ein Insel ist, aber ich konnte das Wort Kreta nicht hören, aussprechen oder lesen, ohne meinen Vater mitzudenken." Als Sabine Werner Jahrzehnte später einmal nach Kreta in den Urlaub fährt, besucht sie das Grab des Vaters, den sie nie kennengelernt hat, und wundert sich, dass sie zehn eigentlich recht unbeschwerte Tage verbringen kann. „Doch als ich ins Flugzeug nach Hause eingestiegen bin, hat mich auf einmal ein Weinkrampf überfallen, der auch bei der Zwischenlandung in Athen noch nicht aufgehört hatte. Ich habe schluchzend auf meinem Koffer gesessen und auf den Weiterflug nach Deutschland gewartet. Und habe überhaupt nicht begreifen können, was da mit mir geschieht."

Heute weiß Sabine Werner, dass dies wohl der endgültige Abschied von ihrem Vater war, dem Mann, den sie unaufhörlich gesucht hatte. Drei Mal hat sie geheiratet, „immer auf der Suche nach einer Vaterfigur. Ich war mein Leben lang unsicher, wollte immer einen alten Mann heiraten". Und sie hat sich aufgrund des frühen Verlusts des Vaters „immer mit Sterben befasst, ist das nicht furchtbar?"

Gertrude Widder aus Linz kann bis heute keine Uniformen sehen. Sie war 9 Jahre alt, als der Nachbar der Familie, er hatte als Polizeipräsident Dutzende illegale Nazis einsperren lassen, am 13. März 1938 um drei Uhr früh unter ihrem Fenster von den neuen Machthabern erschossen wurde. „Unser Hausgehilfin Minna war eine eingefleischte Nazisse, sie hat ihn den Nazis ausgeliefert." Ein Konzipient des Vaters, der als Rechtsanwalt arbeitete, wurde erschlagen. Am Tag darauf marschierte die Wehrmacht ins Kinderzimmer von Gertrude Widder ein. „Es hat geheißen, wir müssen unser Kinderzimmer hergeben, dann sind drei deutsche Offiziere gekommen und haben sich zwischen unserem Spielzeug breitgemacht. Ein eigener Bursche hat ihnen die Stiefel geputzt." So erfuhr Gertrude Widder mit dem Tag des Einmarsches in Österreich, „was es heißt, in einer Diktatur zu leben, das kann sich keiner vorstellen".

Bis heute erschrecken sie Uniformen so, dass sie sich abwenden muss. Die 85-jährige Juristin will „nichts über den Krieg lesen oder hören, nichts davon kann ich sehen. Das verdränge ich." Sie will nicht daran denken, wie sie in einem der Bombenangriffe aus Angst ihre kleine Schwester Gundi, für die sie verantwortlich war, auf dem Klo hat sitzenlassen und panisch in den Keller gerannt ist. „Ich hatte das Gefühl, dass der ganze Himmel mit riesigen Vogelflügeln voll ist, das war solch ein Rauschen, so was Lebendiges." Sie will sich nicht daran erinnern, wie ihr geliebter Bruder noch im April 1945 als 17-jähriger Gymnasialschüler zum Endkampf nach Berlin kommandiert wurde. „Ich habe ihn zum Bahnhof gebracht, der Frontzug war ein Viehwaggon, die Kindersoldaten sind am Boden gesessen, der Abschied war so schrecklich." Sie will sich nicht vergegenwärtigen, wie sie beim Kartoffel-Hamstern auf einem Feld von einem Tiefflieger beschossen wurde. „Wenn etwas so belastend ist, dann muss man es wegschieben!"

Eckart Schwartz hört noch immer die Schreie seiner 15-jährigen Schwester Inge, als diese in Berlin sieben Mal hintereinander von russischen Soldaten vergewaltigt wurde. „Ein Soldat hat mir als kleinem Bruder die Maschinenpistole an die Stirn gehalten. Und ich habe nichts gemacht! Das belastet mich bis heute." Um die Traumata von damals zu verarbeiten, „schreibe und erzähle ich darüber. Denn Kinder haben sich das nicht verdient. Dass sie Kriege erleben müssen, für die sie ja nichts können." Der 82-jährige Berliner, der im Dritten Reich als „rassisch unrein" in ein Germanisierungslager in Polen gesteckt wurde, weil seine jüdische Mutter erst 1931 zum christlichen Glauben übergetreten war, tourt heute mit seinen einzigartigen Romanen und Kurzgeschichten, die er unter dem Künstlernamen Nathan Ceas veröffentlicht, durch die Lande. „Der lange Weg" heißt eines der Bücher, das seine Flucht aus dem Lager zu seinen Eltern beschreibt. „Im Schatten der Erinnerung" ein anderes. Über einhundert Mal hat er auch im Theaterstück „Kriegskind" mitgewirkt, in dem er als Zeitzeuge dem zumeist jungem Publikum Rede und Antwort stand. „Das Stück ist weder Geschichtsstunde noch Performance und doch irgendwie beides. Und am Ende steht die Aufforderung: Fragt die Alten, solange das noch geht!"

Richard Suchenwirth empfängt Besucher in seinem Häuschen am bayerischen Ammersee im Bett, wo er im Nachthemd unter einer weichen Bettdecke die Tage verbringt, mit einem Zitat des norwegischen Dramatikers Henrik Ibsen: „Leben heißt, dunkler Gewalten Spuk bekämpfen in sich, Dichten, Gerichtstag halten über sein eigenes Ich." Der 87-jährige Neurologe kann nur noch sehr schwer aufstehen, seit auch sein Augenlicht geschwunden ist, kann er fast nichts mehr sehen, nicht mehr lesen. Auf dem Nachtkästchen stapeln sich Hörbücher, die überbordende Bibliothek an der gegenüberliegenden Wand, in der auch viele eigene medizinische Werke stehen, bleibt ihm für immer verschlossen. Doch Richard Suchenwirth ist nicht verbittert, im Gegenteil, er lacht viel und gerne, ist ein großartiger Erzähler, und strahlt unter seiner Decke liegend eine eigene Zufriedenheit und Ruhe aus. „Ich habe ja noch meinen Kopf. Und in dem bin ich überall dort, wo ich sein will."

Die Erinnerungen an sein Schicksal als Kriegskind – geboren 1927, mit 16 Jahren von der Schule zum Luftwaffenhelfer rekrutiert, mit 17 zuerst viele der Klassenkameraden, dann auch noch den Bruder an den Krieg verloren – empfindet er mehr als Abenteuer denn als Trauma. „Ich habe seelisch keinerlei Trauma mitbekommen, nie vom Krieg geträumt, obwohl ich fürchterliche Sachen gesehen habe. Ich habe mich selbst gewundert, wie gut ich das geschafft habe." Über die Vergangenheit spricht er normalerweise nicht. „Nicht, weil ich Angst davor habe, sondern weil jeder seinen eigenen Weg gehen muss!" Aber in seiner Karriere, die ihn an die renommiertesten Kliniken in München, Freiburg, Erlangen oder Kassel geführt hat, hat Richard Suchenwirth seine Patienten stets zuallererst gefragt, „was im Krieg passiert ist. Das war mir ganz wichtig, weil es in so vielen Fällen der Grund und die Erklärung dafür war, warum sie zu mir kamen. Erst nachdem ich ihre Kriegskindergeschichten abgeklärt hatte, habe ich mit der eigentlichen Behandlung begonnen."

Julianne Ziese hat nie eine professionelle Hilfe in Anspruch genommen. „Ich habe auch nie Albträume gehabt." Doch das Trauma Krieg ist tief in ihr verwurzelt. Die 84-jährige, die seit 1967 in Berlin lebt, der „Inselzeit", wie sie sagt, sitzt in ihrer gediegenen Wohnung mit dunklen Möbeln und dunklen Gemälden und weint, wenn sie ihre Geschichte erzählt. Zuhause ist sie hier nicht. Zuhause ist für sie das mehr als 1000 Kilometer weiter südlich gelegene Dorf Hodschag in der Vojvodina, das im heutigen Serbien liegt und Odžaci heißt. Dort wurde sie 1930 als „Donauschwabe" geboren, von dort wurde sie 1945 als „Deutsche" vertrieben. Und dort bekam die Unschuld ihres Lebens in der Nacht des 23. November 1944 einen Riss. Mit 14 Jahren.

Am Vormittag des nasskalten Tages kamen die Tito-Partisanen ins Dorf. Holten 181 Männer und zwei Frauen. „Darunter zwei meiner Onkel, ein Großonkel, zwei Cousins, 16 und 20 Jahre alt." Sie fragten das Mädchen nach

Dorfbewohnern: „Kraus Josef. Wo ist der? Und ich habe ihnen noch gezeigt, wo sie sind." In der Nacht begann es heftig zu regnen, die Dorfstraße war nur noch Schlamm. Keiner wusste, wo die Männer geblieben waren. Was passiert war. „Da bin ich hinausgegangen, habe Fußspuren im Matsch gesehen, lauter nackte Füße, bin ihnen nachgegangen, bis zu einer Biegung, wo die Spuren plötzlich aufhörten, dort war ein Hügel frisch aufgeworfener Erde, nur eine Schädeldecke hat herausgeschaut." 183 Deutsche waren nackt aus dem Dorf getrieben worden, mussten sich selbst ihre Grube schaufeln, sich an den Rand hocken, und wurden erschlagen. Nur Hans, der Cousin von Julianne Ziese, „er war der Neunte in der Reihe", konnte flüchten. Die Tante versteckte ihn. „Als ich ihn gesehen habe, haben sie mich bekniet, nichts zu sagen. Niemand sollte vom Massaker erfahren, um zumindest Hans zu schützen. Das war so bedrückend. Alle haben gesagt: Wenn ich nur wüsste, wo der und der ist. Und ich wusste alles. Und durfte es niemandem erzählen." Irgendwann konnte die 14-jährige nicht mehr. Vertraute sich ihrer Mutter an. Die sagte es dem Großvater. „Der hat daraufhin die Augen zugemacht. Er wollte nicht mehr. Und ist gestorben." Zwei Tage nach dem Massaker von Hodschag brachten die Partisanen der Krajiska-Brigade im benachbarten Ort Filipowa 212 weitere deutsche Burschen und Männer um. Im Herbst 1945 begann die Odyssee der Vertreibung, die Irrfahrt ihrer Geschichte, die Julianne Ziese bis heute verfolgt. „Ich habe im Krieg meine Heimat und meine Kindheit verloren." Und wohl auch den Glauben an die Menschen.

Inge Kendl hatte neben der Hölle gewohnt und diese 1942 besucht. Zum geselligen Nachmittag. „Wir haben zu diesem Zeitpunkt in Dachau gelebt und vor Weihnachten kleine Geschenke gebastelt, um damit Waisenkinder zu unterstützen. Als Dank dafür wurden wir von den Nationalsozialisten ins KZ eingeladen." Die 11-Jährige wurde fein herausgeputzt und stand plötzlich mitten im Konzentrationslager Dachau, in dem insgesamt etwa 41 500 Menschen ermordet und in eigenen Krematorien verbrannt wurden. Kurz vor der Jause mit Kuchen und Kaffee, die von KZ-Insassen serviert wurde, wurde Dachau „judenfrei" gemacht und alle jüdischen Häftlinge nach Auschwitz deportiert. Die verbliebenen Häftlinge, insgesamt waren es zwischen 1933 und 1945 mehr als 200 000, starben in diesen Tagen des vierten Kriegswinters oftmals an Bauchtyphus und Fleckfieber, die im Lagerkomplex wüteten. Im Block 4 fand zeitgleich mit dem Besuch der Kinder aus Dachau eine Filmvorführung statt. Propagandafilme über den Siegeszug der Nationalsozialisten sollten die Häftlinge zusätzlich demütigen. Inge Kendl bemerkte von alldem nichts. „Wir wurden gut verköstigt. Und dass die Häftlinge gestreifte Anzüge getragen haben, ist mir auch ganz normal vorgekommen, sie waren ja Gefangene."

Sie dachte sich auch nicht viel dabei, als im selben Jahr mitten ins Wohnzimmer in München, demselben, in dem sie jetzt sitzt, eine Stabbrandbombe durchs Dach auf den Teppich fiel. „Da sie nicht explodiert ist, habe ich sie einfach genommen und beim Fenster rausgeworfen." Unten, auf der Zentnerstraße in Schwabing, war sowieso schon lauter Schutt. „Und wo vorher noch die Decke war, haben wir jetzt auf den Himmel gesehen." Die Stelle, wo die Bombe durch das Geschoss schlug, ist immer noch zu sehen. Wenn Inge Kendl heute aus dem Fenster blickt, sieht sie nur die gegenüber liegenden Häuser. „Damals habe ich bis zur Frauenkirche gesehen, so zerstört war alles!" Statt der Scheiben hatten sie einfach Pappe eingesetzt. Und weitergelebt. Egal, ob sie von Tiefffliegern beschossen wurden. „Die kamen so nah, dass ich durch die Glaskuppel den Menschen drinnen sehen konnte." Ob die SS ausgebrochene KZ-Insassen erschoss und die Leichen einfach liegen ließ. Ob sie, um ein wenig Margarine zu plündern, über tote Soldaten stieg, die im ausgelaufenen Wein des Kellers ertrunken waren. Oder später als Trümmermädchen Stein für Stein der vollständig zerbombten Josephskirche putzte und aufeinanderschichtete. Heute wundert sich Inge Kendl, „dass wir so normal weiterleben konnten. Aber der Krieg war für uns der Alltag. Wir haben ja fast nichts anderes gekannt. Als Kind habe ich mir keine Gedanken gemacht. Erst heute denke ich darüber nach." Und erst jetzt, mit 83 Jahren, will die Münchnerin alles wissen, alles sehen, alles verstehen, was ihr als Kriegskind widerfahren ist. „Heute sehe ich mir jeden Bericht über den Zweiten Weltkrieg und den Holocaust an, weil ich über alles nachdenke, was ich als Kind nicht durchschaut habe."

Judith Lemke, im August 1941 in Berlin-Tiergarten zur Welt gekommen, hat den Krieg „nur in sehr vagen Bildern" abgespeichert. „Ich sehe den Luftschutzkeller, da saß man ganz still, konnte keine Nacht schlafen, und die Luft vibrierte vor Angst." Als sie 2 Jahre alt war, wurde ihre Wohnung im zweiten Stock ausgebombt. „Mit einem Schlag war alles weg." Und dann kam ein Brief der Wehrmacht: Granatsplitter, Halsschlagader, ganz kleiner Ort, das waren die Worte, die sie aufschnappte. Später folgte noch ein Päckchen. Darin die Habseligkeiten des gefallenen Vaters: „Ein Füllhalter, ein Pulswärmer, sein Notizbuch 1942 voll Blutflecken." Und danach das Bild des Vaters in Uniform, das die Mutter im Kinderzimmer aufgehängt hatte, immer vor Augen: der lebenshungrige Blick, das dunkle Haar mit Brillantine zurückgelegt, der gütige Ausdruck. „Ich habe zu ihm aufgeschaut wie zu einem Gott." Der frühe Verlust des Vaters hat ihr Leben bestimmt. „Und weil ich als Kind nie erlebt habe, wie schön es ist, Kind zu sein, habe ich wohl selbst nie Kinder bekommen." Die Sehnsucht nach eigenen Kindern hat Judith Lemke erst eingeholt, „als es schon zu spät war. Das ist die größte Trauer meines Lebens".

Lieselotte Kuba hat den kleinen blauen Stoffhund, den sie von ihrem Vater im Krieg geschenkt bekommen hatte, bis heute aufgehoben. „Ich habe ihn immer wieder geflickt, weil er das Einzige ist, das mir von Vati geblieben ist." Die heute 74-Jährige aus Mistelbach in Niederösterreich hat sich nach dem Krieg viele Jahre geweigert, ihre wunderschönen langen Haare schneiden zu lassen. Denn die Szene, als sie als dreijähriges Mädchen den Vater Ende 1943 zum letzten Mal gesehen hat, ist tief in ihrem Gedächtnis eingebrannt. „Ich sehe den Abschied am Bahnsteig vor mir, als ob es gestern gewesen wäre. Die Mutti war mit mir nach Wien gefahren, um Vati nach dem kurzen Fronturlaub noch bis zur letzten Minute begleiten zu können. Vorm Lebewohlsagen hat mein Vater dann mit mir nachlaufen gespielt. Ich bin um eine Säule herum, er hinterher, dann hat er mich bei den blonden Zöpfen eingefangen, auf den Arm genommen und gesagt: Die Haar lässt du dir nicht abschneiden, gell!" Für Lieselotte Kuba war der Wunsch des Vaters wie eine testamentarische Verfügung, die sie fortan konsequent beherzigte. „Ich hätte mir die Zöpfe nie abschneiden lassen, weil ich immer gedacht habe, dass Vati sich dann kränken würde, wenn er nach Hause kommt." Später, als das Mädchen begriffen hat, dass er wohl für immer vermisst bleiben würde, sind die langen Haare ihre unauslöschliche Verbindung zum Vater. Die Porzellanpuppe, die ihr der Vater von einem seiner Einsätze als Chauffeur in der Wehrmacht mitgebracht hatte, ist zu diesem Zeitpunkt schon zerbrochen. „Ich wollte die Puppe unbedingt zum Spazierengehen mitnehmen, die Mutti meinte noch, ich solle sie zu Hause lassen, damit sie nicht kaputtgeht, aber Vati sagte, das wäre ja noch schöner, er habe sie mir

ja schließlich dafür geschenkt, dass ich mit ihr spiele."
Die blassen Scherben der Puppe hatte Lieselotte Kuba
noch lange in einem Kasten versteckt. „Ich hätte sie so
gerne wieder zusammengesetzt, aber wir hatten ja nichts
dafür." Irgendwann im Frühjahr 1944 kam statt der Feldpostbriefe des Vaters die Nachricht von seinem Tod. „Wir
waren mit ein paar anderen Frauen, deren Männer auch
alle im Krieg waren, in einer kleinen Küche, als die Mutti
die Meldung bekam, dass ihr Adolf gefallen sei. Sie ist
zusammengefallen. Und hat in diesem Moment auch ihr
ungeborenes Baby verloren." Als der Krieg im April 1945
auch im Weinviertel ankam und das 4-jährige Einzelkind mit seiner Mutter auf dem Weg zu Verwandten, bei
denen sie sich verstecken wollten, über die Landstraße
ging, auf der Seidenstrümpfe lagen, hörte sie einen Satz,
der sie schwer traumatisierte: „Die Mutti hat zu mir gesagt: Du brauchst nichts aufzuheben, weil wir brauchen
nichts mehr." Das Kriegskind, das schon den Vater verloren hatte, packte eine ungeheure Angst. „Wir brauchen
nichts mehr! Hieß das, dass ich jetzt auch noch die Mutti verliere? Dass ich selbst sterben muss?" Dann kamen
die Russen, die willkürlich mordeten, plünderten und
vergewaltigten. „Ich wusste nicht, warum die Frauen so
furchtbar schreien. Aber ich habe gespürt, dass ihnen etwas Entsetzliches angetan wird." Lieselotte Kuba kann
bis heute keine Sirenen hören, würde so gerne wissen,
wo ihr Vater begraben liegt und erträgt im Alltag keine
Ungerechtigkeiten. „Da werde ich allergisch und muss

mich sofort einmischen. Vielleicht, weil der Krieg, in den ich geboren wurde, wie jeder Krieg, das Ungerechteste ist, das es gibt. Und für Kinder ganz besonders grausam."

Wolfgang Pucher ist im wahrsten Sinn des Wortes ein Kriegskind. Der heute 75-jährige Pfarrer wurde 1939 im kleinen steirischen Dorf Hausmannstätten bei Graz geboren. „Ich bin ein Wunschkind. Gezeugt in der Nacht, bevor mein Vater in den Krieg ziehen musste." Der Vater war der erste Mann, der im Ort eingezogen wurde, vielleicht, weil die Mutter Hitler so hasste, dass sie ihr Häuschen an Führers Geburtstag nur mit der kleinsten verfügbaren Hakenkreuzfahne schmückte, worauf ihr der Ortsgruppenleiter der NSDAP drohte: „Resi, wenn du das noch einmal machst, bist in Dachau." Der Vater kam dann nur noch ab und an vorbei, wenn er sich nachts aus der Kaserne davonstehlen konnte und auf stockdunklen Schotterstraßen auf dem Waffenrad heimlich heim zu Frau und Kind fuhr. Um keine Denunzianten auf den Plan zu rufen, kam er über den Garten, die Eheleute hatten sich ein geheimes Erkennungszeichen ausgemacht. „Ein ganz bestimmtes Klopfen an den Fensterladen." In der Nacht auf den 9. Jänner 1943 hörte Theresia Pucher das vereinbarte Klopfen. „Karl, bist du´s?" Keine Antwort. Die Mutter war unruhig. „Ihre Haut juckt wie nach Flohbissen." Hörte wieder das Klopfen. Wieder keine Antwort. Beim dritten Mal zündete sie die kleine Petroleumlampe an und ging ein paar Mal rund ums Haus. Nichts. Am nächsten Vormittag kam ein Telegramm:

Der Vater war am Tag zuvor in Slowenien von Partisanen erschossen worden, hatte dann noch einige Stunden gelebt, und war am Abend gestorben. „Für Führer, Volk und Vaterland." Wolfang Pucher sieht noch heute die Hakenkreuzfahnen am Sarg, die vier Soldaten mit Stahlhelmen, die ihn tragen, den Schnee, der leise fällt und alles zudeckt, die Mutter, die zurückgehalten wird, als sie einen letzten Blick auf den Vater werfen möchte. „Sie haben meine Mutter nicht reinschauen lassen. Vielleicht war auch das mit ein Grund, dass wir immer weiter gehofft haben, dass Vater wieder kommt. Ich habe mir genau überlegt, wie ich ihn begrüßen werde, wenn er zur Tür hereinkommt."

Der Krieg ist für Wolfgang Pucher „immer mit dem Grauen des Verlustes des Vaters verbunden. Das war und ist ein Dauerschmerz". Die Suche nach einem Vater hat ihn wohl auch zum Pfarrer gemacht. „Vielleicht habe ich mich dem Himmelvater zugewandt, weil der eigene Vater nicht da war. So haben auch die schrecklichsten Dinge den Aspekt, daraus lernen zu können." Wolfgang Pucher ist ein mutiger Mann. Er kümmert sich schon Ende der Sechzigerjahre um Straßenkinder in Istanbul, zurück in Graz beginnt er, der selbst in größter Armut aufgewachsen ist, als Priester der Pfarre St. Vinzenz die Obdachlosigkeit in der Stadt zu bekämpfen. Er verteilt jeden Abend Lebensmittel an Bedürftige, baut aus Containern das „Vinzi-Dorf" für Menschen, die kein Dach über dem Kopf haben, gründet Notschlafstellen, Sozialmärkte und Krankenstuben. Und als sich in Graz immer mehr ausländische Bettler tummeln, geht er den Ursachen auf den Grund, und gründet in dem Ort, aus dem sie kommen, eine Nudelfabrik. Als das Land Steiermark vor einiger Zeit ein Bettelverbot erließ, setzte er sich selbst auf die Straße, um sich anzeigen zu lassen und das Urteil bekämpfen zu können. Das Verbot wird schließlich vom Verfassungsgerichtshof aufgehoben. „Der Mensch hat leider die Fähigkeit, grausam zu sein. In jedem Menschen ist auch das Böse, und man muss täglich darum kämpfen, dass das Böse nicht überhand nimmt."

Günther Sereda hat die Erfahrung des Bösen zum Arzt und Psychotherapeuten gemacht. Der 84-jährige aus dem nördlichen Niederösterreich wurde 1945 „als 15-jähriger Rotzbub" zur Waffen-SS rekrutiert, mit der Berufung, „dass es jetzt an uns liegt, das Vaterland zu verteidigen". Was er in den folgenden Monaten sah, hat ihn nie wieder losgelassen. „Ich wollte klären, wie der Mensch zu solchen Wahnsinnstaten fähig ist."

# 2

# UNHEILE WELT

„HITLER BEDEUTET KRIEG!"

Der deutsche Schäferhund, den Günther Sereda als Bub so bewunderte, war bereits für einen Krieg abgerichtet. Als Sanitätshelfer. „Bello konnte sich ganz flach machen, um an der Kampflinie zu Verletzten zu robben, ohne selbst getroffen zu werden. Um den Hals trug er eine Flasche mit lebensrettender Nahrung." Doch was ihn noch mehr begeisterte, war die angebliche Fähigkeit des Hundes, feindliche Flieger auszumachen. „Mein Vater hat behauptet, dass Bello so ausgebildet ist, dass er heranziehende Kampfflieger am Klang unterscheiden könne, dass er ruhig bleibe, wenn eigene Flieger kommen, und anschlägt, wenn Feinde im Anflug sind." Und Günther Sereda hätte so gerne gesehen, ob das auch wirklich stimmte.

In seinem Dorf, ganz im Nordosten von Österreich, herrschte Mitte der Dreißigerjahre noch die alte Ordnung. Der Pfarrer, der Bürgermeister, der Lehrer, das war die heilige Dreifaltigkeit, die über die Bauern und Kleinhäusler bestimmte. Sie trafen sich im Wirtshaus zum Tarockieren, oft stießen auch noch Günther Seredas Vater, er war der Gemeindearzt, sowie der Gendarm dazu. Was die Handvoll Männer, alles Christlich-Soziale, beim Wein ausmachten, war sakrosankt. Die Straßen im Ort waren noch unbefestigt, bei Regen rann der Schlamm in die Häuser. Es gab kein Fließwasser, nur den Drehbrunnen. Und den Bach, in dem man sich badete. Die Kinder liefen barfuß herum. „Nur ich musste immer Schuhe anziehen, weil meine Mutter das verlangt hat, sie war ja von Wien aufs Land gekommen, und kam sich besser vor als die Bauern."

Dann wurde Günther Sereda schwer krank. „Ich bin 100 Tage im Bett gelegen mit irgendeiner schweren Infektion." Es gab kein Krankenhaus, die Pflege zu Hause wurde „zur enormen Belastung für die Eltern". Epidemien wie Diphtherie oder Kinderlähmung zogen von Haus zu Haus. „Jedes Jahr wurden ein, zwei Klassenkollegen beerdigt. Sie sind neben mir gesessen, und plötzlich war der Sarg da." In der Schule war es in diesen Zeiten ganz normal, „dass wir gedroschen wurden. Die Sadisten unter den Lehrern haben das weidlich ausgenutzt". Wer sich beschweren wollte, wurde dafür noch einmal geprügelt.

Die Eltern des Weinviertlers waren national eingestellt. Der Vater, der als Südtiroler in Wien Medizin studiert hatte, war im Ersten Weltkrieg als Arzt an die Isonzo-Front geschickt worden, an der Hunderttausende Soldaten, auch an Giftgas, krepierten. „Den aufkommenden Nationalsozialisten gegenüber war er freundlich eingestellt, weil er gehofft hat, dass Südtirol wieder an Österreich zurückkommt."

Im Dorf an der Grenze zur Tschechoslowakei gab es damals keine Zeitungen, kein Radio, man fuhr mit Pferd und Wagen, ein Ausflug ins 60 Kilometer entfernte Wien galt beinahe schon als Weltreise. „Die Zivilisation war am Land noch nicht angekommen." In den Hinterzimmern der Wirtshäuser saßen jetzt immer öfter Männer, die sich eine Kornblume ansteckten. Das Erkennungszeichen der illegalen Nationalsozialisten. Sie erzählten von der „Bewegung", die „draußen in Deutschland" immer stärker werde.

Friedrich Giersig, geboren 1931, begegnete den neuen Herren aus dem „Reich", wie sein Vater Deutschland nannte, erstmals in den Urwäldern. Hier, in der Vois, einer wildromantischen Talschaft unter dem 2000 Meter hoch aufragenden Schneeberg im südlichen Niederösterreich, wo auf einem Quadratkilometer gerade eine Handvoll Menschen lebte, weniger als in den entlegensten Fjorden Norwegens, traf Friedrich Giersig auf Erwin Rommel, der den Kleinen in der Lederhose fragte: „Wo sind denn hier die nächsten Rehe."

In der launigen Gesellschaft des späteren „Wüstenfuchses", er leitete zu diesem Zeitpunkt die neue Kriegsschule in Potsdam und schrieb gerade das Werk „Infanterie greift an", befand sich die Prominenz der NSDAP. Man jagte Hochwild. Und konzipierte den Krieg.

In Schwarzau im Gebirge im benachbarten Höllental lud zur gleichen Zeit der jüdische „Patronenkönig" Fritz

Mandl zum Diner auf seinen feudalen Landsitz, die Villa Fegenberg. Der schillernde Industrielle, er war Generaldirektor der Hirtenberger Patronenfabrik, wollte auch am kommenden Krieg mitverdienen. Er unterhielt beste Kontakte zu den österreichischen, ungarischen und italienischen Faschisten, er belieferte die austrofaschistische Heimwehr mit Waffen und er knüpfte Kontakte zum „Dritten Reich". In der Villa hielt er seine um 14 Jahre jüngere Frau, die Schauspielerin Hedy Lamarr, gefangen, von der er bei der Hochzeit verlangt hatte, vom jüdischen zum katholischen Glauben überzutreten. Nachdem diese 1933 im Film „Ekstase" in einigen Nacktszenen zu sehen war, verbat er ihr aus Eifersucht die Schauspielerei. Seine eigenen jüdischen Wurzeln versuchte Fritz Mandl zu verleugnen.

Friedrich Giersig musste mit 7 Jahren jeden Morgen um 6 Uhr früh aufbrechen, zur Volksschule sind es 8 Kilometer Fußmarsch. „Dort wird die zweite, dritte und vierte Klasse in einem gemeinsamen Klassenzimmer unterrichtet." Wenn er nach der Schule heimkam, „läutete" er an den langen Zöpfen seiner Schwester, fütterte die Kühe, Pferde, Hühner und Hasen am Gut, das sein Vater als Forstingenieur führte. „Das Gut war eigentlich im Besitz einer reichen Berliner Bankiersfrau, aber deren Mann, ein Opernsänger, ist durch Alkohol und Frauengeschichten völlig versumpft". Der Vater, Fritz, wurde im Ersten Weltkrieg schwer verwundet, „als er am Piave-Fluss die nachrückenden Italiener aufgehalten hat, wofür er die goldene Tapferkeitsmedaille bekommen hat."

Immer, wenn der Vater aus der Vois nach Wien musste, kam er entsetzt zurück. „Er war erschüttert, dass dort Rote auf Schwarze schießen, und umgekehrt." Im Gegensatz zu Deutschland, wo seiner Meinung nach wieder Ordnung herrschte. „Mein Vater verstand sich als Großdeutscher, weil er „gesehen hat, dass es in Deutschland aufwärts geht. Deshalb ist er auch der NSDAP beigetreten."

Leo Zahels Eltern waren Rote. Der 83-Jährige, der heute am Ostrand von Wien lebt, war 1931 in Troppau in Mährisch-Schlesien zur Welt gekommen. Der Vater war Parteisekretär der Deutschen Sozialdemokratischen Arbeiterpartei in der Tschechoslowakischen Republik. Die Familie wohnte in einem Nebengebäude der parteieigenen Druckerei „Vorwärts". Die Mutter half mit, wenn die Partei neue Aufrufe verbreitete. Der Sozialdemokrat warnte vor Hitler und Henlein, dessen Sudetendeutsche Partei von der NSDAP systematisch unterwandert wurde, mit dem einzigen Ziel, die Sudetengebiete an das Deutsche Reich anzuschließen. „Mein Vater war extrem engagiert, aber es hat alles nichts genützt." Bei den Wahlen 1937 erhielt Henlein bereits 90 Prozent der Stimmen, das rote Parteisekretariat musste aus Kostengründen geschlossen werden. Leo Zahles Vater wurde durch Hitlers Aufstieg, zu dem er nur sagte, „wo viel Sonne ist, da ist auch viel Schatten", arbeitslos. „Wir mussten daraufhin nach Brünn übersiedeln, weil er nur dort neue Arbeit bekommen konnte, als Dreher und Werkzeugmacher in

der 1. Brünner Maschinenfabrik." Der jüdische Likörfa-
brikant Löw, auch er war Sozialdemokrat, stellte der Familie in seinem Haus eine Wohnung zur Verfügung. Vom
Fenster im zweiten Stock schaute Leo Zahl begeistert auf
den Rangierbahnhof und spürte als 6-jähriger die Spannung der Eltern, „dass sich alles verschiebt, dass etwas
Furchtbares anrollt".

Jutta Schneider war 1937 10 Jahre alt. Das aufge-
weckte Mädchen aus Bremen konnte die Reden von
Adolf Hitler nicht leiden. „Wenn er gesprochen hat, sind
die Erwachsenen alle vor dem Volksempfänger gesessen
und waren totenstill. Auch Mutti, die unpolitisch war.
Und ich war so wütend, dass ich nichts sagen durfte,
dass ich danach irgendeinen Schmarrn geredet habe,
nur damit ich meine Stimme wieder verwenden kann.
Das wiederum konnte meine Mutti nicht leiden. Dabei
sprach der Mann im Radio doch auch nur Schmarrn."

Da sich ihre Eltern schon zwei Jahre nach ihrer Ge-
burt scheiden ließen und die Mutter als Alleinerzieherin
Geld verdienen musste, kam Jutta Schneider oft zu ihrer
Großmutter: „Die war sehr streng. Mit einem Kind ohne
Vater, hat sie gesagt, muss man sehr streng sein, was soll
nur sonst draus werden? Die Mutter verhätschelt es viel
zu sehr". Der Großvater hingegen wurde in dieser Zeit
zur wichtigsten Person in ihrem Leben. „Er war Maler,
konnte mit den Ohren wackeln, auf Stelzen gehen, alle
Musikinstrumente spielen, und er war ein schöner Mann,
ihm habe ich vorgetanzt, ihn habe ich geliebt!"

In der Schule wurde ständig gesammelt. „Für die Wohlfahrt, für das Winterhilfswerk, für ‚Kraft durch Freude‘. Für das Geld, das wir in eine rote Büchse stecken mussten, haben wir Anstecker, Figuren oder winzige Liederbücher bekommen. Zudem mussten wir in ein großes Hakenkreuz für eine Spende weiße, rote oder schwarze Nägel einschlagen." Da das Geld im Haus immer knapp war, wurde Jutta Schneiders Mutter eines Tages zornig. „Sag deiner Lehrerin endlich, dass deine Mutter kein Geld schieten kann." Die 10-Jährige richtete es dem Fräulein Maas pflichtschuldig genauso aus, worauf die Mutter sofort Besuch aus der Schule bekam. Sich aus der „Volksgemeinschaft" auszuschließen wurde nicht geduldet.

Wolfgang Pickert erlebte diese Zeit noch als „wunderbare Kindheit." Der Berliner Junge, „ein im bürgerlichen Mittelstand geborenes Einzelkind, das nicht verwöhnt wird", half im Haushalt mit und durfte als 7-jähriger für die Änderungsschneiderei des Vaters Botenjunge sein. Er legte die fertigen Kleider über die Lenkstange des Fahrrads und lieferte nach Dahlem und Grunewald, wo er auch Stücke zur chemischen Reinigung entgegennahm. „Guten Tag, komme von Pickert, bringe die Sachen!" Das Trinkgeld musste er zu Hause abgeben, „das habe ich dann zu Weihnachten ausbezahlt bekommen." Unter den Kunden waren auch noch viele Juden. Nur zur Schule ging Wolfgang Pickert nicht so gerne. „Wir waren 50 Kinder in einer Klasse, und der Rohrstock war immer im Einsatz. Ich habe bis heute einen Horror vor körperlicher Züchtigung. Denn jede Ohrfeige schadet."

Helmut Godai aus Wien half seinem Vater ebenfalls bei der Arbeit. „Er hat im Ersten Weltkrieg als Späher an der Front in Galizien durch eine Granate eine Hand verloren. Eine Heldentat, hat es geheißen. Danach hat er sich abfertigen lassen und als Buchhändler begonnen, was mit einem Arm nicht so leicht war." Der 10-jährige Schüler durfte für den Vater einsortieren. „Die Bücher waren eingeteilt in A für Abenteuer, K für Krimis, F für Frau, G stand für Gesellschaftsromane und S für Sittenromane." Da die Leute kein Geld hatten, ging auch der Laden sehr schlecht, deshalb machte der Vater aus dem Geschäft eine Leihbücherei, mit bald mehr als 1000 Abonnenten. Helmut Godai stellte die Bücher zudem mit dem Fahrrad zu. „Und dazwischen habe ich 28 Karl-May-Bände gefressen." Die Mutter, sie war sehr religiös und wählte wie der Vater christlich-sozial, brachte zu Mittag das Essen. Viele der Kunden, selbst im Ersten Weltkrieg, der damals noch Großer Krieg hieß, kommentierten die Machtergreifung Hitlers in Deutschland mit einer gewissen Zufriedenheit. „Sie waren von den Friedensverträgen enttäuscht und haben gesagt, jetzt revanchieren wir uns." Helmut Godais Vater aber sagte schon seit 1933, auch allen, die es nicht hören wollten: „Hitler bedeutet Krieg!" In der Schule hingegen trat Lateinprofessor Zoner vor die Viertklässler und meinte pathetisch: „Ihr müsst lernen, denn ihr werdet einmal die Herren von

Europa sein." Helmut Godai glaubte eher dem Lehrer als dem Vater. „Wir waren stolz, und haben uns gedacht, dann sind wir wer!"

Der Vater von Richard Suchenwirth war 1933 Gymnasialprofessor in Wien-Grinzing, wo beim Heurigen schon offen weinselig Nazilieder gesungen wurden. Er hatte die österreichische NSDAP mitbegründet, die nationalsozialistische Zeitschrift „Das Hakenkreuz" herausgegeben und war für die „Hitlerbewegung" im Rathaus tätig. Als Landesführer des NS-Lehrerbundes stieg er schließlich zum Geschäftsführer der von Joseph Goebbels gegründeten Reichsschrifttumskammer auf. Schon am 10. Mai des Jahres hatten die Nazis bei Bücherverbrennungen in Berlin und 21 weiteren Hochschulstädten gezeigt, wie sie sich *„die Freihaltung des Schrifttums von ungeeigneten und unzuverlässigen Elementen"* vorstellten. Der Vater schrieb Reden für die Partei, „und fährt mit Adolf Hitler schon mal einen ganzen Vormittag durch Bayern, von Veranstaltung zu Veranstaltung".

Anfang 1934 wurde Richard Suchenwirth als 7-Jähriger „in den ‚Verband Deutscher im Ausland' gesteckt. Ich habe ein weißes Hemd, eine blaue Hose und einen blauen Schlips bekommen." Die Großmutter, „sie ist fromm und nationalsozialistisch, sehnt sich danach, dass Österreich endlich zum Deutschen Reich kommt." Doch noch war es nicht so weit. Die NSDAP war aufgrund immer blutigerer Terroranschläge im Juni 1933 in Österreich verboten worden. Und im Februar 1934 kam es zum Bürgerkrieg zwischen den Sozialdemokraten mit dem Republikanischen Schutzbund und dem Regime von Bundeskanzler Dollfuß, das die Heimwehr, Bundesheer und Polizei einsetzte. Es gibt Hunderte Tote, am Ende der Kämpfe stand der „Ständestaat", eine Diktatur österreichischen Zuschnitts. Im Juli 1934 versuchten die Nationalsozialisten zu putschen. 150 Männer der SS-Standarte 89 drangen ins Bundeskanzleramt ein und verletzten Engelbert Dollfuß durch zwei Schüsse so schwer, dass er einige Stunden später starb. Doch der Aufstand wurde niedergeschlagen. Richard Suchenwirth „findet das alles sehr aufregend, wie ein großes Abenteuer." Sein Vater, der schon zuvor im Anhaltelager Wöllersdorf inhaftiert worden war, konnte nach Deutschland flüchten, wo er als SA-Standartenführer in der Österreichischen Legion für den Anschluss kämpfte. Die Familie, so versprach er, solle so bald wie möglich nachkommen.

Am 25. Juli 1934, dem Tag, an dem Dollfuß ermordet wurde, wollten die Eltern von Gertrude Widder in Linz den 5. Geburtstag ihrer Tochter feiern. Doch die Nachricht aus Wien war für den christlich-sozialen Rechtsanwalt und seine Frau, eine pensionierte Lehrerin, ein Schock. Statt der Geschenke stellten sie ein Bild des ermordeten Kanzlers auf den Tisch und zündeten Kerzen an. „Es war wie zu Allerseelen. Die Trauer habe auch ich gespürt, obwohl ich nicht verstanden habe, was da passiert."

Jörg Sonnabend wurde zu diesem Zeitpunkt in Berlin-Kreuzberg geboren. „Zu Hause, wie das damals noch üblich war." Die Mutter war Buchhalterin, der Vater Motorenschlosser, die Wohnung im 4. Stock eines Mietshauses war klein, aber gemütlich. Dass er in einer Diktatur das Licht der Welt erblickte, konnte er nicht wissen. Die Familie „ist ganz normal", im Juni 1934 verfolgte der Vater im Radio die Fußballweltmeisterschaft in Italien. Deutschland traf nach dem verlorenen Halbfinale gegen die Tschechoslowakei auf Österreich, das mit dem „Wunderteam" auflief und als klarer Favorit ins Spiel um Platz 3 ging. Da beide Mannschaften in weißen Hemden und schwarzen Hosen antreten wollten, wurden schließlich die Österreicher per Los dazu bestimmt, die blauen Dressen des SSC Neapel überzustreifen. Deutschland gewann 3:2.

Darüber jubelte auch der Vater von Eckart Schwartz, ein überzeugter SA-Mann, der am Sonntag nach dem Spiel seinen Sohn abholte, um mit ihm im offenen Wagen in Uniform durch das sommerliche Berlin zu fahren. „Er war es auch, der mir den Namen Eckart gegeben hat, was so viel wie festes Schwert bedeutet. Statt mit uns Kindern in die Kirche zu gehen, hat er uns demonstrativ durch die Stadt kutschiert." Nach der Spritzfahrt brachte er Eckart Schwartz zurück zur Mutter, die sich 1934 vom Vater hatte scheiden lassen, wohl auch aus politischen Gründen. „Zuvor ist sie als Jüdin noch schnell zum christlichen Glauben übergetreten. Das genaue Motiv weiß ich nicht, aber ich nehme wohl an, um uns Kinder zu schützen. Vor dem, was da kommt!"

Weil die Mutter als Buchhalterin nicht genug verdiente, „um fünf Mäuler satt zu kriegen", wurde ein Zimmer der Wohnung ständig untervermietet. Viele Männer kamen und gingen, ein Doktor Vaupel blieb. Und wurde zu „Onkel Otto". Der schrullige Professor für Physik war Universal-Gelehrter, sprach Altgriechisch wie Hebräisch, liebte die Botanik, und studierte leidenschaftlich bis in die Nacht, was immer ihm unbekannt war. Dabei lebte er von Kaffee und Zigaretten. „Von Frauen, von Kleidung, vom Kochen hat er dagegen überhaupt nichts verstanden." Doch er war immer bescheiden, immer fröhlich. „Wenn er von der Arbeit gekommen ist, ist er mit uns durchs ganze Haus getobt, und er hat mich jeden Sonntag auf Expeditionen in die Natur mitgenommen. Dort hat er mir jedes Pflänzchen, jedes Tier, den Himmel und die Erde erklärt und mich zum Nachfragen aufgefordert."

Adolf Hitler hielt er für dumm, „das Gegenteil eines Humanisten". Aber darüber wurde im Berlin des Jahres 1937 nicht mehr offen gesprochen. „Wenn Gäste kamen, die als Nazis galten, lag eine Spannung in der Luft, die auch ich spüren konnte, dann waren alle ernst, bei anderen Gästen hingegen herrschte noch eine fröhliche, ausgelassene Stimmung, vielleicht auch nur, um auszublenden, was sich draußen gerade anbahnte."

Ein Jahr später, im März 1938, wurde Österreich „Heim ins Reich" geholt. Helmut Godai, er war 11 Jahre alt, dachte: „Jetzt sind wir wer!"

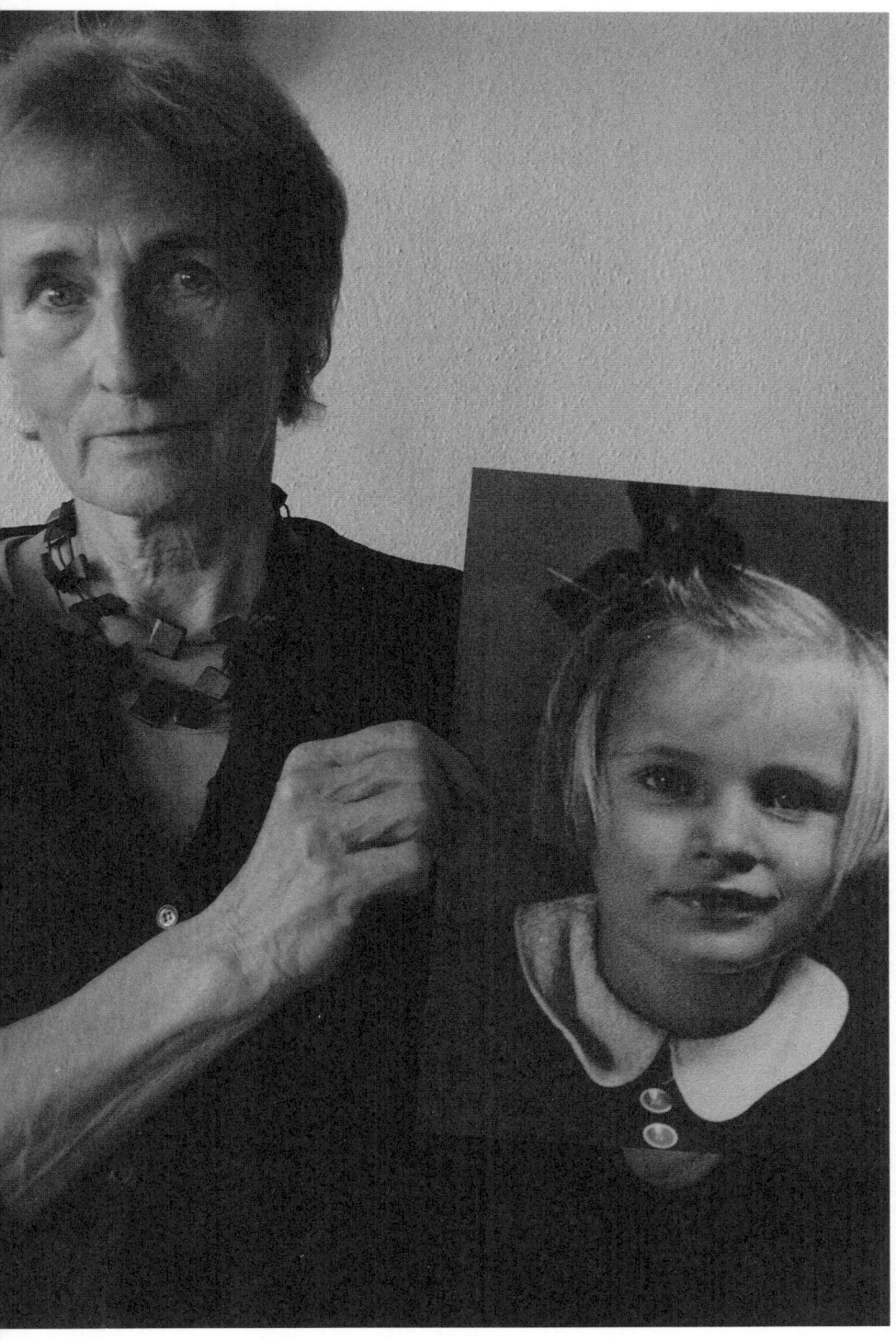

# 3

# DER FÜHRER ERZIEHT

„IHR MÜSST LERNEN, HART ZU SEIN!"

Jutta Schneider aus Bremen war im Frühjahr 1938 10 Jahre alt. „Das hieß, dass ich zur Hitlerjugend musste. Aber dafür brauchte ich eine Jungmädchenkluft. Und meine Mutter hatte nicht so viel Geld, um eine zu kaufen. Ohne Kluft durfte ich aber nicht hingehen. Aber hingehen musste ich, weil die Mutti sonst bestraft worden wäre."

Schon seit 1936 galt in Deutschland das „Gesetz über die Hitlerjugend", in dem es hieß: *„Von der Jugend hängt die Zukunft des deutschen Volkes ab. Die gesamte deutsche Jugend muß deshalb auf ihre künftigen Pflichten vorbereitet werden. Die Reichsregierung hat daher das folgende Gesetz beschlossen, das hiermit verkündet wird. §1:Die gesamte deutsche Jugend innerhalb des Reichsgebietes ist in der Hitlerjugend zusammengefaßt. §2: Die gesamte deutsche Jugend ist außer in Elternhaus und Schule in der Hitlerjugend körperlich, geistig und sittlich im Geiste des Nationalsozialismus zum Dienst am Volk und zur Volksgemeinschaft zu erziehen."*

So bekam Jutta Schneider doch das Geld für den Eintritt in die Welt des Nationalsozialismus. Als Mädchen wurde sie in der Hitler-Jugend in den „JM", den „Jungmädelbund", eingegliedert, der alle 10- bis 14-jährigen Mädchen erfasste. „Ich habe einen dunkelblauen Rock bekommen, eine weiße Bluse für besondere Veranstaltungen, eine graue für die Heimnachmittage und eine wirklich sehr schnittige braune Kletterweste. Außerdem habe ich eine schwarze Turnhose und ein weißes Turnhemd kaufen müssen. Auf den linken Ärmel kam immer die Rhombe mit dem Hakenkreuz sowie ein schwarzes Dreieck, auf dem bei mir ‚Nord Nordsee' stand. Alle Mädchen in Deutschland bekamen so eine Uniform. Die das bestimmt hatten, dachten sicherlich in weiser Voraussicht daran, dass die Kinder später mal sehr durcheinander gewirbelt würden. Dann wusste man gleich, wohin sie gehören."

Jeden Mittwoch war jetzt Dienst. Und wenn ein Mädchen trotzdem nicht kam, wie ihre Freundin Grete, deren Mutter die Tochter nicht zur HJ schicken wollte, „mussten wir alle antreten und zu dem Haus marschieren, in dem die Schwänzende wohnte. Die Führerin wurde ganz böse und sagte Gretes Mutter, dass sie sie anzeigen werde. Von da ab schwänzte sie nie mehr." Als Jutta Schneider einmal keine Lust hatte, zum Dienst zu erscheinen, machte ihr die Mutter Druck. „Sie hat gesagt, es ist Vorschrift, wir müssen das machen, sonst bekommen wir Schwierigkeiten. Sie hatte richtig Angst."

Da allen anderen Organisationen, auch den kirchlichen, die Jugendarbeit verboten oder unmöglich gemacht wurde, waren 1938 allein in Deutschland bereits 7 Millionen Kinder und Jugendliche in der Hitler-Jugend erfasst. Im März 1939 wurde mit der „Jugenddienstpflicht" zusätzlich festgelegt, dass die Mitgliedschaft in der HJ auch gegen den Willen der Eltern polizeilich erzwungen werden konnte.

Die Kinder selbst gingen in aller Regel ohnehin sehr gerne hin, egal was ihre Eltern dachten. Helmut Godai in Wien, der gleich nach dem Anschluss 1938 im DJ, dem „Deutschen Jungvolk", als sogenannter „Pimpf" eingekleidet wurde, wusste damals gar nicht, dass die Mitgliedschaft Zwang war. „Wir hatten es immer lustig. Wir wollten alle hin. Es war eine riesige Hetz." Die 10- bis 14-jährigen Buben fuhren auf Lager, machten Feuer, hatten ein eigenes Heim, interessierten sich für die Mädchen, „die ihre langen Röcke immer raufgeschoben haben". Und manchmal tranken sich die Jungen einen Rausch an, wie richtige Männer. „Mir fällt außer einem einzigen Freund, der sehr religiös war, keiner ein, der nicht dabei sein wollte. Mit dem Schulterschwung, dem Bajonett, dem Dolch sind wir uns ganz toll vorgekommen."

Karl Ibounigg, geboren 1927 in Graz, die Mutter Hausfrau und in der NS-Frauenschaft, der Vater Buchbinder bei der Druckerei Leykam und als „überzeugter Nationalsozialist Blockwart", ging auch sehr gerne zu den Pimpfen. „Die Uniform, der Dolch, das gemeinsame

Singen und Marschieren, das war schön." Später, so sagte er seinem Jungvolk-Führer im Vertrauen, da wolle er zur Reiter-HJ.

Wolfgang Pickert war 1940 geradezu „euphorisch, endlich in die HJ eintreten zu dürfen". Schließlich hatte er in der Schule „begeistert gehört, dass wir den Ostraum brauchen. Und dass wir, die nordische Rasse, blond und blauäugig, die besten Menschen, die Herrenmenschen seien. Die, die immer siegen". Auch er wurde in der Klasse mit der Schublehre vermessen und als „reinrassiger Arier" qualifiziert. Als dann zum 10. Geburtstag auf dem Gabentisch zu Hause die Uniform des Jungvolks lag, war er einfach nur glücklich. „War das ein Freudentag!"

„Es muss im April 1940 gewesen sein, als das ‚Fähnlein 19' an einem Mittwochnachmittag auf dem Schöneberger Ebersmarkt streng ausgerichtet in Reih und Glied stand. Im Braunhemd, mit kurzen Hosen und einem braunen Käppi auf dem Kopf, waren wir nun ‚Pimpfe' in der Hitlerjugend. Unser Fähnlein bestand aus 150 Jungen, untergliedert in vier ‚Jungzüge' und zwölf ‚Jungschaften'. Der Fähnleinführer hatte uns auch schon in eine ‚Horde" eingeteilt, welche nun innerhalb der Jungschaft die kleinste Einheit in diesem Haufen war und zehn Milchgesichter aufwies. Befehligt wurde das alles von unten nach oben durch den ‚Hordenführer'. Derjenige, der eine große grüne Kordel baumeln hatte, war der ‚Jungzugführer'. Dann kam der große Augenblick: Der ‚Jungstammführer' nahte. Von weitem schon leuchtete seine große weiße Kordel und kündigte an, dass nun ein ganz Hoher heranmarschierte." Wolfgang Pickert erfuhr schon am ersten Tag, was es hieß, nicht bedingungslos zu gehorchen. Ob aus Unaufmerksamkeit oder wegen seiner aufmüpfigen Art, das weiß er heute nicht mehr, blickte er beim Kommando „Fähnlein 19 stillgestanden, zur Meldung die Augen links" nach rechts. „Der Anschiss, den ich nun erhielt, war laut und ließ kein gutes Haar an mir. Ich sei dumm und blöde und überhaupt noch kein richtiger Pimpf. Um ein solcher zu werden, hieß es dann: ‚Bis an den Horizont, marsch, marsch!' Also musste ich loswetzen, wo immer auch dieser sein mochte. Ich kam nicht weit: ‚Hinlegen!' Also schmiss ich mich hin. ‚Auf, marsch, marsch, weiterlaufen!' ‚Hinlegen!', und so weiter. So ging der erste Dienst am Vaterland unter dem Grinsen der ganzen Meute zu Ende, und die schöne Uniform war dreckig."

Den Eltern erzählte er nichts davon. Und am nächsten Mittwoch wurde Wolfgang Pickert zum Hordenführer ernannt. „Das war eine geschickte psychologische Maßnahme der Führung, denn so hatte man den Aufmüpfigen, der eine eigene Meinung zu haben schien, im Griff. Ich fiel darauf rein und war fortan der eifrigste Pimpf."

Genau das war es, was die Nationalsozialisten erreichen wollten. In einer Rede vor Kreisleitern, die auch im Radio übertragen wurde, stellte Adolf Hitler am 2. Dezember 1938 in ungewöhnlich ruhigem Tonfall seine Vision der deutschen Jugend vor: *„Dann kommt eine neue* *deutsche Jugend, und die dressieren wir schon von ganz kleinem an für diesen neuen Staat. Diese Jugend, die lernt ja nichts anderes als deutsch denken, deutsch handeln. Und wenn diese Knaben und Mädchen mit ihren zehn Jahren in unsere Organisationen hineinkommen und dort nun so oft zum ersten Mal überhaupt eine frische Luft bekommen und fühlen, dann kommen sie vier Jahre später vom Jungvolk in die Hitlerjugend, und dort behalten wir sie wieder vier Jahre, und dann geben wir sie erst recht nicht zurück in die Hände unserer alten Klassen- und Standes-Erzeuger".* An dieser Stelle wurde im Saal lauthals aufgelacht. *„Sondern dann nehmen wir sie wieder fort in die Partei und die Arbeitsfront, in die SA oder in die SS, in das NSKK und so weiter. Und wenn sie dort zwei Jahre oder anderthalb Jahre sind und noch nicht ganze Nationalsozialisten geworden sein sollten",* das Gelächter war jetzt noch lauter, klang höhnisch, *„dann kommen sie in den Arbeitsdienst und werden dort wieder sechs und sieben Monate geschliffen, alles mit einem Symbol, dem deutschen Spaten."* Die Kreisleiter johlten. Dann kam der Führer zum Schluss: *„Und was dann nach sechs oder sieben Monaten noch an Klassenbewusstsein oder Standesdünkel da oder da noch vorhanden sein sollte, das übernimmt dann die Wehrmacht zur weiteren Behandlung auf zwei Jahre, und wenn sie dann nach zwei oder drei oder vier Jahren zurückkehren, dann nehmen wir sie, damit sie auf keinen Fall rückfällig werden, sofort wieder in SA, SS und so weiter, und sie werden nicht mehr frei ihr ganzes Leben!"*

Günther Sereda, dem Arztsohn aus Niederösterreich, wurden die Standesdünkel, „die ich gar nicht gehabt habe", sofort ausgetrieben. Zwei Mal pro Woche musste der 10-jährige Junge zum Dienst im Jungvolk antreten. „Wir wurden beim Exerzieren dressiert, haben Handgranaten geworfen, mussten uns in den Dreck werfen, wurden geschliffen." Was den Buben mehr wie ein „gröberer Turnunterricht" vorkam, war in Wirklichkeit nichts anderes als Wehrertüchtigung, Abhärtung und Vorbereitung auf den kommenden Kriegsdienst. Das Einüben von Befehl und Gehorsam, Kameradschaft, Disziplin und Selbstaufopferung für die „Volksgemeinschaft", das waren die erklärten Ziele. „Der Fähnleinführer, er war nicht viel älter als wir, hat uns im Winter in kurzen Glatthosen barfuß in den Schnee reingejagt, und wir mussten gehorchen, der hat uns wirklich Saures gegeben." Die Führung des Heimes verriet Günter Sereda dann auch die ganze Härte des NS-Systems. „Neben meinen Stiefeln, die ich immer brav geputzt habe, standen im Doppelspind dreckige Stiefeln eines älteren Jungen, das hat mich gestört. Wie ich ihm das gesagt habe, hat er mir links und rechts ein paar Flaschen runtergehaut, und mich so geschlagen, dass ich zum Heimleiter hineingerollt bin. Aber der hat nur gelacht." Ein Schlüsselerlebnis für den „verweichlichten" Jungen. „Ab da hab ich gewusst, wie der Laden funktioniert."

Am Ende jeder Stunde wurde das immer gleiche Ritual vollzogen. Der Führer schrie: „Ihr müsst lernen hart zu

sein. Was sind wir?" Die Jungen schrien zurück: „Pimpfe!"
„Was wollen wir werden?" „Soldaten!"

Genau davor hatte Gertrude Widder Angst. „Ich wollte nicht, dass mein Bruder, er war eineinhalb Jahre älter
als ich, irgendwann in den Krieg ziehen muss." Sie hatte
mit 9 Jahren in Linz gesehen, was Nationalsozialismus
bedeutete, als der Nachbar, Viktor Bentz, noch in der
Nacht des Anschlusses, unter ihrem Fenster erschossen
wurde. „Weil er als Polizeipräsident illegale Nazis eingesperrt hatte." Auch um den Vater machte sich das Mädchen Sorgen, „ich habe mich immer gefürchtet, dass er,
als Hitler-Gegner, nach Dachau kommt." Und als sich die
Offiziere der Wehrmacht im Haus breitmachten, konnte
sich die Mutter nicht zurückhalten und sagte: „Jetzt haben sie unsere Heimat gestohlen." In der Schule wurde
Gertrude Widder 1939 gezwungen, zur Hitler-Jugend
zu gehen. „Aber meine Schwester war herzkrank und
befreit, und weil sie uns wahrscheinlich verwechselt
haben, bin ich einfach vergessen worden." Sie besuchte stattdessen die heimlichen Treffen der katholischen
Jugend, die längst verboten war. „Wir haben uns in der
Gruft des Doms getroffen und zusammengehalten. Diese
Glaubensstunden haben uns die Kraft gegeben, durchzuhalten."

Die Ordens-Schule der Ursulinen, die sie besuchte,
wurde angehalten, mit allen Schülerinnen zum Spaten-
stich der Hermann-Göring-Werke zu erscheinen. Wenige Wochen später wurde die Schule geschlossen, die

Schwestern ausgewiesen, das Gebäude zum Lazarett. An der neuen Schule, dem Mädchen-Gymnasium Körnerschule, gab es für jede Klasse eine NS-Vertrauenslehrerin. Die teilte die Mädchen auch zu „freiwilligen Pflichtdiensten" ein. „Wir mussten zum Beispiel Knochen sammeln, Heilkräuter pflücken oder für bedürftige Menschen Arbeiten verrichten."

Inge Kendl war mit ihren Eltern 1939 von Dachau nach München gezogen, der Vater führte ein Elektrogeschäft in der Zentnerstraße. Aus dem Volksempfänger dröhnte unablässig die national-sozialistische Propaganda, „die mein Vater überhaupt nicht hören konnte. Er hat Hitler gehasst". Als Inge Kendl mit 10 Jahren zum Jungmädel wurde, sollte der Vater die Uniform nicht sehen. „Er hätte sie wohl sofort weggeworfen. Ich habe die Nachmittage aber sehr schön gefunden, das Basteln, das Singen, das Wandern, ich war ja ein Einzelkind, mir hat die Gemeinschaft gefallen und die vielen Sportabzeichen, die man machen konnte."

Nach dem Einmarsch deutscher Truppen in die „Rest-Tschechei" am 15. März 1939 und der Errichtung des „Protektorats Böhmen und Mähren" musste auch Leo Zahel, der Sohn des Sozialdemokraten, „in den sauren Apfel beißen und zum Jungvolk einrücken. Mein Vater hatte mich sogar dazu angehalten, zu den Heimabenden zu gehen". Doch das Exerzieren und Marschieren, „bei dem wir auch das Horst-Wessel-Lied singen mussten", interessierte ihn nicht. „Ich bin lieber zu einem Freund in den Garten gegangen, sein Vater hatte Holzgussformen, aus denen haben wir Autobahnen gebaut. Oder zum Obmann der Kinderfreunde, bei dem habe ich mir verbotene Bücher wie zum Beispiel Mark Twain ausgeborgt und heimlich verschlungen."

Doch nach und nach zogen auch bei Leo Zahel die Truppen der Deutschen Wehrmacht ein. Als Spielzeug im Kinderzimmer. „Ich hatte von Matador die Panzer-Ergänzung, mein Freund hatte die Flugzeug-Ergänzung, wir haben uns dann selbst noch Propeller geschnitzt, wenn ich mit dem Flugzeug gelaufen bin, haben sie sich gedreht!" Leo Zahel bettelte so lange, bis ihm die Eltern auch eine Kanone mit Anhänger kauften. „Zu Weihnachten habe ich dann sogar die Matador-Kanonenergänzung bekommen, das war die Nr. 4/Mörserkanone, damit konnte man Stahlkugeln schießen. Mein Freund hatte die 5er-Flakkanone, mit Wehrmachtssoldaten als Angreifer, und französischen Soldaten als Feinde, mit der Eisenkugel konnte man die Bretter vom Unterstand wegschießen, und vom Flugzeug konnte man Bomben abwerfen."

Als wenig später der echte Krieg begann, stellte Matador die Produktion der Baukästen ein. Das Spielzeugunternehmen lieferte jetzt Sprengkapselschachteln. Für die Wehrmacht.

# 4

# JUDENREIN

„SAG MIR, WO DIE SIND!"

Richard Suchenwirth marschierte im Herbst 1938 als Pimpf durch Berlin, wohin ihn sein Vater, der überzeugte Nationalsozialist und Redenschreiber, inzwischen geholt hatte, und sang „mit leichtem Grauen" das Kampflied, das der Jugendbuchautor Hans Baumann eigens für die Hitlerjugend geschrieben hatte: *„Es zittern die morschen Knochen / Der Welt vor dem roten Krieg / Wir haben den Schrecken gebrochen / Für uns war's ein großer Sieg / Wir werden weiter marschieren / Wenn alles in Scherben fällt / Denn heute da hört uns Deutschland / Und morgen die ganze Welt."* Den Refrain sangen die 11-jährigen Jungen freilich so, wie ihn die Nazis viel lieber hören: „Bei uns hieß es natürlich: Denn heute gehört uns Deutschland / Und morgen die ganze Welt." Die zweite und dritte Strophe des Liedes mag Richard Suchenwirth noch weniger. *„Und liegt vom Kampfe in Trümmern / Die ganze Welt zuhauf / Das soll uns den Teufel kümmern / Wir bauen sie wieder auf / Und mögen die Alten auch schelten / So laßt sie nur toben und schrei'n / Und stemmen sich gegen* *uns Welten / Wir werden doch Sieger sein!"* Der Text, den er bis heute rezitieren kann, „das war mir alles zu viel, die Nazis haben alles wie mit einer Dampfwalze überrollt. Und es gab kein Auskommen". Selbst der Vater war mittlerweile innerlich auf Distanz zur Partei gegangen, seit Adolf Hitler den Stabschef der SA, Ernst Röhm, und vermutlich 200 weitere SA-Funktionäre von der SS und Gestapo ermorden hatte lassen. „Mein Vater war entsetzt, dass so etwas in den eigenen Reihen möglich war. Er wurde dann auch aus der Reichsschrifttumskammer rausgeboxt. Wahrscheinlich, weil er ein viel zu zahmer Nationalsozialist gewesen ist. Er hat auch nie ein schlechtes Wort über Juden gesagt."

Die Nationalsozialisten ließen ein paar Wochen später, in der Nacht vom 9. auf den 10. November 1938, Taten folgen. Die höhnisch „Reichskristallnacht" genannten Pogrome markierten unmissverständlich und unübersehbar den Übergang von der Diskriminierung der deutschen Juden zu offener Gewalt und systematischer Verfolgung, die drei Jahre später in die Gaskammern des Holocaust geführt haben.

Richard Suchenwirth war entsetzt. „Mein Vater war antisemitisch. Und hat weggesehen. Ich hingegen habe, obwohl ich ja noch ein Kind war, gesehen, was da vor sich geht. In der Hitler-Jugend mussten wir auf das Schwertwort ‚Des Jungvolkjungen Höchstes ist die Ehre' schwören. Und dann wurden allein in dieser Nacht Hunderte Menschen umgebracht." Die Hitlerjugend ist oft an vorderster Front dabei, 14-jährige Burschen prügelten in Uniform auf erwachsene jüdische Männer ein, zerschlugen Auslagen, stahlen alle Wertsachen, die sie vorfanden.

„Was ist da passiert", wollte Jörg Sonnabend wissen, als er am nächsten Morgen mit seiner Großmutter über die Glasscherben der zerstörten Geschäfte und Wohnungsfenster lief. „Aber sie hat nur gesagt: Ach, nichts weiter, komm schon!" Die Großmutter von Richard Suchenwirth beklagte sich lediglich, „dass der Direktor des jüdischen Kaufhauses, in dem sie so gerne einkaufen ging, auswandern muss". Die Eltern von Gertrude Widder in Linz, sie waren Nazigegner, schoben in der Gewaltnacht, die in der Ostmark, wie Österreich seit dem Anschluss hieß, einen Tag später, dafür umso heftiger ablief, das Bett der 9-jährigen vom Fenster weg ans andere Ende des Zimmers. „Sie hatten Angst, dass mich die Funken treffen, vom Brand der Synagoge. Die haben gewusst, was passiert. Den Feuerschein hat man über der ganzen Stadt gesehen." Im Bericht des Sicherheitsdienst-Führers des SD-Unterabschnittes Oberdonau hieß es danach: *„Die Aktion der SS wurde in vollster Disziplin ausgeführt. Die jüdische Synagoge wurde gegen 3.00 Uhr von SA-Angehörigen erbrochen und teilweise demoliert. Die SA-Angehörigen befanden sich in Uniform. Gegen 4.00 Uhr traf eine Anzahl SS-Angehöriger in Zivil bei der Synagoge ein, die die weitere Aktion in die Hand nahmen. Die Synagoge brannte vollkommen aus, doch wurden die wertvollen*

*Ritualgegenstände sowie Gold- und Silbersachen und die in Frage kommenden Archive sichergestellt. Ferner wurden verschiedene Sparkassenbücher über namhafte Beträge, die dem jüdischen Auswandererfonds gehörten, sichergestellt. Sämtliches Material befindet sich in der Staatspolizeistelle Linz. Soweit hier bekannt geworden ist, wird einzig eine wertvolle Briefmarkensammlung vermißt. Da im hiesigen Dienstbereich bereits am 8. 11. 1938 eine große Anzahl Juden festgenommen war, ist hierin ein weiterer Grund zu erblicken, daß größere Ausschreitungen nicht eintraten. Im hiesigen Dienstbereich wurden 96 Juden festgenommen …"*

Darunter waren auch einige Nachbarn der Familie Widder. „Im zweiten und dritten Stock haben Juden gewohnt, zum Beispiel ein jüdischer Richter mit seiner Frau, die uns immer ihre Schildkröte gebracht haben, wenn sie verreist sind." Jetzt verreisten sie wieder. Ohne je wieder zurückzukommen. „Mein Mutter hat ihnen noch Möbel abgekauft, und zwei Messingbecken, die sie aus der Synagoge gerettet hatten. Sie hat dann Blumen hineingesetzt."

Karl Ibounigg verfolgte den Brand der Synagoge in Graz. „Ich war neugierig, und habe zugeschaut, wie es gebrannt hat." Der 11-jährige Junge, dem am Weg zur Schule schon in den vergangen Wochen immer öfter aufgefallen war, dass auf vielen Geschäften plötzlich „Jude" stand und auf anderen Häusern „Hier wohnt ein Nicht-Jude!", sah, wie das Gebetshaus in Flammen aufging, und schließlich auch die mächtige Kuppel aus

Metall einstürzte. „Manche Zuschauer haben gejubelt, manche schienen eher nachdenklich." Etwa 300 Juden wurden noch in der Nacht verhaftet und in Konzentrationslager „überstellt". Die zerstörte Synagoge wurde eingeebnet, um jede Erinnerung auszulöschen. Graz erklärte sich zur ersten „judenfreien" Großstadt der Ostmark.

In Wien bekam Helmut Godai, er war 1938 in die Unterstufe des Realgymnasium eingetreten, von seinem Vater den Auftrag, „dass wir alle Bücher von jüdischen Autoren wegräumen und abgeben müssen". Obwohl der Vater dem Regime nicht abgeneigt war, wollte er die verbotenen Bücher nicht hergeben. „Wir hatten im Vorzimmer einen großen Kasten, dort haben wir das ,schädliche und unerwünschte Schrifttum' von Kästner, Kafka, Kisch, Remarque oder Freud versteckt." In die leeren Regale kam jetzt „Mein Kampf". „Das hat jedes Paar bei der Hochzeit geschenkt bekommen. Ich selbst habe es zwei oder drei Mal angefangen, aber immer wieder weggelegt."

In den Straßen von Wien hatten die Nationalsozialisten in der „Reichskristallnacht" ganze Arbeit geleistet. Der SS-Hauptsturmführer des SD-Unterabschnitts Wien vermerkte: „*Die Zerstörung der Tempel und Bethäuser erfolgte in Wien in den meisten Fällen durch Werfen von Handgranaten im Innern der Tempel und durch Anzünden des Mobiliars derselben. Bei Geschäften wurden etwas solidere Methoden angewandt.*"

In einem der verbotenen Bücher, das Helmut Godai ausmusterte, ließ der Dramatiker Arthur Schnitzler seine Hauptfigur, den jüdischen „Professor Bernhardi", ein Phänomen beschreiben, das in diesen Tagen im ganzen „Reich", vor allem aber in der Ostmark, zu Tage tritt: *„Die Leute mit der selbstlosen Gemeinheit, weißt du. Die, die sich gemein benehmen, ohne daß sie den geringsten Vorteil davon haben, nur aus Freude an der Sache sozusagen."* So wurden im Wiener Arbeiterbezirk Brigittenau 200 jüdische Frauen gezwungen, in einem Keller nackt zu tanzen. Eine Jüdin, die sich weigerte, wurde an einen Tisch gebunden, danach mussten ihr alle ins Gesicht spucken. An anderen Orten wurden jüdische Männer unter Gelächter dazu angehalten, in der Synagoge Nazilieder anzustimmen und Turnübungen vorzuführen.

Wer sich bei all den Demütigungen besonders hervortat, war die Hitler-Jugend. Sie hatte gelernt, Juden als Volksschädlinge, als Ratten, zu sehen, die vertilgt gehörten. Und Mitleid gehörte nicht in ihr Programm. Mit Revolvern und Dolchen ausgestattet, machten sich die jüngsten Nationalsozialisten gemeinsam mit SA-Männern auf den Raubzug durch die jüdischen Viertel. Oft trugen sie auch Äxte und Brechstangen mit sich. Sie schlugen auf die Bewohner ein, schlitzten Ölbilder, Betten und Kleider auf, zertrümmerten Glastüren, Spiegel und Fensterscheiben. Was sie an Wertsachen nicht mitnahmen, wurde kurz und klein geschlagen.

Insgesamt wurden etwa 400 Menschen ermordet oder in den Selbstmord getrieben, über 1400 Synagogen in Brand gesetzt sowie Zehntausende Geschäfte und

Wohnungen geplündert und zerstört. In diesen Novembernächten wurden 30 000 Juden verhaftet und in Konzentrationslager deportiert.

Wolfgang Pickert in Berlin wurde als „Pimpf" in die Staatskanzlei abgeordnet, „gleich neben der Reichskanzlei, wo der geliebte Führer residierte. Dort sind wir als Ordonanzen im Wachraum der SS gesessen und haben darauf gewartet, eine Meldung überbringen zu dürfen. Das war natürlich eine ungeheure Ehre für uns, die wir in geschniegelter Uniform und blank geputzten Schuhen durch das Gebäude flitzten. Beim Betreten der geheiligten Räume schlugen wir die Hacken zusammen und meldeten uns mit Hitlergruß schneidig zur Stelle." Von der Verfolgung der Juden bekam Wolfgang Pickert hier drinnen nichts mit. Nur in der Schule, da fehlte auf einmal Egon Zwirn. „Er war mager, hatte keine Hakennase, so, wie uns die Juden immer beschrieben wurden, auch keine abstehenden Ohren, und er wurde in der Klasse auch nie weggesetzt oder anders behandelt. Doch eines Tages war er weg. Wohin er gekommen war, hat uns keiner gesagt."

Jutta Schneider fand keine Erklärung dafür, „dass die jüdischen Kinder, mit denen ich in Bremen auf der Straße gespielt habe, auf einmal weg sind." Sie fragte ihre Mutter: „Sag mir, wo die sind!" „Die sind jetzt bei Verwandten". „Und wann kommen sie wieder?" „Hör auf zu fragen, das weiß ich nicht." Der Turnverein, in den die 11-Jährige seit Jahren jede Woche ging, war über Nacht geschlossen worden, der Turnlehrer „unbekannten Aufenthalts". Jutta Schneider musste danach bei den Jungmädchen der Hitler-Jugend Sport machen. „Ich habe meine Mutti gefragt, warum uns der Turnlehrer nichts mehr beibringen darf. Darauf hat sie nur gesagt, dass er eben nicht arisch sei. Wieder etwas, das ich nicht verstand. Dabei konnte er doch so toll Handstand laufen. War da arisch sein so wichtig?" Als Jutta Schneider nochmals nachfragte, wo die, die sie jetzt Juden nannten, geblieben waren, wurde ihre Mutter unruhig. „Heute weiß ich, dass sie Angst gehabt hat. Die Wände, so hat sie später gemeint, haben mitgehört." In der Schule quälte sich das Mädchen beim Aufsatz mit dem Thema „Tiefer soll keine Glocke hängen als das Wort Volk!" um jede Zeile. Die Lehrerin, „die im Unterricht stolz ihre Hakenkreuzbrosche getragen hat", erzählte immerfort von Hitler. „Und eines Tages, als ich von der Schule nach Hause gekommen bin, sind um die Ecke, neben dem Bäcker, dort, wo eine jüdische Familie mit zwei kleinen Söhnen wohnte, ganz viele Menschen gestanden. Alle haben stumm auf das Haus gesehen, in dem die Kinder wohnten. Da sind die beiden mit einer kleinen Tasche in der Hand herausgekommen, und ihre Eltern ebenfalls. Vor dem Haus ist ein Leiterwagen gestanden und auf den mussten sie steigen." Jutta Schneider fragte ihre Mutter, was das zu bedeuten habe. „Die werden wohl auf Erholung fahren", antwortete sie. „Sie haben aber nicht genug Zeug dabei." „Frag nicht so viel, Jutta, ich weiß es auch nicht.

Vielleicht brauchen sie nicht mehr." Jutta Schneider verstand, dass es offensichtlich besser war, nicht weiter nachzufragen. „Die beiden kleinen Buben sehe ich noch heute vor mir. Diesen Anblick habe ich nie vergessen."

Helmut Godai wunderte sich ebenfalls, warum sein Klassenkamerad Erich Brauer, der so schön zeichnen konnte, „von einem Tag auf den anderen weggekommen ist". Der Sohn eines aus Litauen zugewanderten jüdischen Schuhmachers konnte sich vor dem Zugriff der National-sozialisten in ein Versteck flüchten, sein Vater wurde ins KZ deportiert, wo er ermordet wurde. „Nach dem Krieg hat er sich dann Arik Brauer genannt". Und wurde zu einem der bedeutendsten Künstler des Phantastischen Realismus. „Natürlich habe ich damals gefragt, was mit Erich passiert ist. Die Antwort, die ich bekommen habe, war: Die kommen alle nach Madagaskar, dort könnten sie sich gegenseitig betakeln, also betrügen. Später hieß es dann, sie sind jetzt in Polen, dort können sie unter-einander ihre Geschäfte machen. Und außerdem, was geht uns das an. Wir müssen auf uns selbst schauen." Die Schwester von Helmut Godai, die eigentlich schon längst hatte heiraten wollen, aber kein Geld dafür hatte, weil ihr Mann arbeitslos war, bekam unter Hitler Heiratshilfe. „Und meine Eltern hatte auf einmal Geld, um in die Oper oder tanzen zu gehen."

Richard Suchenwirth hörte in Berlin, dass er sich aus einem Berg von Büchern alle Bände aussuchen dürfe, die ihn interessierten. „Wem gehören die", fragte er. „Die sind ausgewandert, die brauchen sie nicht mehr." In diesen Tagen sah der 11-Jährige auf der Straße einen ungefähr gleichaltrigen Jungen. Ein Bild, das ihn bedrückte, und das ihn bis heute nicht losgelassen hat. „Da stand ein blasses Kerlchen, auf der Brust des Mantels der gelbe Judenstern. Sein Gesicht war so erschreckend, so unsäglich traurig. Das hat mich sehr nachdenklich gemacht." Die Mutter, in der NS-Frauenschaft aktiv, der er davon erzählte, sagte nur lakonisch: „Und willst du nicht mein Bruder sein, so schlag ich dir den Schädel ein!"

Der Freund von Leo Zahel in der Olmützer Straße 38 in Brünn war bereits seit dem September 1939, wie alle Juden ab dem 6. Lebensjahr, verpflichtet, den Judenstern *„sichtbar auf der linken Brustseite des Kleidungsstückes in Herznähe fest aufgenäht zu tragen."* Der Sohn des jüdischen Likörfabrikanten Ferdinand Löw, in dessen Haus die Familie Zahel wohnte, durfte nicht mehr zur Schule gehen. Die Fabrik wurde arisiert, alle Vorräte von den Nazis verkauft, aus den Fabrikräumen wurden Schweineställe, zur Ernährung der Rüstungsarbeiter in den neuen Waffenfabriken. Ferdinand Löw schaffte es gerade noch rechtzeitig, von amerikanischen Freunden ein Affidavit, eine Bürgschaftserklärung, zu ergattern und in die Vereinigten Staaten zu emigrieren. „Frau Löw und ihr Sohn, mein Freund, durften nicht ausreisen." Leo Zahel sieht noch „den großen Tisch, auf dem die Löws ihr 18-bändiges Meyer-Lexikon bei uns deponiert haben." An der Hausecke des Fabrikgebäudes hing dann die Emailtafel der NSDAP, die hier ihr

Bezirksparteilokal eingerichtet hatte. Eines Tages bekam Leo Zahel, der gerade die HJ-Uniform trug, noch einmal Besuch von seinem jüdischen Freund. „Er hat mir seine 4er-Version des Matador-Holzbaukastens überlassen. Und ich hätte nie daran gedacht, dass das das letzte Mal sein sollte, dass ich ihn sehe." Unmittelbar darauf wurde der Junge mit seiner Mutter nach Theresienstadt deportiert. „Meine Eltern haben daraufhin regelmäßig Trockengemüse nach Theresienstadt geschickt, nach einem halben Jahr ist das Päckchen zurückgekommen. Mit der Anmerkung: An Lungenentzündung verstorben."

In Dachau warf die 8-jährige Inge Kendl den Häftlingen des Konzentrationslagers, viele von ihnen waren seit der Reichskristallnacht hier interniert, immer öfter Brot über den Stacheldrahtzaun. „Die Häftlinge haben sich darauf gestürzt. Und die Wachmannschaften haben uns zwar verjagt, aber nur in die Luft geschossen. Das Brot hat mir meine Mutter gegeben, sie hat gesagt, dir machen sie nichts." Dieselbe Mutter, die vor Entzücken fast sprachlos war, als sie zur gleichen Zeit in der Münchner Schellingstraße dem Führer leibhaftig begegnete, als dieser aus dem Fonds eines dunklen Wagen stieg, um zum Italiener essen zu gehen. „Aber das ist ja der Herr Hitler!", rief sie. „Jawoll, gnädige Frau!", sagte er und lächelte. Sechs Jahre später, in den letzten Tagen des „Dritten Reichs", werden Inge Kendl und ihre Mutter in Dachau dann „Tag und Nacht dieses furchtbare Getrappel der Holzschuhe hören, das hat überhaupt nicht aufgehört". In Todesmärschen werden die KZ-Häftlinge nach Westen getrieben, „und wenn die Kolonne einmal zum Stehen gekommen ist, dann hat mir meine Mutter einen Kübel Wasser mit einem Schopflöffel in die Hand gedrückt und gesagt: Jetzt gehst raus und gibst ihnen was zum Trinken. Da ist ein SSler zu mir hergekommen, hat den Kübel umgestoßen und mich angeschrien: Kannst gleich mitgehen!"

Der „Patronenkönig" Fritz Mandl, der im Nachbartal von Friedrich Giersig bis zuletzt versucht hatte, von seiner feudalen Villa aus im Nationalsozialismus weiterleben zu können, musste nun erkennen, dass er trotz bester Kontakte zur braunen Prominenz doch „nur der Mandl-Jud" war und flüchtete nach Argentinien. Friedrich Giersig sah, wie in die arisierte Villa jetzt Baldur von Schirach einzog, der Jugendführer des „Deutschen Reichs". Der Vater von Friedrich Giersig, überzeugter Großdeutscher und Nationalsozialist, empfand für den Industriellen wenig Mitleid. Doch als die Nazis später einen seiner Arbeiter, „den Grammelhofer Peperl", abholen wollten, da stellte er sich dagegen. „Der junge Mann war geistig leicht behindert, hat die ihm übertragenen Arbeiten aber stets mit vollem Einsatz und großem Eifer verrichtet." Dann lag da plötzlich der Brief einer übergeordneten Dienststelle auf dem Tisch des Gutes, in der angefragt wurde, ob „eine derartige Person für die Volksgemeinschaft in den herrschenden schweren Zeiten überhaupt noch von Nutzen sein könne." Man hatte damals schon gehört, dass geistig oder körperlich behinderte

Menschen als „lebensunwert" in Heime gebracht wurden, aus denen noch keiner zurückgekommen war. In der Ostmark wurden die meisten Euthanasieopfer in das oberösterreichische Schloss Hartheim gebracht, wo sie oft noch am selben Tag vergast wurden und ihre Asche danach einfach in die Donau gekippt wurde. „Wer genau diese Anfrage veranlasst hat, konnte unser Vater nie eruieren. Jedenfalls bedurfte es seines vollen Einsatzes, um den ‚Grammelhofer Peperl' vor einer Einlieferung in eine Sonderanstalt und damit wohl seiner Vernichtung zu bewahren."

In Berlin-Dahlem, neben dem Botanischen Garten, klopften in der Nacht zwei Männer in langen, dunklen Ledermänteln an die Wohnungstür der Familie von Eckart Schwartz. Und ersuchten sie, mitzukommen. „Sie haben gesagt, sie sollen den Herrn Professor, meine Mutter und mich in die Prinz-Albrecht-Straße fahren, es geschähe uns nichts, man wolle uns nur in Sicherheit bringen. Besonders natürlich Onkel Otto, denn den haben die Nazis ja gebraucht. Er hat als Physiker an einem geheimen Staatsauftrag gearbeitet, mehr hat er uns nicht verraten." Eckart Schwartz überlegte, ob ihn vielleicht doch die Nachbarn angezeigt hatten, weil er den Führer umbringen wollte. „Ich habe mir nach der Badewanne am Abend oft das Handtuch wie einen Mantel umgehängt und dann wie Hitler Reden geschwungen, mit dem Unterschied, dass ich der Führer war und Panzer zur Reichskanzlei beordert habe, die Hitler töten sollten.

Wenn mich meine Mutti dabei ertappt hat, hatte sie immer Angst, dass meine Reden über die Abflussrohre in der Wohnung über uns gehört werden könnten."

Draußen auf der stillen Straße, auf der überall die großen, braunroten Blätter der amerikanischen Eichen lagen, die er immer gesammelt und damit sein Bücherregal dekoriert hatte, wurde Eckart Schwartz angewiesen, mit seiner Mutter und dem geliebten „Onkel Otto" auf einen Lkw zu steigen. „Das ist mir schon sehr komisch vorgekommen." Der 10-Jährige sah seine Mutter und Otto Vaupel in dieser Nacht zum letzten Mal für viele Jahre.

Da verstand der Junge, warum seine Mutter in den vergangenen Monaten oft so „komisch" gewesen war. „Als die Nazis die Schaufensterscheiben der jüdischen Geschäfte eingeschlagen haben, hat sich mich am nächsten Tag mitgenommen und ist mit mir stillschweigend an den Läden vorbeigelaufen. Sie hat nur im Vorbeigehen hingesehen, und als wir bei Kirschbaum, unserem Bekleidungsladen, vorbei kamen, hat sie meine Hand so fest gedrückt, dass sie mir wehtat. Sie hatte schon die ganze Zeit Angst, mich zu verlieren." Obwohl die Mutter schon 1931 vom jüdischen zum christlichen Glauben übergetreten war, galt Eckart Schwarz in der Rassenlehre der Nationalsozialisten als Halbjude, als „rassisch unrein". Kaum, dass die drei in der Prinz-Albrecht-Straße, dem Machtzentrum des NS-Staates mit den Zentralen von Gestapo, SS und Reichssicherheitshauptamt, ankamen, „wurden wir getrennt. Mich haben sie mit anderen Jugendlichen in einem Lastkraftwagen in ein Lager in Litzmannstadt gebracht, und von dort weiter nach Kobylin".

In dem kleinen Ort in Polen hatte die SS ein altes Franziskanerkloster zum „Germanisierungslager" gemacht. Zur Begrüßung wurden die 10- bis 14-jährigen Jungen, die bis dahin nicht einmal wussten, warum sie hierher gebracht wurden, von SS-Männern in Zivil angeschrien: „Ihr dreckigen Judenlümmel. Euch werden wir auch noch zu richtigen Deutschen machen. Denn jetzt sind wir eure Erzieher!" Die Jungen wurden auf die Zimmer verteilt, immer acht „Mann" auf einer Stube. Jeder Tag begann ab sofort in aller Frühe mit dem Morgenappell. „Dazu haben sie uns im Innenhof nackt antreten lassen, egal ob im Sommer oder Winter, bei Regen oder Schnee, und uns mit Turnübungen gequält. ‚Macht schon, ihr Arschlöcher.' ‚Weiter, Weiter.' So haben sie uns zur Sau gemacht." Danach folgte eine eiskalte Dusche und das karge Frühstück im früheren Refektorium der Mönche. „Eine alte Scheibe Brot mit Kürbismarmelade." Eckart Schwartz erinnert sich an die Szenerie: „Es herrschte Totenstille. Alle stierten vor sich hin und hingen in ihren Gedanken wohl zu Hause bei Mutti. Trauer spiegelte sich in den Gesichtern. Heimweh. Angst. Wir waren ja noch Kinder, in einem Alter, in der man Mutti am liebsten noch unter den Rock kriechen möchte. Und hier gab es nichts Schönes, nur Furchtbares." Im politischen Unterricht musste Eckart Schwartz die Geschichte der NSDAP lernen, das Horst-Wessel-Lied singen, dem Führer huldigen. „Das war für mich ungemein belastend. Und stand so im Kontrast zur humanistischen Bildung, die ich zu Hause genießen durfte. Ich war noch dazu sehr schüchtern und mit dem Deutschtum konnte ich so gar nichts anfangen." Die SS-Männer, „sie waren in Zivil, weil manchmal das Rote Kreuz unangekündigt vorbeigeschaut hat", ließen die „rassisch unreinen" Jungs im Wald Brandschneisen ziehen, auf den Feldern Kartoffelkäfer sammeln, und immerzu wurde gebrüllt. „Den Leiter des Lagers, er hieß Van Hees und war Holländer, haben wir besonders gehasst. Er hatte immer komische Fantasie-Uniformen an."

„Wenn ich in der Nacht vor Heimweh geheult habe, wurde ich so wütend, dass ich am liebsten aufgestanden wäre, um das ganze SS-Gesocks über den Haufen zu schießen. Und manchmal war ich kurz davor, mich selbst zu töten. Immer war da diese Ungewissheit, was der nächste Tag bringen würde. Wird man abgeholt, wird man mutwillig bestraft oder passiert gar nichts. Das ist schlimmer als der Tod, das treibt dich in den Wahnsinn."

# 5

# VATER IST IM KRIEG

„ER WAR FÜR MICH EIN FREMDER!"

Jutta Schneider war 1939 endlich wieder glücklich. Die Mutter hatte nach der Scheidung vor Kurzem noch einmal geheiratet, der neue Vater und die 12-Jährige Bremerin haben sich sehr gerne, zur Unterscheidung vom „Vater", der unerreichbar in Berlin lebte, nannte sie ihn liebevoll „Vati". „Jetzt waren wir eine komplette Familie. Ein Vater, eine Mutter, eine vier Monate alte Schwester. Und kaum fing ich an, es richtig zu genießen, ist der Krieg ausgebrochen."

Drei Tage nach der General-Mobilmachung am 25. August 1939 wurde Jutta Schneiders Stiefvater zur Wehrmacht eingezogen. Die Mutter nahm das Mädchen auf den Schoß und sagte: „Der Vati muss jetzt auch in den Krieg!" Er meinte: „Ich muss jetzt Frau und Kinder verteidigen!" Der Abschied war tränenreich. „Die Mutti hat geweint, ich habe geweint, aber der Vati hat gesagt, wir bräuchten nicht traurig sein, er würde ja bald wieder daheim sein. Dann hat er einen kleinen Koffer gepackt, uns in die Arme genommen und ist die Straße hinuntergegangen. Ein paar Mal hat er sich noch umgedreht und uns gewinkt, und dann war er weg. Und Mutti war wieder allein."

Weitere drei Tage später, am 31. August 1939, erteilte Adolf Hitler die Weisung für den Angriff auf Polen. Kurz vor Sonnenaufgang beschoss das Linienschiff Schleswig-Holstein die polnische Garnison auf der Westerplatte, zeitgleich stürmten deutsche Polizeitruppen sowie die SS-Heimwehr das polnische Postamt in Danzig. 29 Sturzkampfbomber der Deutschen Wehrmacht zerstörten die Stadt Wieluń, dabei fanden 1200 Menschen den Tod. Am späten Vormittag hörte Jutta Schneider im Volksempfänger wieder einmal den Führer, „doch diesmal war irgendwie alles anders. Er hat erklärt, dass jetzt Krieg ist. Und die Erwachsenen waren noch stiller als sonst". In der vom Rundfunk übertragenen Reichstagsrede sagte Adolf Hitler: *„Polen hat nun heute Nacht zum ersten Mal auf unserem eigenen Territorium auch mit bereits regulären Soldaten geschossen. Seit 5 Uhr 45 wird jetzt zurückgeschossen! Und von jetzt ab wird Bombe mit Bombe vergolten!"*

„Nun hatte ich zwei Väter, die für Volk und Vaterland kämpften: der verlorengegangene bei der Luftwaffe und der neue bei der Marine." Der Stiefvater kam nach Brest in Weißrussland, das nach dem Angriff auf Polen eingenommen wurde. Die Wehrmachtssoldaten wurden auf ihrem Feldzug von Einsatzgruppen der Sicherheitspolizei und des SD begleitet, die den Auftrag hatten, *„alle* *reichs- und deutschfeindlichen Elemente rückwärts der fechtenden Truppe zu bekämpfen und die polnische Intelligenz zu vernichten"*. Sie töteten schon in den ersten Wochen der Besatzung durch Massenerschießungen Tausende polnische Zivilisten. Nach geheim vorbereiteten Fahndungslisten wurden bis zum Ende des Jahres etwa 60 000 Polen, darunter Lehrer, Priester, Juristen, Ärzte sowie politische Gegner, ermordet.

Wenn Jutta Schneiders Stiefvater auf Fronturlaub heimkam, erzählte er kein Wort von dem, was er und seine Kameraden im Osten gesehen oder auch getan hatten. „Ich habe mich so gefreut, wenn er gekommen ist, dass ich gleich Nasenbluten bekommen habe. Und wenn er nach ein paar Tagen wieder gefahren ist, hätte ich ihn zum Abschied so gerne gedrückt. Aber dazu war ich zu schüchtern." Die Feldpostbriefe, die ab und an im Briefkasten lagen, las Jutta Schneider immer und immer wieder. Da der Krieg doch nicht so schnell vorbei war, wie er geglaubt hatte, schrieb er: „Wenn der Endsieg errungen ist, wird alles wieder normal werden, und wir werden eine glückliche Familie sein." Doch die Angst, den geliebten Vati zu verlieren, ließ Jutta Schneider nun nicht mehr los. „Es gab da diesen idiotischen Spruch: Wenn man träumt, dass jemand stirbt, dann lebt er lange! Und ich habe geträumt, dass Vati auf seinem Schiff, das untergeht, auf einer Kiste Karten spielt, und nur derjenige, der gewinnt, nach oben darf. Dann habe ich ihn gewinnen lassen. Bis ich draufgekommen bin, dass er ja im Traum sterben muss, um lange zu leben. Dann habe ich die ganze Nacht darum gekämpft, dass er im Traum stirbt, unter Wasser. Aber ich habe es nicht geschafft."

In manchen Nächten schlich sich das magere, sensible Mädchen im Winter, barfuß und nur im Nachthemd, nach draußen in den Schnee, suchte am klaren Himmel den Großen Wagen und betete, dass ihr Vati wiederkommt. „Ich wollte ein Opfer dafür bringen, dass er aus dem Krieg zurück kommt, ich wollte es ja nicht geschenkt bekommen. Deshalb war es für mich wichtig, dass ich fror und zitterte." Wenn Jutta Schneider zwischendurch die Sorgen einmal vergaß und sich mit Freundinnen treffen wollte, verbat ihr das die Mutter. „Du brauchst dich nicht mit Freundinnen treffen. Vati ist im Krieg!" Sie durfte auch nicht schwimmen gehen, „bis Vati wieder da ist", und konnte das Verbot nur umgehen, indem „ich manchmal abgehauen bin, so schnell, dass sie mich nicht mehr zurückpfeifen konnte".

Der Vater von Wolfgang Pickert, der schon im Ersten Weltkrieg gekämpft hatte, musste ebenfalls schon im Sommer 1939 einrücken und den „Führereid" leisten: *„Ich schwöre bei Gott diesen heiligen Eid, daß ich dem Führer des Deutschen Reiches und Volkes, Adolf Hitler, dem Obersten Befehlshaber der Wehrmacht, unbedingten Gehorsam leisten und als tapferer Soldat bereit sein will, jederzeit für diesen Eid mein Leben einzusetzen."* An den Tag des Abschieds, an dem sein Vater Soldat wurde, kann sich der damals 9-Jährige nur noch vage erinnern. „Vater ist mit einem Persilkarton losgezogen und Mutter ist mit ihm mitgegangen. Ich bin zu Hause geblieben. Als Mutter dann wiedergekommen ist, hat sie sehr geweint." Der Vater wurde zunächst in Berlin kaserniert, wo sie ihn auch noch besuchen durften.

Die Einberufung des Vaters war für Wolfgang Pickert eine tiefe Zäsur. Das Geschäft musste geschlossen werden. Das Trinkgeld als Fahrradbote fiel weg. Vor allem aber war die Familiengemeinschaft mit einem Mal zerstört. „Meine Eltern hatten sich bis zu diesem Tag ja sehr um mich gekümmert, trotz ihrer Berufstätigkeit. Und zu Hause war alles so harmonisch gewesen. An den Wochenenden im Sommer hatten wir draußen auf dem Balkon gesessen und Vater hatte sein Braunbier getrunken, das er sich unten aus der Kneipe geholt hatte. Meine Eltern hatten sich über Gott und die Welt unterhalten und mich, wenn es irgendwie ging, miteinbezogen. Und nun war das mit einem Schlag vorbei. Da gab es keine gewohnte Familiengemeinschaft mehr. Mutter und ich waren alleine und Vater war weg." Wenn er doch einmal auf Besuch kam, so trug er Uniform, roch anders, sprach wenig und schien irgendwie weit weg zu sein. Wolfgang Pickert war zwar stolz auf den Vater, beim Besuch in der Kaserne spielte er mit seinem Gewehr, „doch der Krieg war für mich fürchterlich, meine Mutter war ständig traurig, vermutlich, weil sie wusste, was Krieg bedeutet".

Für Helmut Godai war der Kriegsbeginn 1939 „eine große Überraschung". Er verfolgte die Meldungen vom

„Blitzkrieg" in Polen mit Freude, auch, weil sie gleich danach „Großtante Thekla", die Schwester der Großmutter, besuchen konnten, die in Oberschlesien lebte. „Wenn der Führer gesprochen hat oder die Sondermeldungen durchgegeben wurden, sind wir alle vorm Radio gesessen, der Wasserverbrauch in Wien ist dann gegen Null gesunken. Und immer haben wir gehört: Wir haben wieder einen Sieg errungen." Als die Deutsche Wehrmacht zwischen 10. Mai und 25. Juni 1940 in die Niederlande, Belgien und Luxemburg einmarschierte und Frankreich besetzte, war das für den 13-jährigen Jungen „die Revanche für St. Germain". Erst später, als England in den Krieg eintrat, „da habe ich schon gemischte Gefühle gehabt" und als Russland überfallen wurde, „da habe ich gewusst, das ist nicht gut. Denn gegen die halbe Welt kann man nicht gewinnen!" Sein Vater, der im Ersten Weltkrieg eine Hand verloren hatte und deshalb kriegsbefreit war, fühlte sich bestätigt. „Er hat schließlich schon bei der Machtergreifung 1933 gesagt, dass Hitler nichts anderes als Krieg bedeutet."

Inge Kendl, die 1939 mit ihren Eltern aus Dachau nach München gezogen war, beobachtete in der Küche der kleinen Wohnung, wie ihr Vater den Einberufungsbefehl aufgebracht in den Ofen warf. „Das fällt mir gar nicht ein, dass ich für die in den Krieg ziehe, hat er gesagt. Meine Mutter hat gemeint, es würde ihm wohl nichts anderes übrig bleiben." Der Vater der 8-Jährigen wurde zwar bald darauf eingezogen, aufgrund seiner

Fertigkeiten als Elektriker musste er aber nicht an die Front, sondern richtete in den Kasernen der Wehrmacht das elektrische Licht ein. „Nur einmal musste er kurz zu einem Einsatz nach Italien, ansonsten galt er als unabkömmlich."

Der Vater von Leo Zahel in Brünn musste nicht einrücken. Der Sozialdemokrat war aufgrund einer schweren Krankheit vom Wehrdienst befreit, und als Drehermeister in der Rüstungsfabrik Bruna, einem „kriegswichtigen Betrieb", zudem unabkömmlich. Gemeinsam mit seinem 9-jährigen Sohn hörte er „Radio London", das deutsche Programm der BBC. „Der Sender war für uns eigentlich abgeschaltet, aber die Radios waren schon so gut, dass wir ihn in einem Eckerl in einer Lücke reinbekommen haben." Ab Weihnachten 1940 meldete sich da „Adolf Hirnschall, Gefreiter in Frankreich". Die Figur, die der aus Wien geflüchtete Sozialist Robert Lucas in Anlehnung an den „braven Soldaten Schwejk" erschaffen hatte, beschrieb in vorgeblicher Einfalt den Nazi-Alltag und entlarvte damit die nationalsozialistische Propaganda. Leo Zahel, der jetzt keine Lust mehr hatte, mit dem Matador-Kasten zu spielen, verglich dann immer öfter die Meldungen über den Kriegsverlauf. „Was auf Radio London ‚Einbrüche auf der deutschen Front' geheißen hat, ist im Großdeutschen Rundfunk ‚Frontbegradigung' genannt worden." Das Hören der „Feinsender" war mit einer Strafandrohung bis hin zur Todesstrafe streng verboten.

Auch Richard Suchenwirth hörte „im Auftrag des Vaters", des überzeugten Nationalsozialisten, einen Feindsender. „Jeden Freitagabend um sieben habe ich den Sender Beromünster eingestellt." Die „Weltchronik" des Schweizer Radioprogramms wurde in Deutschland, Österreich und sogar im Warschauer Ghetto gehört. Der 13-Jährige merkte sich die Informationen über den Kriegsverlauf. „Die habe ich dann mit Linien auf einer Landkarte abgesteckt. Wenn wir untereinander darüber gesprochen haben, hat es geheißen, die Milchfrau hätte das erzählt." Nach dem Abhören stellte Richard Suchenwirth den Sender wieder auf die Markierung „Leipzig" zurück.

Jörg Sonnabend war zu Kriegsbeginn 1939 erst 5 Jahre alt: „Ich habe mir unter Krieg zunächst gar nichts vorstellen können." Aus dem Volksempfänger hörte der kleine Berliner jetzt hauptsächlich „das Wort ‚Sondermeldung'. Und diese sonderbare Stimme des Führers, den ich nicht verstanden habe". Der Vater, der 1939 nach längerer Arbeitslosigkeit eine Beschäftigung auf der Lanke-Werft in Spandau erhalten hatte, meldete sich 1940 freiwillig zur Marine. „Er war von einem Tag auf den anderen plötzlich weg. Und ich mit Mutti alleine." Wenn er vom Borddienst in Stralsund für ein paar Tage auf Urlaub nach Hause kam, trug er Uniform. „Dann ist er mit mir an der Hand spazieren gegangen. Er war groß und schlank und in der Uniform sehr schick. Damals waren alle stolz auf die Soldaten." Jörg Sonnabend bastelte sich aus Holzresten sein eigenes Gewehr, mit dem die „Feinde" beschossen wurden. Ab und zu fuhr seine Mutter mit ihm auch an die Ostsee, um den Vater in der Kaserne zu besuchen. „Dann haben wir uns ein Hotelzimmer genommen. Und für ein paar Stunden diesen Mann in Uniform getroffen, der mein Vater war." Da der Vater, als er noch zu Hause das Regiment führte, sehr streng war, empfand der Junge die Abwesenheit des Vaters als angenehm. „Ich habe ihn gar nicht so doll vermisst. Mit Mutti alleine war es eigentlich viel schöner!"

Karl Ibounigg fiel in den Herbsttagen 1939 auf, dass die vielen Arbeitslosen, die auf den Straßen in Graz Karten gespielt hatten, plötzlich verschwanden. „Es hat geheißen, dass die jetzt alle eine Arbeit bekommen haben. Auch die Kommunisten. Dass diese Arbeit der Krieg war, habe ich damals natürlich nicht gesehen." Der Vater des 12-Jährigen war zunächst vom Krieg freigestellt, „weil er nur mehr eine halbe Lunge hatte. Aber dann ist er doch eingezogen worden, zuerst nach München, dann nach Bordeaux. Dort war ein riesiger See, auf dem Wasserflugzeuge gelandet sind. Echte Kriegshandlungen hat es dort nicht gegeben". Der Soldat schickte aus Südfrankreich Spitzenweine nach Hause in die Steiermark, er schrieb regelmäßig Feldpostbriefe, „und wie er einmal auf Urlaub gekommen ist, hat er mir eine Uhr geschenkt". Karl Ibounigg verfolgte im Radio begierig die Sondermeldungen über den Frontverlauf. „Ich habe auf einer großen Landkarte Fähnchen danach gesteckt, am Anfang ist das

so schnell vorwärts gegangen, dass ich fast nicht nach-
gekommen bin."

Der Vater von Gertrude Widder in Linz kann seinen
Beruf als Rechtsanwalt weiter ausüben, musste nicht
einrücken. Doch er, der die Nationalsozialisten zutiefst
verachtete, wurde nun immer öfter als Pflichtverteidiger
beim Volksgerichtshof eingesetzt. „Das hat ihn sehr bedrückt und ist schwer auf seiner Seele gelastet, denn dort
wurden ausschließlich Todesurteile gefällt." Die Richter,
die aus Berlin anreisten, erfüllten eine *„volkshygienische
Aufgabe"*, sie sollen *„den gesunden Körper unseres Volkes
unter allen Umständen unversehrt und kräftig erhalten"*,
wie es der Oberlandesgerichtspräsident ausdrückte. Jeder „Hoch- und Landesverrat" wurde mit dem Tod bestraft. Für eine Verurteilung konnten schon die Verbrei-
tung von Nachrichten ausländischer Sender, abwertende
Bemerkungen über den Führer oder Zweifel am sogenannten Endsieg genügen. „Mein Vater hatte vor allem
Deserteure oder Soldaten, die wegen Selbstverstümme-
lung der Wehrkraftzersetzung beschuldigt wurden, zu
verteidigen. Nur, es gab nichts zu verteidigen, die Urtei-
le standen immer fest. Schon allein die grellroten Tala-
re der Richter waren ein furchterregender Anblick, hat
mein Vater erzählt. Die Verurteilten haben ihn dann oft
gebeten, sie zur Hinrichtung zu begleiten." In Linz-Treff-
ling fand die Vollstreckung des Todesurteils durch Erschießen statt. In Wien wurden die Verurteilten mittels
Guillotine geköpft. „Mein Vater hat dann immer lange

Zeit gebraucht, um solche Dienste zu verkraften, danach musste er ja auch noch die verzweifelten Angehörigen trösten. Er war traurig und ohnmächtig." Bis zum Kriegsende vollstreckte der Volksgerichtshof insgesamt mehr als 5200 Todesurteile.

Wolfgang Pucher, der in der Nacht, bevor sein Vater einrücken musste, gezeugt wurde, kann sich nur an einzelne Bilder erinnern, die sich in sein Gedächtnis eingebrannt haben. „Wie ich mit der Uniform des Vaters gespielt habe, und ich das Schulterstück runtergenommen habe, das er dann vergessen hat. Wie ich mit einem Feuerzeug seine Stiefel abgeleuchtet habe. Wie er das Messer geschliffen hat, das er zum Rasieren verwendet hat." Da der Vater nicht da war, schlief Wolfgang Pucher im Krieg im elterlichen Bett. Das ärmliche Lehmhaus in der südlichen Steiermark war nur 32 Quadratmeter groß, die Küche war gleichzeitig die Schneiderei der Mutter, im Schlafzimmer hatte der Vater seine Schuhmacher-Werkstatt. Die Mutter, eine einfache, gläubige Frau, die als uneheliches Kind vom Hof geworfen wurde, in einem Kuhstall aufwuchs, und ihrem Sohn „jeden Morgen mit Weihwasser ein Kreuzerl auf die Stirn macht und jeden Abend um eine glückliche Sterbestunde betet", hasste Hitler. Und freute sich, als eines Nachts Dorfkinder der katholischen Jugend die Fensterscheiben im Lokal der örtlichen Hitlerjugend einschmissen. Die Armut war so groß, dass die Familie fast ausschließlich von Polenta lebte, „in allen Variationen. Am Sonntag hat die Mutter

eine Semmel gekauft, und einmal pro Woche habe ich
aus dem Glas am Schlafzimmerkasten ein Drop-Zuckerl
bekommen". Wolfgang Pucher hatte keine Spielsachen,
im Winter zog es im Haus, eingeheizt wurde nur ein
einziges Mal, am Heiligabend. „Diese Wärme des Heilig-
abends ist eine prägende Erinnerung." Doch das Einzige,
das dem Jungen wirklich fehlte, war der Vater. „Er ist
mir immer abgegangen. Ich habe ihn eigentlich nur vom
dem Porträt gekannt, das neben dem Bett hing."

Für Helmut Pacholik war der Vater im Krieg überhaupt „ein Fremder". Geboren 1939 in Wien, wuchs der
blonde Junge bei seiner Mutter im Marchfeld auf. Der
Vater wurde von der Musterung weg eingezogen und
in den Frankreich-Feldzug beordert. „Ich habe ihn erst
1947 kennengelernt, als ich 8 Jahre alt war." Helmut
Pacholik kann sich daran erinnern, „dass es Streitereien
zwischen den Männern der Familie gab, wenn jemand
zu Hause auf Fronturlaub war. Jeder hat vom anderen
behauptet, dass er keine Ahnung habe, was draußen am
Feld wirklich vor sich gehe." Onkel Franz, er war Meister
bei Mercedes, war nun Richtschütze, „und wurde auch in
Monte Cassino eingesetzt". Einer Schlacht, bei der zwischen Januar und Mai 1944 etwa 20 000 deutsche und
55 000 alliierte Soldaten starben. „Er hat erzählt, dass
sein Maschinengewehr MG 42 bis zu 1500 Schuss pro
Minute abfeuern konnte, weshalb es unter den Soldaten
die Hitler-Sense genannt wurde." Wenn es spät wurde
und die Männer am Tisch dem süffigen Wein zugespro-

chen hatten, wurden sie ehrlich miteinander. „Der Onkel
hat dann geweint und gesagt: Ich bin ein Massenmörder.
Ein Massenmörder bin ich!" Ein anderer Verwandter, der
als Bordschütze in einem Kampfflieger diente, erzählte
„vom ganzen Elend, dass ich da unten sehe, der ganze
Krieg ist ein einziger Wahnsinn". Außerhalb der eigenen
vier Wände hörte Helmut Pacholik davon freilich nichts.
„Im Kindergarten haben wir gelernt, ‚Grüß Gott' zu sagen. Wie ich so auf der Straße gegrüßt habe, hat mich
ein Gendarm angebrüllt: Das heißt immer noch ‚Heil
Hitler!'" Gegenüber der bescheidenen Wohnung auf dem
Hof im Osten von Wien hatten die Nationalsozialisten
ein Kriegsgefangenenlager eingerichtet. „Dort waren
hauptsächlich Franzosen eingesperrt, auch Farbige, denen habe ich durch die Gitterstäbe Lebensmittel hin-
durch gereicht, die mir meine Mutter gegeben hat. Sie
hat immer gesagt: Was ich verschenke, das besitze ich!"
Ein Flüchtling, „der irgendwo überlebt hat" und am Hof
Unterschlupf fand, wurde für das Kind ohne Vater „zur
Vaterfigur. Er hat sich für mich Zeit genommen und mir
zum Beispiel Schach gelernt".

Für Julianne Ziese in Hodschag brachte der Krieg zunächst einmal die Stars aus Babelsberg wie Heinz Rüh-
mann, Hans Albers, Magda Schneider oder Willy Fritsch
in die Stadt. Seit die Deutsche Wehrmacht im Balkan-
feldzug 1941 auch die südliche Batschka im Königreich
Jugoslawien „an das Dritte Reich angegliedert" hatte,
flimmerten die UFA-Stars jetzt auch hier über die Kin-

oleinwand. Das 11-jährige Mädchen mit den blonden Zöpfen liebte die Komödien aus Berlin, die sie am Wochenende schauen durfte. Ihre Kindheit war auch bisher glücklich verlaufen. „Hinter dem Hof meines Vater, der auch als Landwirt immer eine Krawatte getragen hat, habe ich in einem alten Donauarm Hechte, Barsche und Welse geangelt. Am Sonntag haben wir im Fiat, der ausgesehen hat wie ein Sparherd, Spritzfahrten gemacht, obwohl mein Vater gar keinen Führerschein hatte, oder er hat zwei Pferde, die farblich besonders gut zusammen passten, eingespannt und hat uns durch die Gemeinde kutschiert". In Hodschag waren drei Viertel der Bewohner Deutsche, seit der Machtübernahme durch die Nationalsozialisten durften sie wieder ihre Tracht der Donauschwaben tragen oder sich im „Kulturbund" treffen. „Die Reichsdeutschen haben uns aufgewertet." Julianne Ziese durfte zu den „Jungmädchen". „Dort habe ich Volkslieder gesungen, bin marschiert und habe viel Sport betrieben. Beim 75-Meter-Sprint war ich schneller als alle Buben." Die Verletzung, die sie sich beim Kugelstoßen zuzog, ist bis heute als Narbe sichtbar. Was ihr wirklich wehtat, war, dass der Vater, der mit dem NS-Regime sympathisierte, schon kurze Zeit später zum Militär musste. „Er wurde in die Prinz-Eugen-Division der Waffen-SS eingezogen, als Melder, er hat sich angezogen, sein Reitpferd mitgenommen, und weg war er." Zuhause sah er nur noch ganz selten vorbei, heimlich bei Nacht und Nebel. Die SS-Division, die aus Volksdeutschen auf-

gestellt war, beging im Partisanenkrieg schwere Kriegsverbrechen. Mehr als 2000 Männer, Frauen und Kinder
in 22 Dörfern wurden regelrecht niedergemetzelt, ihre
Dörfer geplündert. Julianne Ziese weiß nicht, was ihr
Vater gemacht hat. Sie sagt nur: „Titos Partisanen haben
den Terror angefangen!"

Günther Sereda war zu Kriegsbeginn von seinem
Dorf im niederösterreichischen Weinviertel ins Internat
nach Laa an der Thaya gekommen, weil sich sein Vater,
der Arzt aus Südtirol, mit 49 Jahren sofort freiwillig zur
Wehrmacht gemeldet hatte. Im Frankreichfeldzug versorgte er an vorderster Front die Verletzten. Bello, der
Hund, der angeblich feindliche von eigenen Fliegern am
Klang ihrer Motoren unterscheiden konnte, war schon
zuvor verstorben. Die Mutter, auch sie war überzeugte
Nationalsozialistin, fand es „selbstverständlich", dass
ihr Mann sich zum Dienst am Vaterland gemeldet hatte.
Sie strickte jetzt Pullover für die Front. „Für mich war
das alles sehr bitter. Der Vater im Krieg. Die Mutter, die
mich doch sehr behütet hat, weit weg. Und ich lag mit
zwanzig fremden Buben in einem Schlafsaal." Dass einige der Gymnasial-Professoren Trinker waren, die gerne
züchtigten, verstärkte das Heimweh. „Einzig der Kaplan,
den wir hatten, hat uns echte Menschlichkeit gelehrt."
Zwei Jahre später, nach dem Überfall der Deutschen
Wehrmacht auf die Sowjetunion 1941, wurde der Vater
wegen Herzschwäche von der Ukraine in die Heimat
versetzt. „Er hat hier sofort mit Kollegen im Hinterland

Kontakt aufgenommen und eine Infektionsabteilung, in der Soldaten kuriert werden, übernommen." Bis er selbst schwer erkrankte.

Sabine Werner, 1936 in Potsdam geboren, kannte ihren Vater nur als Soldat. Schwarz-Weiß-Fotografien aus den ersten Kriegsmonaten zeigen ein zerbrechliches Mädchen mit einem ernsten, zu diesem Zeitpunkt 40-jährigen Mann, der immer in Uniform zu sehen ist. Einmal, für den Fotografen posierend, auf dem Schoß des Vaters, in der Offiziersuniform, die schwarze Krawatte perfekt gebunden. Einmal, im Winter, draußen an der Hand des Vaters, der an diesem Tag den Ledermantel der Deutschen Wehrmacht und die Offiziers-Schirmmütze mit dem Reichsadler trägt, die Tochter schaut zu ihm auf, ihre kleinen Finger umklammern den Zeigefinger des Vaters, der in dicken Handschuhen steckt. Einmal im Splittergraben vor dem Haus, der bei Beschuss Schutz vor Bomben- oder Granatsplittern bieten soll, der Vater unten, das Mädchen oben, als wären sie sich fremd. „Und das waren wir uns ja auch." Auf einem Bild spielt Sabine Werner mit ihrer um zwei Jahre älteren Schwester Exerzieren, auf dem Kopf den Stahlhelm, in der linken Hand ein Stöckchen, das wohl das Gewehr ist. Auf einer anderen Fotografie steht sie wie angewurzelt vor dem Schreibtisch des Vaters, die Uniformjacke, die man ihr übergezogen hat, reicht bis zum Boden, unter dem Wehrmachtshelm schaut unsicher ein kleines Mädchen hervor.

Dabei hätte ihr Vater Helmuth, der Jahrgang 1902 war, gar nicht einrücken müssen. „Mein Vater war eigentlich schon zu alt, aber er wollte unbedingt in den Krieg." Der Offizier, der aus einer westpreußischen Soldatenfamilie stammte, schon als ganz junger Mann in die Reichswehr eingetreten war und auch seine Frau, eine Gräfin von, auf dem Ball des Regiments kennengelernt hatte, huldigte dem Soldatentum. „Er war preußisch erzogen und redete immer von Treue zum Vaterland." Zu Weihnachten 1940 besuchten sie den Vater noch einmal in der Kaserne in Braunschweig, es sind die letzten Bilder, die Sabine Werner erinnert. Weil der Offizier auf seine aparte, schöne Ehefrau so stolz war, ließ er die ganze Fallschirmjäger-Truppe antreten, um sie gemeinsam mit ihr abzuschreiten. „Ich sehe mich noch, wie ich über den Kasernenhof laufe."

Nach dem kurzen Besuch von Frau und Kind widmete sich der Offizier sofort wieder der Planung von „Unternehmen Merkur", dem unmittelbar bevorstehenden Angriff auf die Insel Kreta, der ersten großen Luftlandeoperation der Geschichte. Im Mai 1941 war es dann soweit. Der Vater von Sabine Werner wurde mit seiner Einheit bei Chania abgesetzt, gemeinsam mit etwa 15 000 weiteren Fallschirmjägern sollte die Insel innerhalb weniger Tage eingenommen werden. Doch die Fallschirmjäger führten beim Absprung nur Pistolen und Handgranaten am Körper mit sich. Die schweren Waffen wurden in eigenen Abwurfbehältern an Lastenfallschirmen abgeworfen, um die Soldaten vor Verletzungen bei der Landung zu schützen. Sabine Werner lag in diesen Tagen in Jena im Bett, sie war krank und weinte. Warum ihr denn Tränen über die Wange liefen, will die Mutter wissen. „Weil Papi tot ist, soll ich gesagt haben."

Sigrid Ibounigg, sie war im Juni 1939 in Graz zur Welt gekommen, als sich die Stadt bereits rühmt, „judenrein" zu sein, weiß noch, wie gedrückt der Weihnachtsabend 1942 war. Unter dem bescheidenen Christbaum standen nur noch ihre Mutter, ihre Schwester und sie, das 3-jährige Mädchen. Ihr Vater, ein Gerichtsbeamter, war noch vor den Feiertagen eingezogen worden. „Er hat uns dann aus Ungarn Zigaretten und eine Gans in der Dose geschickt." Als NSDAP-Ortsgruppenleiter „In der Wies" hatte er offenbar geahnt, dass es nicht mehr lange dauern konnte, bis die Bomberverbände der Alliierten auch die Steiermark anfliegen würden. So hatte er mit seiner Frau einige Wertsachen, Geschenke sowie das Hochzeitsservice in eine Kiste gepackt, die sie im Stollensystem des Schlossberges einlagerten. Nur einmal kam der Vater noch auf Urlaub nach Hause. Nahm die Tochter auf die Schulter, herzte sie. Sagte seiner Frau, wie sehr er sie liebte. „Da hat meine Mutter gesagt, er soll doch da bleiben, sich verstecken, der Krieg würde schon vorbeigehen, wichtig sei doch nur, dass er überlebe. Aber er hat nur gemeint, nein, das tue er nicht, das komme nicht in Frage."

Lieselotte Kuba sah ihren Vater nur, wenn er einmal auf Urlaub vom Krieg nach Hause kam oder wenn sie mit ihrer Mutter nach Heidelberg fuhr, wo der 30-Jährige, der vor der Einberufung zur Wehrmacht als persönlicher Chauffeur den Bezirkshauptmann von Mistelbach geführt hatte, ein Zeit lang stationiert war. Die Bilder, die dabei entstanden, zeigen eine Familie, Mann und Frau und Kind, die es in Wirklichkeit nie gegeben hat. „Ich bin in keine Familie geboren. Ich hatte zwar einen Vater, aber der war immer nur im Krieg." Die 3-Jährige wuchs bei ihrer Mutter und zwei weiteren Frauen auf. „Ich hatte drei Mütter. Die Männer der beiden anderen Frauen, die selbst keine Kinder hatten, waren ebenfalls im Krieg. So bin ich als ihr einziges Kind noch und noch verwöhnt worden." Der Vater verblasste hingegen immer mehr zu Schwarz-Weiß-Fotografien, die der Briefträger einwarf. Es kamen Feldpostbriefe, die sie noch nicht lesen konnte. Ansichtskarten mit lustigen Motiven aus halb Europa, die sich das im Sommer 1940 geborene Mädchen immer und immer wieder ansah. Und Fotos von einem schönen Mann in Uniform. Einmal im Ledermantel, einmal salopp ohne Kappe, das Haar erstaunlich lang, einmal sitzend, einmal stehend, blickte er, sichtbar wehmütig, in die Linse professioneller Fotografen, deren Porträts der Soldaten in diesen Tagen millionenfach nach Hause geschickt wurden. Wie Souvenirs einer Reise, von der keiner weiß, wohin sie führt. „Ein Bild trägt die Prägung eines Fotostudios in Genua, ein anderes dürfte in Frankreich entstanden sein, eines in Russland." Nur ein Bild war so ganz anders. „Da steht Vati mit ein paar seiner

Kameraden irgendwo am Feld vor einer Baracke und jeder der Soldaten hat einen kleinen Teddy in der Hand. Wahrscheinlich wollten die Männer die Stofftiere nach Hause schicken." Das Mädchen erinnerte sich, wie der verschwundene Vater, der sich in sozialdemokratischen Kreisen bewegt hatte, deren Mitglieder nach dem Verbot auch illegale Zeitschriften verbreitet haben, sie im Ehebett der Eltern auf- und abspringen hatte lassen und sie vor Vergnügen gekreischt hatte. Sie wünschte sich so sehr, dass er wieder nach Hause kam. „Er hat mir immer gefehlt. Und ich dachte, wenn Vati da wäre, dann wäre alles anders. Denn Mutti war sehr streng, und ich war sicher, dass ich bei ihm alles machen hätte dürfen."

Als Judith Lemke im August 1941 in Berlin-Tiergarten geboren wurde, war ihr Vater bereits zwei Jahre im Krieg. „Ich bin wohl im Weihnachtsurlaub von der Front entstanden." Die Mutter, sie war Sekretärin bei Siemens, und der Soldat schrieben sich wunderschöne, lange Briefe, manchmal gingen in einer Woche drei Schreiben hin und her. Zum zweiten Geburtstag seiner Tochter kam wieder Luftpost aus Russland. „Mein liebstes Käthchen, nun muss unsere kleine Datta schon ihren zweiten Geburtstag feiern, ohne dass ihr lieber Papa ihr die kleine Patschhand drücken kann, und ihr einen kleinen, süßen Schmatz aufdrücken kann." Als Geschenk legte der Vater gepresste Blümchen bei. So träumten die Eltern in handschriftlichen Dokumenten vom Frieden, davon, „dass wir recht bald wieder zusammen sein können". Im Juli 1943 kam der Berliner, der leidenschaftlich schwamm, noch einmal nach Hause. Nach dem Abschied setzte sich Judith Lemkes Mutter sofort hin und schickte ihrem soeben abgefahrenen Mann einen Liebesbrief hinterher. „Wie du gegangen bist, habe ich die Kleine am Arm gehalten, wir haben dir noch nachgesehen, und sie hat gesagt: Papa weg!"

# 6

# KINDER INS LAGER

„GESCHÜTZT FÜR DEN KRIEG!"

In der Nacht auf den 12. Mai 1940 kam der Krieg heim ins Reich. 35 Bomber der Royal Air Force flogen einen Angriff gegen München-Gladbach. Sechs Nächte später hörte Jutta Schneider in Bremen zum ersten Mal die Sirenen. Da die Briten schon Ende März Zehntausende Flugblätter am Himmel über der Stadt abgeworfen hatten, „wussten wir, das bald Bomben fallen werden". Die 13-Jährige half dabei, rasch alles Gerümpel vom Speicher des Hauses zu räumen: „Dort durften jetzt nur noch Säcke mit Sand und Eimer mit Wasser stehen. Im Keller wurde für alle Leute, die im Haus wohnten, Platz gemacht, damit sie bei Fliegeralarm Schutz finden." Weil Deutschland nach der Besetzung Frankreichs auf dem Festland nicht mehr von den Briten angegriffen werden konnte, setzten diese auf Luftschläge. Durch Flächenbombardements sollte die Moral der Zivilbevölkerung gebrochen werden. Doch als die Flieger tatsächlich kamen, gingen die Menschen in Bremen auf die Straße. Sie wollten sehen, was passiert. Jutta Schneider nahm ihre

Puppen und ging in den Keller. „Aber dann war ich auch neugierig, bin rausgegangen und habe in den Himmel geguckt. Das war ja nicht so schlimm." 16 Menschen kamen in dieser Nacht in Bremen ums Leben.

In Berlin fuhr Wolfgang Pickert nach den ersten Bombardements mit der Straßenbahn dorthin, wo schwarzer Rauch aufstieg. „Alle wollten sich das angucken, das war ein richtiges Abenteuer." Der 11-jährige Junge und seine Klassenkameraden waren „scharf auf Splitter". Sie sammelten nach Angriffen die zerborstenen Reste der Flakgeschosse, die bei der Flugabwehr auf die Dächer und Straßen der Reichshauptstadt niederregneten, legten sie in der Schule stolz auf die Bank, kürten den Granatsplitterkönig. „Wir haben die oft bizarren Gebilde untereinander ausgetauscht." Einmal fand Wolfgang Pickert einen besonderen Schatz. „Eine Stabbrandbombe, sechseckig, 4 Pfund schwer, 57 Zentimeter lang." Er nahm sie in die Schule mit, um anzugeben. Die anderen Buben boten ihm ihre schönsten Splitter, doch Wolfgang Pickert lehnte ab und nahm „das kostbare Stück", das bei einer Explosion eine 1000 Grad heiße Stichflamme entzündet, weißglühend zerschmilzt und die Dachböden in Brand setzt, mit nach Hause. Dort versuchte er mit einem Freund, die Bombe zur Explosion zu bringen. „Aber seltsamerweise passierte gar nichts. Deshalb sind wir auf die glorreiche Idee gekommen, sie aus dem vierten Stock in den Hof zu werfen." Die Stabbrandbombe explodierte, die Brandmasse breitete sich blitzschnell aus, im Hof klaffte ein großes Loch. „Weil rundherum aber kein brennbares Material war, ist weiter nichts passiert."

Jörg Sonnabend verfolgte die ersten Luftangriffe auf Berlin vom Dach seines Wohnhauses in Kreuzberg. Der Luftschutzwart nahm den Jungen über eine Leiter mit hinauf, wo der 7-Jährige vom bunten Schauspiel am nächtlichen Himmel fasziniert war. „Im Schnittpunkt der Suchscheinwerferstrahlen hat man zuerst silberglänzend ein Flugzeug erkannt. Um dieses herum sind dann die weißen Wölkchen der Flakgranaten detoniert. Bis man durch ein helles Aufleuchten erkannt hat, dass ein Treffer erzielt wurde. Die Scheinwerfer sind dann erloschen oder haben sich ein anderes Ziel gesucht. Damals haben wir das alle noch nicht ernst genommen. Es war mehr wie ein Feuerwerk zur Volksbelustigung." Ein paar Monate später, am 1. März 1943, hatte der neugierige Junge dann zum ersten Mal Todesangst. „In dieser Nacht haben sie wannenweise Brandbomben auf unser Viertel runtergeschmissen. Da der Luftschutzkeller unter dem Haus noch nicht fertig war, mussten wir in den Wohnungen bleiben." Die Sirenen heulten, es knallte ohrenbetäubend. „Wir sind alle unter den Türrahmen gestanden. Ich habe mich auf den Boden gekauert, der plötzlich zu schwanken begonnen hat. Jetzt war der Spaß vorbei."

Die Nationalsozialisten versuchten, der zunehmenden Unruhe infolge der nächtlichen Luftangriffe durch die Verlegung von Kindern in jene Gebiete des Reichs zu begegnen, die „luftsicher" waren. *„Auf Anordnung des*

*Führers werden Kinder aus Gebieten, die immer wieder nächtliche Luftalarme haben, zunächst insbesondere aus Hamburg und Berlin, auf Grund freier Entschließung der Erziehungsberechtigten in die übrigen Gebiete des Reiches verschickt"*, hieß es in einem vertraulichen Rundschreiben vom 27. September 1940. Die „Reichsdienststelle KLV" organisierte dafür verschiedene Programme wie die „Erweiterte Kinderlandverschickung", die „Mutter-und-Kind-Verschickung" oder die „Verschickung zu Verwandten oder Pflegefamilien." *„Die NSV übernimmt die Verschickung der noch nicht schulpflichtigen Kinder und der Kinder der ersten vier Schuljahrgänge; die HJ übernimmt die Unterbringung vom 5. Schuljahre an."* Schon in den ersten Monaten der Massenevakuierung wurden mehr als 300 000 Kinder und Mütter „verlegt". Mehr als die Hälfte von ihnen kam in eines der rund 2000 KLV-Lager. Die zurückbleibenden Mütter sollten nun für kriegswichtige Arbeiten eingeteilt werden.

Das Wort Evakuierung wurde freilich tunlichst vermieden, um keine Panik in der Bevölkerung aufkommen zu lassen. „Wir haben trotzdem begriffen, dass uns wohl Schlimmes bevorsteht", sagt Jutta Schneider, „warum sonst würde so ein Aufwand betrieben." Der Sicherheitsdienst der SS hielt in den geheimen Lageberichten, den „Meldungen aus dem Reich" fest, dass die Menschen *„von einer getarnten Zwangsevakuierung sprechen"*, da die Führung *„offenbar noch sehr schwere Schläge"* befürchtete. Und die Angst war berechtigt. In den ersten drei

Monaten des Jahres 1943 wurden ganze Stadtteile von Berlin zerbombt, 20 000 Häuser getroffen, 600 große Brände ausgelöst, das Deutsche Opernhaus wurde genauso zerstört wie die Deutschlandhalle oder das Theater am Kurfürstendamm.

Jutta Schneider wollte auch weg. In Bremen verging kaum eine Nacht, ohne dass die Sirenen aufheulten, die Alliierten bombardierten die Flugzeugwerke und Öl-Raffinerien. „Der Krieg dauerte nun schon 16 Monate. In der Stadt fielen immer wieder Bomben, die Menschen und Tiere unter den Trümmern begruben. Und ein Ende war nicht abzusehen." Am 29. Februar 1941 war es soweit. Die gesamte Schule der 14-jährigen Bremerin wurde im Rahmen der „Erweiterten Kinderlandverschickung" nach Berchtesgaden/Schönau verlegt. „Es ging in die Berge. Die habe ich bisher nur von Bildern gekannt. Trotz des Abschiedsschmerzes von der Mutti, dem Schwesterchen und den Großeltern, war ich also gespannt auf das, was mich erwarten würde. Die Mutti hat mich mit dem großen Koffer und der schweren Tasche zum Bahnhof gebracht. Hunderte von Kindern nahmen dort Abschied von ihren Lieben." Viele Mütter sträubten sich, ihre Kinder herzugeben, hatten sie doch schon ihre Männer in den Krieg ziehen lassen müssen, weshalb die Verschickung schon bald nicht mehr „freiwillig" erfolgte, sondern verpflichtend war. „Am späten Nachmittag setzte sich der Zug in Bewegung. Schnell wurde es Nacht, aber niemand konnte schlafen. Als die

Landschaft begann hügelig zu werden, schrien schon die ersten Kinder: Die Berge, seht die Berge. Aber es war erst der Harz." Nach fast 15 Stunden Fahrt kam der Transport in Berchtesgaden an. „Meine Klasse musste in eine elektrische Kleinbahn einsteigen, die uns nach Unterstein brachte. Von dort mussten wir noch eine halbe Stunde in hohem Schnee bergauf stapfen. Es war stockdunkel, man sah keinen Weg, kein Haus, denn die Fenster waren vorschriftsmäßig verdunkelt. Da fingen die ersten Kinder an zu weinen. Das Gepäck war viel zu schwer. In die Schuhe kroch der Schnee, viele hatten nicht mal Handschuhe oder eine Mütze. Angekommen, wurden die Zimmer verteilt." Jutta Schneider kam mit 7 Mädchen aus einer anderen Schule ins Zimmer. „In der ersten Zeit bin ich nachts noch manchmal hochgeschreckt. Andere Kinder haben zu schreien angefangen. Das kam alles noch von den vielen nächtlichen Fliegeralarmen. Aber langsam sind wir alle ruhiger geworden." Die Anspannung blieb. Das Bremer Mädchen quälte das Heimweh und die Sorge, wie die Daheimgebliebenen die Bombenangriffe überstehen würden. „Wurde die Post verteilt, nachdem in Bremen Bomben gefallen waren, gab es bei uns allen Angst und Tränen, wenn keine Nachricht von daheim dabei war. Telefonieren konnten wir ja nicht. Die meisten hatten gar kein Telefon zu Hause. Und die Bomben hatten zudem viele Anschlüsse zerstört. So wurde die Postausgabe der schönste oder traurigste Moment des Tages." Schließlich entschied sich Jutta Schneiders Mutter, mit ihrer kleineren Tochter Astrid selbst auch in die Berge überzusiedeln. „Jetzt waren wir nur 30 Minuten Fußweg voneinander entfernt. Und einmal kam sogar Vati auf seinem Fronturlaub zu uns." Beim Abschied stellte er fest, dass es „wegen der Bomben schlimmer ist in der Heimat zu sein als an der Front".

Jörg Sonnabend in Berlin musste oft zwei Mal in einer Nacht in den Luftschutzkeller, dazu gab es immer mehr Tagesangriffe. „Ein geregelter Schulbetrieb war nicht mehr gegeben. Deshalb hat sich meine Mutter entschlossen, mich mit 10 Jahren auch zu verschicken." Der Transport der 100 Jungs aus verschiedenen Berliner Bezirken ging in die Slowakei, den genauen Ort sollten die Eltern später brieflich erfahren. „Die Fahrt ging durch die Nacht, Richtung Osten, durch eine dunkle Landschaft." Nach mehrmaligem Umsteigen und Nächten in Durchgangslagern landete Jörg Sonnabend in Kremnitz. „Dort wurden wir auf Pferdeschlitten verladen und rauf ging´s zur Skalka, einem rund 1200 Meter hohen Berg. Oben befand sich ein ehemaliges Erholungsheim, das unser Lager wurde. Dieses Bild habe ich immer noch vor Augen: Wir kamen aus dem zerbombten Berlin und fuhren jetzt durch eine traumhafte Winterlandschaft!" Die 10- bis 14-jährigen Schüler wurden auf „Stuben" verteilt, jede war nach einem Kriegshelden benannt. „Ich wurde einer Sieben-Mann-Stube zugeteilt, die den Namen des legendären Korvettenkapitäns Günther Prien trug. Hierauf war ich damals besonders stolz, da mein Vater bei der Kriegsmarine war."

Doch schon am nächsten Morgen, als sich die Buben in aller Herrgottsfrühe mit nacktem Oberkörper mit Schnee einreiben mussten und ins Gelände gejagt wurden, wusste Jörg Sonnabend, warum er eigentlich hier war: „Wir sollten Soldaten werden, ohne schon vorher durch Bombentreffer auszufallen. Man hat uns für den Krieg geschützt." Das Regime wollte ihr junges „Menschenmaterial" für den Kriegseinsatz schonen und drillen. Im „Amtlichen Organ des Jugendführers des deutschen Reiches" heißt es: *Die Einrichtung der KLV-Lager bietet die Möglichkeit, Jugendliche in großem Rahmen und für längere Zeit total zu erziehen."* Vom Morgenappell um 6.30 Uhr bis zum Zapfenstreich um 22 Uhr. Immer in der Uniform der HJ. „Alles war reglementiert, jede Minute war eingeteilt, individuelle Freizeit gab es nicht. Zwei Lehrer und eine Lehrerin waren von Berlin aus mitgefahren, einer von den Lehrern war der Lagerleiter. Aber die eigentliche Macht im Lager übten die sogenannten Lagermannschaftsführer, die LMF, aus. Es waren drei an der Zahl, im Alter so um die 20 und alle Absolventen der Adolf-Hitler-Schulen: AHS. Unter uns und hinter vorgehaltener Hand sagten wir immer: AHS bedeutet Allgemeine Hilfsschule. Das durfte natürlich nicht laut werden, die Folgen wären fürchterlich gewesen. Von diesen LMF wurden wir drangsaliert und geschliffen wie die Soldaten einer preußischen Kadettenanstalt, vom

Wecken bis zur Nachtruhe." Nur an den Heimabenden, wenn den Jungen Geschichten von Kriegshelden erzählt wurden oder aus Karl-May-Büchern vorgelesen wurde, sowie beim Skifahren und den Geländespielen vergaß Jörg Sonnabend das im Hals steckende Heimweh. Oder, wenn er draußen auf den Wiesen Blaubeeren sammeln durfte, die dann zu „Böhmischen Hefeklößen" gereicht wurden.

„Aber dann stand schon wieder der berüchtigte ‚Ordnungsdienst' auf der Tagesordnung. Hinter dieser harmlosen Bezeichnung verbarg sich für uns ein kleines Martyrium, es war schlicht und einfach ein Exerzieren wie bei den Soldaten am Kasernenhof. Das hieß: laufen, dann hinlegen, dann wieder ‚auf, auf, Marsch-Marsch', dann wieder ‚hinlegen und weiterrobben' und so weiter und so weiter. Wir waren zwar in körperlich guter Verfassung, aber nach diesem Ordnungsdienst waren wir immer vollkommen fertig und froh, wenn wir uns vor dem Abendbrot noch etwas hinlegen durften. Es war praktisch eine vorsoldatische Ausbildung." Dazu zählte auch die Demütigung schwacher „Kameraden". „Wir hatten ein paar Buben, die nachts, wohl aus Heimweh, ins Bett gemacht haben. Die mussten sich dann in ihr nasses Laken einwickeln und zum Gaudium aller so zum Fahnenappell antreten." Wer nicht parierte, wurde gezüchtigt. Oberstes Gebot in den Lagern war es, die eigenen Bedürfnisse der „Volksgemeinschaft unterzuordnen". Die Vielzahl an Lagern war dabei kaum noch überschaubar.

Neben den KLV-Lagern gab es Landjahrlager, Reichsar-
beitsdienstlager, Wehrertüchtigungslager oder Gemein-
schaftslager der Hitlerjugend.

Wolfgang Pickerts 14. Geburtstag war in schweren
Angriffen untergegangen. Der Berliner Junge, der „nach
drei Jahren Bombenterror" schon lange keine Granatsplitter mehr sammelte, hatte die Eignungsprüfung zur
„Seeberufsfachschule" bestanden. Er wollte Kapitän der
Handelsmarine werden. Ein paar Tage nach dem ru-
inierten Fest zog er in ein Barackenlager im Westerwald.
Doch nach der Einkleidung „in eine richtige Marineuni-
form mit dem berühmten weiten Schlag an den Hosen,
der engen Collani-Jacke mit den goldenen Ankerknöp-
fen, den Bordschuhen aus Segeltuch und der Mütze mit
Band" begann sofort der militärische Drill. „Drei Monate
lang wurden wir geschliffen, haben Tag und Nacht exerziert und mussten dabei auch völlig unnatürliche Bewe-
gungsabläufe wie den Stechschritt lernen. Alles im Lager war auf unbedingte Gleichheit und Befehlsgehorsam
ausgerichtet." Nach der erfolgreichen Endprüfung wurde Wolfgang Pickert ins nächste Barackenlager verlegt.
In Görlitz war der 14-Jährige „Stubenältester", vor dem
Antreten zum Abmarsch in die Werkstattbaracke musste
er jeden Morgen Meldung machen: „Stube 4 mit 8 Mann
in den Kojen. Keine besonderen Vorkommnisse." Als die
Mutter zum ersten Mal auf Besuch kam, präsentierte
Wolfgang Pickert stolz sein erstes Werkstück, eine Kö-
nigskuchenform. Doch die Mutter überbrachte ihm eine

Todesnachricht. „Mein Freund Gerhard, ein paar Jahre älter als ich, war in Russland gefallen. Das war für mich ein großer Schock. Er war mein erster richtiger Freund gewesen, ich hatte ihn oft um Rat befragt. Und jetzt war er tot. Musste sein Leben lassen, im festen Glauben, dem Vaterland zu dienen. Das war für mich der Moment, wo mir der Krieg gezeigt hat, was er ist." Dann kamen auch von Willi, der in der Firma der Eltern als Lehrjunge gearbeitet hatte und an die Russlandfront musste, keine Briefe mehr. „Er gehört zu den vielen Vermissten dieses Krieges." Im Barackenlager wurde weiter marschiert, beim Singen von Horst-Wessel- oder Deutschland-Lied musste der rechte Arm die ganze Zeit zum Hitlergruß gestreckt bleiben, danach wurden die Nürnberger Rassengesetze durchgenommen. Wenn die Marineschüler einmal Ausgang hatten, stahlen sie sich ins Kino der Stadt, in Filme, die erst ab 18 Jahren freigegeben waren. „In Uniform haben wir sowieso älter ausgesehen." Doch auf dem Rückweg kamen sie am Gelände ihres Lagers an einer stacheldrahtumzäunten Mulde vorbei, in der russische Soldaten gefangen gehalten wurden. „Wir sind dicht daran vorbei marschiert und konnten die ausgemergelten Gestalten sehen. Sie waren ohne jeden Schutz der Witterung ausgesetzt, vegetierten vor sich hin. Deshalb haben wir immer wieder Essensreste wie Brot oder Kartoffeln aufgehoben und sie hinuntergeworfen, auch wenn das streng verboten war. Die Kriegsgefangenen haben sich darauf gestürzt und um jedes Stück gerauft. Es müssen mehr als tausend Menschen gewesen sein. Ich glaube nicht, dass dort jemand überlebt hat."

Friedrich Giersig wurde in der Napola Traiskirchen geschliffen. Sein Vater, der auf dem Gut in der Vois mittlerweile einige Zwangsarbeiter beschäftigte, hatte den 10-jährigen Sohn in die „Nationalpolitische Erziehungsanstalt" im Süden von Wien eingeschrieben, „weil er Angst hatte, dass ich in Wien von Bomben getroffen werden könnte." Die Schüler der Napolas sollten später die neue Führungsschicht der deutschen Elite bilden, durch die *„Erziehung zu Nationalsozialisten, tüchtig an Leib und Seele für den Dienst an Volk und Staat".* Ausschlaggebend für die Aufnahme war zuallererst die „rassische", dann erst die charakterliche sowie körperliche und intellektuelle Eignung. Was zählte, waren die „arische Abstammung", „Erbgesundheit" und volle körperliche Leistungsfähigkeit. Bei der Aufnahmeprüfung ging es um Eigenschaften wie Mut, Durchhaltevermögen, Tapferkeit, den Willen zur Einordnung und zur Übernahme von Führungsaufgaben. Friedrich Giersig bestand sie. Seine Klasse mit 23 Jungen wurde als Zug geführt. Die Schüler trugen Uniform. Die Lehrer unterstanden der SS. „Wir haben geboxt, exerziert, sind geritten, haben Leichtathletik gemacht, immer eine harte Hand gespürt. Und wir wurden politisch getrimmt." Waren die Napolas bis 1939 noch politische Eliteschulen, waren sie jetzt, im dritten Kriegsjahr, zunehmend Nachwuchsanstalten für SS und Wehrmacht. „Die Ausbildung war für uns in aller Regel ein Mordsspaß. Denn unsere Lehrer waren fantastisch." Friedrich Giersig lernte Seilklettern, Segeln, Skifahren, Marschieren, Singen, Schießen oder Tarnen. Und den unbedingten Glauben an den Führer. „Wir Napolaner haben immer geglaubt. An den Totalen Krieg. An die Vergeltungswaffe. An den Endsieg." Sie trugen stolz den Ehrendolch, in den der Wahlspruch der Napola eingraviert war: „Mehr sein als scheinen!" Und sie wurden darauf vorbereitet, für Führer, Volk und Vater auch zu sterben. „Sie haben uns zum Beispiel den Film ‚Hitlerjunge Quex' gezeigt. Darin stirbt der tapfere junge Soldat den Heldentod." Im Film-Kurier hieß es dazu: *„Er starb für eine Sache an die er glaubte, für seine Kameraden, für seine Fahne, und vor allem für seinen geliebten Führer."* Friedrich Giersig war stolz, „ein Napolaner zu sein". Sein Vater, der in der Zwischenzeit „immer weiter vom Regime abgerückt ist, weil Hitler in Russland einmarschiert ist", kam an den Jungen ideologisch nicht mehr heran. Der war „nicht verweichlicht". Stand bedingungslos zum Nationalsozialismus. Sang: „In den Ostwind hebt die Fahnen / Denn im Ostwind steh'n sie gut / Dann befehlen sie zum Aufbruch / Und den Ruf hört unser Blut / Denn ein Land gibt uns die Antwort / Und das trägt ein deutsch Gesicht / Dafür haben wir geblutet / Und drum schweigt der Boden nicht."

# 7

# BOMBENSTIMMUNG

„ANGST, ANGST, ANGST!"

Wolfgang Pickert ging 1943 in Berlin nur noch angezogen
zu Bett. „Nur die Schuhe habe ich ausgezogen und neben
den Luftschutzkoffer gestellt." Zu kurz war die Zeit zwischen dem Voralarm, einem dreimaligen Aufheulen der
Sirenen für jeweils 12 Sekunden, dem Alarm, der mittlerweile von zwei Minuten auf eine Minute verkürzt worden
ist, und dem „Singen" der anfliegenden Maschinen. „Wir
haben im Grunde nur mehr in Angst vor dem nächsten
Fliegeralarm gelebt. In Todesangst."

Beim hellen Aufheulen des Voralarms sprang der
13-Jährige aus dem Bett, streifte sich die Schuhe über,
drückte den Teddybär, der schon fast kein Fell mehr hatte, an sich, nahm den Luftschutzkoffer und rannte. Im
Stiegenhaus herrschte Panik. Im Keller Todesangst. Es
war still hier unten, ganz still. Die Bewohner, manche
im Pyjama oder Schlafrock, andere im Anzug mit Krawatte, saßen eng aneinander gerückt auf den Bänken an
der Wand, sahen auf den Boden, die schwere Stahltür
wurde von innen verriegelt, niemand sprach. „Und dann

ging es los: Zuerst bellten die 8,8-Flakgeschütze der ‚Heimatverteidigung', dann hörten wir das helle Singen der amerikanischen Maschinen, das sich von den deutschen Flugzeugen deutlich unterschied, und schließlich fielen die Bomben, mit vorhergehendem Pfeifen, vor allem der Luftminen, und das Dröhnen der Detonationen, die alles erschütterten. Der Luftdruck erzeugte einen Unterdruck, die versteiften Luftschutztüren erbebten, die Wände wackelten, und wir zogen unwillkürlich die Köpfe ein, duckten uns, in der Angst, verschüttet zu werden, und ich habe gebetet: Lieber Gott, lieber Gott, lass nichts passieren!" In diesen Minuten, in denen jeder auf sich allein gestellt war, fragte sich Wolfgang Pickert immer wieder: „Warum bombardieren die uns?" Die Antwort, die er sich selbst gab, war: „Die sind die Bösen, wir die Guten. Damals habe ich verstanden, dass abgestürzte Flieger erschlagen wurden, wir haben sie richtig gehasst. Dass wir zuerst coventriert haben, das habe ich ja nicht gewusst. Wenn es dann wirklich vorbei war, gingen wir wieder nach oben, um abermals ins Bett zu gehen. Zuvor mussten wir aber meistens noch die Glassplitter der zerborstenen Scheiben beseitigen und die Fenster verkleben. Erst dann durfte ich weiterschlafen. Bis zum nächsten Angriff."

Jutta Schneider war in dieser Nacht in Bremen schon zwei Mal aus dem Schlaf gerissen worden, um in den Bunker zu gehen. Jetzt legte sie die kleine Schwester, die noch auf dem Nachhauseweg eingeschlafen war, zurück in ihr Bettchen. Dann setzte sich das 16-jährige Mädchen auf den Stuhl neben dem Bett, auf dem sie bei Voralarm abwartete, ob danach der echte Alarm nachkam oder Entwarnung gegeben wurde. „Wenn wir im Radio gehört haben, dass Fliegerverbände über Emden kommen, haben wir immer gehofft, dass sie nicht nach Bremen, sondern nach Hamburg fliegen." Sie schlug das Fotoalbum, das sie auch diesmal wieder mit in den Bunker genommen hatte, auf. Strich mit dem Zeigefinger über ein Porträt ihres „Vati", der irgendwo draußen an der Front war. Dachte daran, wie er vergangene Weihnachten noch einmal auf Urlaub nach Hause kommen durfte und für die kleine Schwester den Weihnachtsmann gespielt hatte. „Du musst dir schon deine Knobelbecher ausziehen, hat Mutti gesagt, das waren diese schweren Kampfstiefeln, sonst erkennt sie dich doch." Sie dachte an Mutti, die in den Monaten zuvor so schweres Rheuma bekommen hatte, dass sie nicht mehr aufstehen konnte. So blieben die drei gemeinsam in der Wohnung, wenn draußen der Himmel Bomben regnete. „Ich habe mich dann neben Mutti niedergekniet, meine Arme um sie und meine Schwester gelegt und zu Gott gebetet, dass er hier keine Bomben runterfallen lässt, weil Mutti ja alles ist, was ich habe." Sie dachtet an die Nacht vor ein paar Wochen, als eine Frau im Bunker plötzlich hysterisch geworden war. Schon am Eingang zum Keller hatte sich ein gefährlicher Stau gebildet. Noch immer drängten Menschen herein, während draußen schon die Bomben fielen. Und am Himmel über dem Viertel die „Christbäume" zu sehen waren, die herabschwebenden Leuchtraketen, die den anfliegenden Bombern das nächste Ziel absteckten. Dann hatte plötzlich das ganze Haus zu schwanken begonnen, eine Sprengbombe musste in unmittelbarer Nähe eingeschlagen sein. Eine dieser Bomben, die auch der Freundin ihrer Mutter vor Kurzem das Leben genommen hatte. Ganz ruhig hatte Martha mit ihrer kleinen Tochter nach dem Luftschlag dagesessen, ohne äußerliche Anzeichen einer Verletzung. Der Luftdruck hatte den beiden die Lunge zerrissen. Andere Menschen starben als lebende Fackeln, entzündet durch Phosphorbomben, die platzten und alles in Brand setzten, Straßen, Häuser, Bäume, Menschen. Die Erschütterung hatte die Bänke angehoben, auf denen sie alle ruhig saßen. Und da war die Nachbarin hysterisch geworden, hatte zu schreien begonnen, wie irre, war auf die Bank gesprungen und dort genau auf Jutta Schneiders Hand gelandet, „die furchtbar wehtat und stark blutete". Die Frau war danach von Krankenschwestern weggebracht worden, ihre eigene Wunde war dann wieder abgeheilt. Sie dachte daran, wie unheimlich die ganze Situation war. „Denn alle anderen Leute waren still vor Angst. Auch ich habe erst zu Hause, in meinem Bett, geweint." Dass sie das Fotoalbum bei jedem Angriff mit in den Bunker nahm, konnte ihre Mutter nicht verstehen. „Pack nicht so viel ein, lass die Fotos zu Hause. Es gibt wichtigere Dinge." „Aber wenn der Krieg einmal vorbei ist, wer könnte uns dann all diese Erinnerungen wiedergeben?"

Jutta Schneider wollte wieder unter die Decke in Vatis verwaistem Bett schlüpfen. Zuvor sah sie noch einmal vom Balkon aus auf den nächtlichen Himmel über Bremen und die bleichen Finger der Suchscheinwerfer, die sich ebenfalls vergewisserten, dass keine neuen Bomber im Anflug waren. Da hörte sie ein scharfes Pfeifen über sich. Dachte noch: Wenn du eine Bombe hörst, passiert dir nichts. Konnte sich mit einem Mal nicht mehr rühren. Sagte leise: „Nun ist es soweit." Da war plötzlich der Pfeifton weg. Für Sekundenbruchteile war es totenstill. Dann brach die Welt über ihr zusammen. Das ganze Haus schwankte. Gleich würde es zusammenfallen, dachte sie. Stürzte hinüber ins Kinderzimmer, riss ihre Schwester aus dem Bett, hastete die Treppe hinunter. Doch sie kam nur bis zur ersten Etage. „Von da an war die ganze Treppe voller Steine und Schutt. Vor lauter Staub konnte ich meine Hand nicht mehr vor Augen sehen. Aber die Angst zu sterben, diese Angst hat mich mit meinem Schwesterbündelchen auf den Armen weitergetrieben." Irgendwie schaffte Jutta Schneider es bis nach unten. Dort, wo sie immer saßen, wenn die Zeit zu knapp gewesen war, um noch den Bunker zu erreichen, lagen jetzt riesige Mauerbrocken, das Bett des Heizers war unter Trümmern begraben. „Die Bombe war seitlich unten ins Haus eingeschlagen, aber nicht explodiert. Sonst hätte keiner von uns überlebt." Die Mutter stand apathisch inmitten des Chaos, in der Hand das Köfferchen mit dem Silberbesteck. Die Fotos hatte Jutta Schneider diesmal oben vergessen. „Von dieser Nacht an habe ich mich zum Schlafengehen nicht mehr ausgezogen, war beim leisesten Geräusch auf dem Sprung und habe, gemeinsam mit meiner Schwester, nur mehr im Bett der Mutti geschlafen."

Jörg Sonnabend freute sich im Dezember 1943 mit seiner Mutter schon so auf Weihnachten. „Wenn wir Glück haben, kommt der Vater zum Heiligabend nach Hause." Der 9-jährige Berliner Junge half seiner Mutter, „die ganze Bude auf Weihnachtsglanz zu bringen". Doch statt des Vaters kamen die Bomben, und die Christbäume standen am Himmel über Spandau. Es war der 16. Dezember. „Wieder eine Kriegsweihnacht, bereits die fünfte." Nur wenige Wochen zuvor hatten die beiden endlich einen der begehrten Schlafplätze im Flachbunker Ecke Gatowerstraße/Heerstraße bekommen. „Bis dahin mussten wir uns damit begnügen, den Bunker bei Sonnenuntergang aufzusuchen, und wenn bis ungefähr 23 Uhr kein Fliegeralarm erfolgte, wieder den Heimweg anzutreten, um wenigstens noch etwas zu schlafen. Wir hatten einen Fußweg von 30 Minuten, wodurch wir immer Gefahr liefen, unterwegs noch von einem späteren Angriff überrascht zu werden." Der Bunker, für den es eine lange Warteliste gab, war in Schlafkabinen mit jeweils 6 Schlafplätzen eingeteilt. Jörg Sonnabend zog nun jeden Abend vor Beginn der Luftangriffe mit seiner Mutter, seinem Freund Horst und dessen Mutter sowie zwei ihnen fremden Personen in den „Kaninchenstall", wie sie die Koje nannten. Es war sehr eng, rechts und links an den Wänden standen einfache dreistöckige Pritschen. „Aber wir haben uns gegenseitig nicht gestört und waren alle froh, dass wir nun auch einmal durchschlafen konnten, ohne von der Luftschutzsirene aufgeschreckt zu werden. Wenn nachts Bomben fielen und Flakbeschuss den Himmel erhellte, haben wir das im Bunker gar nicht gehört." Selbst Jörg Sonnabend, der im obersten Bett, knapp unter der Decke, neben dem Lüftungsgitter, lag, hörte dann nur „ein leises Grummeln".

An diesem Abend wollten sie nicht in den Bunker gehen, sondern die Vorfreude auf Weihnachten auskosten. „Meine Mutter musste tagsüber ja arbeiten, deshalb haben wir in der Hoffnung, dass es dieses Mal keinen Angriff gibt, mit dem Großreinemachen begonnen. Das ganze Programm, mit Putzen, Staubsaugen und so weiter." Kurz darauf heulten die Sirenen. „Die Frage war jetzt: Wohin? Der Luftschutzstollen, der gegenüber dem Werfteingang in den Sand der Haveldüne gegraben wurde, war noch nicht fertig und unseren etwas unsicheren Hauskeller wollten wir nicht mehr benutzen. Da fiel uns ein, dass man am Ende der Scharfen Lanke, also direkt neben uns, vor dem Segelklub einen kleinen Luftschutzbunker in den Sand hineingebaut hatte. Das ganze Gebilde war ungefähr 15 Meter lang und hatte an jedem Ende eine Holztür. Entgegen aller Vorschriften hatte dieser kleine Splittergraben in der Mitte keine Abknickung, die Druckwellen der Sprengbomben und Luftminen konnten einem also ungehindert um die Ohren pfeifen. Aber etwas Besseres gab es nicht in der Nähe." Jörg Sonnabend und seine Mutter stürzten aus dem Haus. Die Luft wurde bereits vom Flakfeuer zerrissen. Am Himmel zeichneten sich die Konturen von Hunderten Fliegern ab. „Wie lauter silberne Vögel". Sie schafften es bis zum Bunker. Duckten sich auf den Holzfußboden, während rund um sie eine Bombe nach der anderen niederging. „Die haben genau auf Spandau Maß genommen. Die Türen wurden aufgerissen, die Druckwellen schossen durch den Splittergraben. Es war ein unbeschreibliches Grollen, Pfeifen und Prasseln." Mutter und Sohn lagen nebeneinander auf der bebenden Erde. „Ich habe nur noch gebetet, die Daumen gedrückt, die Hände gefaltet." Die Apokalypse dauerte mehr als eine Stunde. Danach krochen sie vorsichtig aus dem Splittergraben. Sie hatten den schweren Angriff überlebt. „Dann haben wir gesehen, dass auch unser Haus noch stand. Fenster und Türen waren zwar rausgefallen oder reingedrückt, der Putz war in großen Flächen von der Wand gefallen, aber man konnte alles wieder notdürftig reparieren. Die Werft hatte etliche Bombentreffer abbekommen, rundherum brannten Häuser, aber viele Bomben waren offenbar in die Havel und die Dünen gefallen." Mit Bedauern stellte der 9-Jährige tags darauf fest, „dass die Schule wieder nicht getroffen wurde".

In der folgenden Woche, am 23. Dezember 1943, wurde das Kinderzimmer von Wolfgang Pickert in Berlin-Grunewald getroffen. „Diese Nacht vor Heiligabend zerstörte alles, was meine Eltern an Hab und Gut hatten, auch alle meine mir lieb gewordenen Dinge. So hatte ich einige Flugzeugmodelle aus Pappe gebastelt, die von der Schlafzimmerdecke hingen. Zwei Schiffsmodelle aus Baukästen, ein Schnellboot und ein U-Boot hatte es ebenfalls gegeben, sowie mein über alles geliebter Teddybär aus frühen Kindertagen." Das Feuer, das die ganze Wohnung vernichtete, wurde von einer jener Stabbrandbomben entfacht, die den 13-jährigen Jungen am Beginn der Luftangriffe zum „Granatsplitterkönig" der Klasse gemacht hatte, bevor er den Blindgänger aus dem vierten Stock in den Hof geworfen hatte. „Der Brand hat sich im Dachgeschoss ausgebreitet und sich auf den vierten Stock bis zum Eckhaus zur Geßlerstraße durchgefressen." Wolfgang Pickert war zu dieser Zeit als „Luftschutzmelder" eingesetzt. Als solcher trug er eine blaue Armbinde mit weißem „M", einen Luftschutz-Stahlhelm und die Feuerschutzbrille. Da hörte er im eigenen Luftschutzkeller ein Rumpeln, so ungewöhnlich, wie er es noch nie gehört hatte. „Es klang nicht nach einem Bombeneinschlag, sondern nach etwas noch Furchterregenderem." Er rannte die Treppe nach oben, um nachzusehen, was passiert war. „Als ich den letzten Stock erreicht hatte, brannte und knisterte es über mir." Der Junge musste wieder nach unten, Meldung machen. Die Hausbewohner stürzten daraufhin nach oben, versuchten, noch schnell irgendetwas zu retten. Als die Mutter von Wolfgang Pickert in die qualmende Wohnung trat, brach das Feuer bereits durch die Decke. Sie nahm die vorbereiteten Koffer und warf sie aus dem Fenster auf die Straße. „Ich selbst hatte damit zu tun, mit Wassereimern und der Feuerpatsche gegen die Flammen anzukämpfen. Die Feuerpatsche war nichts anderes als ein Schrubber- oder Besenstiel mit einem daran festgebundenen Scheu- ertuch. Mit mir zusammen war ein Nachbarmädchen, zwei Jahre älter als ich. Wir beide allein waren es nun, die das Haus retteten, während sich die anderen nur um ihre eigenen Sachen kümmerten. Wie wir das geschafft haben, weiß ich nicht mehr." Die oberen Etagen, so auch die eigene Wohnung, waren unwiederbringlich zerstört, doch die anderen Stockwerke konnten weiter bewohnt werden. „Zum Glück konnten Mutter und ich in eine Wohnung im zweiten Stock ziehen, denn wir hatten den Schlüssel von den Inhabern, die zur Zeit in Köln waren und auch nicht mehr wiederkamen." Der Vater in Russ- land bekam von alledem nichts mit. „Das Weihnachtsfest fiel natürlich aus, doch das Leben musste weitergehen." Wenn sich die Luftschutzmelder bis zum nächsten Ein- satz verabschiedeten, sagten sie lakonisch: „Bleib übrig!"

Einige Wochen zuvor war Wolfgang Pickert in die- sem Krieg sogar zum „Helden" geworden, dem in Berlin das „Kriegsverdienstkreuz mit Schwertern" an die Brust geheftet wurde. Als Pimpf und Luftschutzmelder muss- te sich der 13-Jährige im November 1943 mit Gleich- altrigen bei der zuständigen Einsatzleitstelle melden, dem Varieté Prälat in Schöneberg. „Dort haben wir dann während der Angriffe auf den Befehl zum Einsatz gewartet. So auch in dieser Nacht." In der Goltzstraße, hieß es, sollte „viel los sein". Also liefen die Jungs durch den Feuersturm, „durch diesen unsäglichen Brandgeruch, den man nicht loswurde". Durch die Feuerschutzbrille sahen sie, dass das Haus an der Ecke Pallasstraße in Flammen stand. Jemand schrie, dass oben noch Leute seien. Wolfgang Pickert und zwei weitere Jungen zögerten keine Sekunde. Sie rannten die Treppe, in der der Rauch mit jedem Schritt beißender wurde, nach oben. Heruntergestürzte Dachbalken versperrten den Weg, überall krachte es. Im Chaos saß, wie ohnmächtig, eine vierköpfige Familie. „Sie wollten ihre Oma, die nicht mehr gehen konnte und die sie auch nicht tragen konnten, nicht alleine lassen. Deshalb sind sie alle zusammen oben geblieben." Wolfgang Pickert stellte fest, „dass die Stubendecke zur Hälfte heruntergekommen ist und das Feuer bereits durchlodert". Irgendwie schafften es die drei Jungs, die drei Erwachsenen und das Kleinkind aus dem brennenden Haus zu evakuieren. „Wie wir das angestellt haben, sie herauszuzerren und über die einstürzende Treppe runterzubringen, kann ich heute nicht mehr sagen." Als Andenken an diese Lebensrettung trägt Wolfgang Pickert seit damals eine tiefe Narbe von einem Phosphorspritzer am Arm.

Richard Suchenwirth, der die Klasse 6a des Theresiengymnasiums besuchte, ging in jenen Tagen durch das brennende München. „Die Stadt hatte gewaltige Wunden erlitten. Die Straßenbahn und die Vorortsbahn sind zumeist nicht mehr gefahren, deshalb musste ich zu Fuß gehen. Beim Vorbeigehen an brennenden Häusern wurde ich immer wieder gebeten, zu helfen, Möbelstücke und Hausrat aus den Ruinen herunterzutragen." Der 16-Jährige dachte unwillkürlich an eine der Liedstrophen, die sich ihm beim Marschieren mit der Hitler-Jugend eingebrannt hatten: *„Und liegt vom Kampfe in Trümmern / Die ganze Welt zuhauf / Das soll uns den Teufel kümmern / Wir bauen sie wieder auf."* Doch der Sohn des Nationalsozialisten der ersten Stunde war längst zum Fatalisten geworden. „Ich bin erstaunlich ruhig, fast emotionslos durch die Trümmer gegangen, habe nur noch von Tag zu Tag gelebt, und mir gedacht, dass es andere Städte wie Köln oder Hamburg noch viel schlimmer getroffen hatte." Dann kam plötzlich das Gerücht auf, dass die 16-jährigen Gymnasiasten eingezogen werden sollten. „Mein Schulgenosse Oskar Sturm hat mir aufgeregt erzählt, dass er morgens bei der ‚Milchfrau' gehört habe, dass alle Schüler der oberen Klassen zur Flak einberufen werden." Damit bestätigte er die Meldung, die Richard Suchenwirth am Abend zuvor im Feindsender Beromünster abgehört hatte. Der Klassenlehrer „Dr. Schmid" sagte, dass die Deutsche Wehrmacht in Stalingrad „sehr schwere Verluste" erlitten habe. „Das gab einen Aufschrei des Entsetzens in der Klasse, aber im Grunde wusste doch jeder, dass der Krieg inzwischen einen sehr schlechten Verlauf für Deutschland genommen hatte. Und so verdichteten sich unsere Vorahnungen."

Am 19. Februar 1943 mussten sich 40 Schüler der 6a und 6b „mit dem nötigsten Gepäck" auf dem Schulhof zur Marschkolonne aufstellen. „Dort hat uns ein klein gebauter Unteroffizier mit etwas herben, vernarbt wirkenden, Gesichtszügen knapp und formlos begrüßt. Dann hieß es ‚Guffa uffnehme'. Der Unteroffizier Krüger stammte unverkennbar aus Sachsen. Und so marschierten wir ohne jedwede sonstigen Formalitäten zur nahe gelegenen Theresienwiese, wo unser erster Einsatz stattfinden sollte. Einige Eltern gingen noch neben unserer kleinen Kolonne her. Bis wir schnell und ohne viel Aufhebens in eine Baracke eingewiesen wurden, die zu besseren Zeiten, also des Oktoberfestes, zur Versorgung Angetrunkener und Verletzter in der Mitte der Wiese lag."

An jenem Freitag wurde auch bekannt, dass am Tag zuvor die Geschwister Sophie und Hans Scholl in der Ludwig-Maximilians-Universität verhaftet wurden. Der Vater von Richard Suchenwirth war entsetzt. „Er konnte nicht glauben, wie nah das alles kam." Die beiden Studenten, 21 und 24 Jahre alt, hatten um 10.45 Uhr des 18. Februar 1943 im Lichthof der Universität das fünfte und sechste Flugblatt ihrer Widerstandsbewegung „Weiße Rose" ausgelegt. Als sie die restlichen Blätter aus der Aktentasche und dem rotbraunen Koffer stoßweise in den geschlossenen Hörsälen und auf den Gängen deponiert hatten, waren sie noch in den zweiten Stock gelaufen, wo Sophie Scholl die letzten Zettel über die Brüstung in den Hof warf. Dabei waren sie vom Hörsaaldiener Jakob Schmid entdeckt und unter Mithilfe weiterer Menschen so lange festgehalten worden, bis die Gestapo eintraf. Auf den Flugblättern stand: „Hitler kann den Krieg nicht gewinnen, nur noch verlängern." Die Studenten hatten in ihren Schriften, die in Auflagen bis zu 9000 Stück in Süddeutschland und Österreich verteilt wurden, unter anderem dazu aufgerufen, sich „für alle Zeit" vom „nationalsozialistischen Untermenschentum" zu trennen. Zuvor schon hatten Alexander Schmorell, Hans Scholl und Willi Graf mehrmals nachts die Parolen „Nieder mit Hitler" und „Freiheit" mit schwarzer Teerfarbe und grüner Ölfarbe auf verschiedene Gebäude in München geschrieben. Richard Suchenwirth kann sich erinnern, wie darüber hinter vorgehaltener Hand getuschelt wurde. Am 22. Februar, drei Tage nach seiner Kasernierung auf der Theresienwiese, wurden Sophie und Hans Scholl sowie Christoph Probst zum Tode verurteilt und im Gefängnis München-Stadelheim auf der Guillotine enthauptet. Der Universitätsprofessor Kurt Huber sowie die Kommilitonen Alexander Schmorell und Willi Graf wurden ein paar Monate später geköpft. In der Drogerie Scholl in der Neuhauser Straße hing daraufhin eine Tafel im Schaufenster, auf der stand: „Wir wollen unsere Kunden darauf hinweisen, dass wir mit den Verbrechern Scholl nichts zu tun haben, obwohl wir den gleichen Namen tragen!"

Inge Kendl, sie war 12 Jahre alt, bekam davon nichts mit, obwohl ihr Vater, der in den Kasernen des Reichs elektrisches Licht einleitete, Hitler und den Krieg hasste. Sie hatte auch bei den Luftangriffen, die mittlerweile auch tagsüber erfolgten, keine Angst. Das Mädchen aus Dachau hatte den Kinderreim im Ohr, der die Münchner Bevölkerung trotz allem in Sicherheit wiegen sollte: *„Bomben auf Berlin, Rosen auf Wien, München wollen wir schonen, da wollen wir später wohnen!"* So spazierte sie sorglos durch die Straßen. „Das war ja Alltag. Wenn tagsüber Bomben fielen, durfte man in die Luftschutzkeller anderer Häuser rein, immer dort, wo man halt grad war." Als im Rückgebäude des eigenen Hauses eine Sprengbombe einschlug, fiel das Mädchen einfach um. „Der Luftdruck war so heftig, dass wir alle auf den Boden geworfen wurden." Danach stand Inge Kendl wieder auf, klopfte sich den Staub vom Kleid, und stieg die Treppen hinauf in die sonnige Maxvorstadt. Kurz darauf fiel eine Stabbrandbombe auf ihr Haus, schlug durch die Decke der Wohnung und landete auf dem Teppich des Wohnzimmers. „Sie ist nicht explodiert. Also habe ich die Bombe genommen, bin zum Fenster gegangen und habe sie rausgeworfen. Unten auf der Straße lag sowieso schon lauter Schutt." Statt Fensterscheiben gab es nur noch Pappe, vom Sofa aus kann Inge Kendl nun durchs Dach auf den Himmel über München schauen, durch die Fensteröffnung sah sie bis zur Frauenkirche. „Die gegenüberliegenden Häuser waren zu einem guten Teil nicht mehr da." In diesen Tagen machte in München schon ein sarkastischer Text die Runde, der zum populären Heimatlied „Wo die Nordseewellen spülen an den Strand" gedichtet wurde: *„Wo die Münchner Stadt sich an die Isar schmiegt / Wo der große Schutt- und Trümmerhaufen liegt / Wo Ruinen stehen und liegt Stein auf Stein / Da ist meine Heimat, da stand mal mein Heim / Wo die Bomber kreisen nachts am Firmament / Wo mal ab und zu ein ganzer Stadtteil brennt / Wo die Scheiben klirren und das Licht geht aus / Da ist meine Heimat, da bin ich zu Haus / Wo die schweren Bomben töten Weib und Kind / Wo so viele Opfer zu beklagen sind / Wo so viele Augen voller Tränen schwer / Da ist meine Heimat, die ich lieb so sehr / Wo die Sirenen hoch am Himmel schrei'n / Wo in Trümmern liegt so manches Bürgerheim / Wo so viele ließen all ihr Hab und Gut / München, meiner Heimat, bin ich trotzdem gut."* Durch den Luftdruck einer in der Grillparzerstraße detonierten Bombe wurde auch die Privatwohnung Hitlers am Prinzregentenplatz 16 beschädigt. Als später die nahe Josephskirche durch zwei Volltreffer bis auf den Turm ausradiert wurde, sah Inge Kendl ihre ersten Kriegstoten. „In den Splittergraben vor der Kirche ist auch eine Bombe reingegangen. Da hat's viele Tote gegeben." Das Mädchen war neugierig, sah hin. „Sie haben sie ausgebuddelt und auf Lkw verladen. Die Leichen haben ganz furchtbar ausgesehen."

In Linz verfolgte der Vater von Gertrude Widder die Todesurteile in München mit Abscheu. Der katholische Rechtsanwalt und Nazi-Gegner, der als Pflichtverteidiger in Prozessen des Volksgerichtshofes eingesetzt wurde, musste auch mit ansehen, wie Helene Kafka am 30. März 1943 in Wien hingerichtet wurde. Die Ordensschwester hatte regimefeindliche Texte verfasst und sich im Krankenhaus Mödling geweigert, die Kruzifixe in den Krankenzimmern abzuhängen und war durch einen Arzt denunziert worden. Das Todesurteil lautete auf „Feindbegünstigung und Vorbereitung zum Hochverrat". Und er konnte auch nicht verhindern, dass die Volksschullehrerin Hermine Lohninger aus Linz nach tagelanger Folterung im Gerichtsgefängnis Urfahr zum Tod wegen „Wehrkraftzersetzung" verurteilt wurde. *„Die Angeklagte Hermine Lohninger hat es durch wehrkraftzersetzende Äußerungen in Briefen unternommen, ihren eingerückten Bruder zum Ungehorsam gegen Vorgesetzte zu verleiten und die Manneszucht in der deutschen Wehrmacht zu untergraben."* Die 42-Jährige, die vor dem Anschluss in der Vaterländischen Front tätig war, hatte mit ihrem Bruder Walter, der 1943 in die Breitenseerkaserne nach Wien eingezogen wurde, mehrere Briefe gewechselt. Über Hitler schrieb sie: *„Der Gauner, der Taugenichts ruiniert das ganz Volk, der Totengräber des deutschen Volkes. Wenn nur bald ein Ende käme."* Oder: *„Die Leute sind so satt – so satt. Bald vier Jahre und noch kein Ende!"* Hermine Lohninger wurde in Wien enthauptet, ihr Bruder Walter in Brandenburg hingerichtet. Seine Frau erhielt wenig später eine Rechnung über 60,72 Reichsmark. Die Kosten für die Bestattung.

Gertrude Widder merkte nur, dass der Vater jedes Mal, wenn er „mit den Männern aus Berlin in ihren grellroten

Talaren" zu tun hatte, „ohnmächtig und niedergeschlagen" war. „Gesprochen hat er darüber nicht." Im Juli 1944 geriet das 15-jährige Mädchen, das sich nach wie vor heimlich zu Glaubensstunden mit der katholischen Jugend traf, in den Bombenhagel der Alliierten. „Wenn sie am Tag angegriffen haben, sind wir in die Schlossbergstollen gegangen." Die von KZ-Häftlingen ausgebauten Stollen, die auch von der Altstadt aus zugänglich waren, konnten mehr als 10 000 Menschen aufnehmen. In einem der Stollen war die Befehlsstelle der Gauleitung untergebracht, in einem anderen ein Notspital. „Wir sind 15 Minuten in den Berg hineingegangen. Es war sehr nass. Die Luft war so schlecht, dass man manchmal nicht einmal eine Kerze anzünden konnte. Und es waren so furchtbar viele Leute da. Das war richtig unheimlich. Niemand hat ein Wort gesprochen. Und von draußen hat man die Flak und die Einschläge der Bomben gehört. Ich habe furchtbar Angst gehabt, durfte das aber nicht zeigen, weil ich ja auf meine kleinen Geschwister aufpassen musste." Blieb nicht genügend Zeit, um in den sicheren Bauch des Schlossberges zu gelangen, lief Gertrude Widder in den Keller des eigenen Hauses. „Der Trainingsanzug ist immer bereit gelegen. Und der Luftschutzkoffer blieb gleich gepackt." Eines Tages sah das Mädchen, „wie der ganze Himmel auf einmal mit lauter riesigen Vogelflügeln voll ist, da war so ein Rauschen, das war so lebendig." Gertrude Widder wollte sich nur noch vergraben. Sie lief in Panik in den Luftschutzkeller, zog den Kopf ein und betete. „Ich hatte solche Angst, dass ich meine kleine Schwester Gundi einfach am Klo habe sitzen lassen und ohne sie losgerannt bin. Gundi hatte, wohl auch aus Angst, immer starkes Bauchweh." Eine der Bomben ging unmittelbar neben dem Haus nieder, die Schwester saß auf der Klomuschel und weinte. In der Schule gab es im Luftschutzkeller nicht einmal genügend Platz für alle, wer zu spät kam, musste sich in den Splittergraben im Vorgarten ducken.

Dorit Sonnabend wünschte sich in Berlin nichts mehr als „eine dicke Eisenplatte über der Stadt, damit die Bomben der silbernen Vögel nicht mehr durchkommen". Das 7-jährige Mädchen hatte in diesen Tagen ein zweites Ich. „Das war mein Teddybär. Er war der Einzige, dem ich alle meine Ängste anvertraut habe. Mit ihm konnte ich über alles reden, was ich sonst niemandem sagen konnte." So erzählte Dorit Sonnabend dem Plüschtier auch, dass sie immer so traurig war, wenn die Mutter im Bunker sie auf den Schoß nahm und sagte: „Komm Dorchen, komm auf meinen Schoß, wenn uns eine Bombe trifft, dann trifft sie uns beide." Denn sie wollte nicht sterben. Und sie wollte nicht, dass ihre Mutter starb. Wer sollte sich dann um Teddy kümmern? Um ihn und damit sich selbst zu beruhigen, sagte sie immer wieder den Satz, den man ihr eingebläut hatte: „Die Bombe, die pfeift, die trifft einen nicht." So hatte Dorit Sonnabend im Luftschutzkeller immer dann die größte Angst, wenn es ruhig war. „Meine Eltern haben am meisten die Luftminen gefürchtet. Die haben einem die Lunge zerrissen. ‚Mach den Mund auf‘, haben sie gesagt. Und schau, dass dein kleiner Bruder auch den Mund aufmacht.“ Und der Teddybär.

Sabine Werner, die ihren Vater zuletzt am Kasernenhof gesehen hatte, schlief neben ihrem 3-jährigen Bruder und der 9 Jahre alten Schwester in einem Zimmer in Potsdam. „Vor dem Schlafengehen mussten wir immer alles bereitlegen, damit wir uns bei Fliegeralarm sofort anziehen konnten. Meine große Schwester hat mir dann so lange Märchen erzählt, bis ich eingeschlafen war.“ Die Mutter des 7-jährigen Mädchens saß nebenan und betete. Die Mutter von Judith Lemke in Berlin-Tiergarten war nach einem Bombenangriff 1943 kurzfristig blind. „Sie hatte Funken in den Kleidern, und ein Phosphorspritzer ist ihr in die Augen gekommen.“ Der Großvater der 2-Jährigen kämpfte sich mit dem Fahrrad durch die zerbombte Metropole, um Hilfe zu holen. Die Mutter kam ins Krankenhaus. „Meine Schwester und ich sollten in eine Rot-Kreuz-Station gebracht werden. Aber das hat die Mutter verhindert, sie wollte nicht, dass wir dort hinkommen.“ Unmittelbar darauf wurde die Sanitätsstation durch einen Bombentreffer verwüstet. Judith Lemke hat nur schemenhafte Bilder jener Tage gespeichert. „Aber ich kann mich erinnern, dass ich keine Nacht richtig schlafen konnte. Und dass unsere Wohnung auf einmal weg war, durch einen Treffer.“ Danach wurde die Familie nach Sachsen evakuiert, kam in Dietrichsroda in einem Bauernhaus unter. „Um nicht zu verhungern, hat meine Mutter den Milchverkauf im Dorf übernommen." Die Flieger interessierten sich nicht für diesen Flecken des „Deutschen Reichs".

Sigrid Ibounigg weinte, wenn die Mutter sie mitten in der Nacht aufweckte und einpackte. Das 5-jährige Mädchen, deren Vater, der NSDAP-Ortsgruppenleiter, schon seit zwei Jahren im Krieg war, wollte schlafen. „Ich habe mich oft gar nicht ausgekannt, was passiert. Die Mutter hat mir eine Jacke übergezogen, und dann sind wir auf Bänken im Luftschutzkeller gesessen. Dort war es sehr ruhig, wenn ich etwas sagen wollte, hat es geheißen: Pscht, sei still." Als später eine Bombe genau in den Stollen einschlug, in dem die Eltern ihre Wertsachen und das Hochzeitsservice eingelagert hatten, zog die Mutter mit Sigrid Ibounigg und ihrer 6-jährigen Schwester von Graz nach Kirchbach an der Raab. „Dort konnten wir uns im Sitzungssaal des Gerichtsgebäudes einrichten. Und die paar Sachen, die wir noch hatten, durften wir in der Kapelle deponieren." Zwischen den Bombenangriffen sammelten die Geschwister die glitzernden Stanniolstreifen ein, die von alliierten Flugzeugen gestreut wurden, um die deutsche Flugabwehr zu behindern. „Das Lametta hat uns an Weihnachten erinnert." Dann griff plötzlich ein Tiefflieger an. „Ich weiß nur mehr, dass es auf einmal ganz laut war, dann bin ich schon im Graben gelegen, und die Mutter hat sich über mich und meine Schwester gelegt."

Wolfgang Puchers Dorf in der Südsteiermark war noch kein Zielgebiet für Angriffe. Doch am Horizont sieht der 4-Jährige eine „niedrige rote Feuerwand. Das brennende Graz."

Dort musste Karl Ibounigg nun sogar zu Weihnachten in der Schule bleiben. Der 17-jährige Hitler-Junge, der stolz die Uhr trug, die ihm sein Vater im Fronturlaub aus Frankreich mitgebracht hatte, musste auf dem Dachboden der Handelsschule Luftschutzdienst versehen. „Wir haben im Klassenzimmer auf Stockbetten geschlafen und uns bei den Patrouillengängen abgelöst. Der Auftrag war, Brandbomben sofort unschädlich zu machen." Ein paar Wochen später wurde Karl Ibounigg zum „Schanzen" nach Radkersburg eingezogen. In aller Eile sollten Panzergräben ausgehoben werden.

Jutta Schneider meldete sich im Herbst 1943 als „Führerin" der „Erweiterten Kinderlandverschickung" nach Bayern. „In meine geliebten Berge. Weg von den Bomben." Die 16-jährige Bremerin wurde zur zuständigen Dienststelle nach München beordert, dort sollte sie erfahren, wohin sie zugeteilt wurde. Ihre Mutter gab ihr die Adresse einer Freundin, bei der sie übernachten konnte. „Sie hat geradeaus vom Bahnhof über die Isar, bei einer Kirche gewohnt. Da die Straßenbahnen ausgebrannt auf den Schienen standen, musste ich zu Fuß losmarschieren. Alle paar Meter musste ich das schwere Gepäck absetzen. Und dann habe ich mich auch noch verirrt." Zwei Soldaten brachten sie zur gesuchten Adresse, aber dort öffnete niemand mehr. „Die Nachbarin hat gemeint: Mei, die Frau ist schon nach Poing gefah-

ren, wie jeden Abend, wegen der Bomben." Jutta Schneider verbrachte die Nacht im Treppenhaus. „Immer, wenn
Alarm war, bin ich mit dem ganzen Gepäck vier Etagen
runter in den Keller und danach wieder rauf!" Am nächsten Morgen ging sie zur „KLV" in der Prinzregentenstra-
ße, doch auch dort war niemand anzutreffen. „Deshalb
bin ich spazieren gegangen und am Abend mit Muttis
Freundin auch aus der Stadt rausgefahren." In der Nacht
konnten die beiden nicht schlafen, gingen ins Freie und
schauten Richtung München. „Dort war der Himmel
rot vom Feuer." Am Tag vor der Weiterreise geriet die
Bremerin an der Isar in einen Angriff. „Es ging alles so
schnell. Die Sirenen heulten. Ich habe in der Aufregung
keinen Bunker gefunden. Da fielen schon die Bomben."
Sie legte sich auf die Erde, die zum Bombenteppich wurde. „Ich habe mich zusammengerollt und die Arme um
den Kopf geschlungen." Danach erfuhr sie, dass ihr Ein-
satzort Tegernsee sei. Dort hatte sie die Aufsicht über 16-
bis 17-jährige Mädchen aus Norddeutschland, die wie
sie unzählige Bombennächte hinter sich hatten. Manchmal vertrat sie eine andere Führerin, die 12-Jährige be-
treute. Dann saß Jutta Schneider im großen Schlafsaal
und erzählte gruselige Gespenstergeschichten. Die Kinder hatten alle Kopfläuse. In der Nudelsuppe schwammen immer öfter Insekten. Vor Weihnachten wollten sie
unbedingt wieder zurück nach Hause. „Doch für eine
Fahrkarte brauchte man eine Reiseerlaubnis. Und eine
Genehmigung mit Stempel. Doch diese bekam man nur,

wenn es zu Hause in der Familie einen Todesfall gegeben hatte oder die Wohnung aufgrund eines Bombenschadens unbewohnbar geworden war. Ich konnte aber nur einen Teilschaden vorweisen." So musste sich Jutta Schneider den Stempel erschwindeln, ein alter Mann ruderte sie heimlich über den Tegernsee. Ihre Füße waren von den Bergwanderungen ganz wund und notdürftig mit Krepppapier umwickelt. „Der Zug nach Bremen war total überfüllt. Die Abteile und die Gänge waren voller Soldaten." Bei der Ankunft zwölf Stunden später heulten gerade die Sirenen. „Es war Vollalarm. Die Straßen waren leer. Am Himmel brummten die Flugzeuge. Ich lief, so schnell ich konnte, zog das Verbandspapier hinter mir her." Als sie den Bunker erreichte, war dieser schon verschlossen.

In einer Nacht wie alle anderen, gab es wieder Fliegeralarm, Entwarnung, Fliegeralarm, Entwarnung. „Die Angriffe beim zweiten Alarm waren oft schlimmer als beim ersten. Wenn die Flugzeuge abgedreht hatten, wurde Entwarnung gegeben, aber oft flogen sie wieder zurück und schmissen dann ihre Fracht ab. Das ging so schnell, dass man sich noch mehr beeilen musste, um in Sicherheit zu kommen." Ihre Mutter nahm wie jede Nacht außer einigen Wertsachen, Waschzeug und Wechselwäsche einen Anzug für den Vater, der an der Front war, mit. „Er soll, wenn er nach dem Krieg heimkommt, wenigstens was Schönes zum Anziehen haben, hat sie gesagt." Jutta Schneider vergaß in dieser Nacht die Puppe ihrer Schwester und das silberne Bettelarmband, für das sie kurz zuvor einen kleinen silbernen Sessel als Anhänger erhalten hatte. Kaum waren sie wieder im Bunker im „Haus des Reichs", hieß es: „Unser Viertel ist dran!" Die Einschläge kamen immer näher. „Man hört es und spürt es." Das Inferno war da. Als es etwas ruhiger wurde, wollte auch Jutta Schneider „nachgucken, ob unser Haus noch steht". Die Feuerwand war so heiß, dass sie sich in eine nasse Decke einwickeln musste, um die Straße raufgehen zu können. Die Hitze versengte ihre Augenbrauen und den Haaransatz über der Stirn. Das Haus stand in hellen Flammen. Wo ihr Zimmer gewesen war, war jetzt nur ein dunkles Loch. Die Souterrainfenster waren zersprungen, dahinter war ihr Kellerabteil. Jutta Schneider zwängte sich durch die kleine Öffnung. Stemmte nach oben, was ihr in die Hände kam. „Die Schulbücher. Die Geige. Der Schlitten." Brachte sie auf die andere Straßenseite in Sicherheit. Sprang noch einmal nach unten. „Da fiel ein brennender Balken vor das Fenster, die Hitze wurde immer stärker." Bei dem Versuch herauszusteigen, fiel sie zweimal in den Keller zurück. Dann sah sie, wie sich drüben „ein Mann mit meinem Schlitten und den Schätzen davonmacht". „Das gehört mir", schrie sie. „Nimm deine Pfoten von meinen Sachen", brüllte er. „Da kam auf einmal der Herr Battmann vom Feinkostladen ums Eck, der selbst nichts mehr hatte retten können. Er packte den Mann, haute ihm eine Watsche runter: Schämen Sie sich nicht, wie kann man ein Mädchen besteh-

len, das gerade alles verloren hat." Erst jetzt erkannte
Jutta Schneider, dass es der Tabakladenbesitzer war. Und
dann sah sie ihre Mutter, die wie verloren dastand und
weinte.

Leo Zahel hatte in Brünn die Volks-Gasmaske erhalten. Der 13-jährige Deutsche, der mit seinem Vater „Radio London" hörte, wusste, dass der Krieg verloren war. „Jetzt ging es darum, bis zum Ende zu überleben." Er hatte Abenddienst in der Schule. Die Fenster waren längst mit Holzläden versehen. Auf dem Dachboden standen Sandkübel und Wassereimer. Der Professor erteilte Unterricht in Luftschutz. Doch Leo Zahel war nicht bei der Sache. Er machte sich Sorgen um seine Mutter, die in einem Rüstungsbetrieb arbeiten musste, kriegsdienstverpflichtet, der in der Nähe des Flugplatzes im Bezirk Latein lag, der immer heftiger bombardiert wurde. „Als am kommenden Tag wieder ein schwerer Bombenangriff auf die Olmützer Straße und den Flugplatz geflogen wurde, war meine Angst riesig, dass meine Mutter getroffen wird." Leo Zahel hastete die Olmützer Straße bergauf. Musste dabei den Bombentrichtern früherer Angriffe ausweichen. In einem Schrebergarten ragte ein frisch bombardierter Bunker auf. Davor steckten Tote im Schutt. „Ein wohlhabender Brünner hatten diesen Bunker für seine Familie und Freunde bauen lassen. Die Bombe muss direkt vor der Tür explodiert sein. Die drinnen waren, wurden herausgeschleudert und getötet." Der Junge war geschockt. Da hörte er seinen Namen rufen. Die Mutter lief ihm entgegen. „Dann sind wir uns in den Armen gelegen und haben vor Glück geweint."

Am nächsten Sonntagvormittag wollte Leo Zahel einer befreundeten Familie in den Schwarzen Feldern das Kochgeschirr zurückbringen, in dem sie beim letzten Besuch Essen mitbekommen hatten. „Und der kleine Klaus hatte mich angebettelt, ihm das Lokomotivmodell aus dem Matador-Baukasten dazulassen." Er machte sich auf den Weg, bestieg die Straßenbahn. „Doch als wir zur zweiten Haltestelle kamen, heulte und krachte es hinter uns auf einmal mörderisch. In den Flugzeuglärm mischte sich verspätet der Sirenenalarm." Die Straßenbahn hielt auf offener Strecke an. Leo Zahel stürzte Deckung suchend in das nächste Gebäude. „Der Besitzer schrie mich an, was ich da wollte, wurde aber auf der Stelle von einem Gendarm zurechtgestutzt. Ich bin durch den hinteren Ausgang in den Keller gehastet." Im Stiegenhaus kam ihm ein Mann entgegen, das Gesicht blutüberströmt, von Splittern getroffen. Nach der Entwarnung trat der Brünner wieder ins Freie, die Straßenbahn stand nahezu unversehrt da, nur die Fensterscheiben fehlten, und der Boden war von Glassplittern übersät. „Die Bombe ist in das Eckhaus daneben eingeschlagen. Der Dachstuhl war komischerweise intakt, doch darunter war ein stockhoher Schutthaufen, auf dem ein großer Ohrensessel thronte." Das Geschirr hatte Leo Zahel an diesem Sonntag des Jagdbomber-Angriffs nicht mehr zurückgebracht. Aus Angst vor Folgeschlägen versuchte er auf dem Heimweg, immer schon das nächste Gebäude auszumachen, auf dem die Buchstaben LSR, das Zeichen für einen Luftschutzraum, standen. „Das bedeutet: Lernt schnell Russisch", witzeln die deutschsprachigen Buben untereinander, die tschechischen Kinder übersetzen zynisch: „Leso sem Russi."

Julianne Ziese durfte im Dezember 1944 in dem idyllischen Dorf in der Vojvodina nicht mehr ins Freie, wo sie zuletzt fast jeden Tag die riesigen Formationen am dunkelblauen Himmel gesehen hatte, die hoch oben Richtung Nordwesten flogen. „Das war ein einziges tiefes Brummen." Im Radio, das mit Batterie betrieben wurde, hatte sie heimlich gehört, dass die Verbände Wien ansteuerten. Für das 14-jährige Mädchen herrschte strikte Ausgangssperre. Die Russen kamen. Und es hieß von ihnen, dass sie morden, vergewaltigen und Kindern die Zunge am Tisch festnageln würden. „Ich musste mich am Hochboden unsichtbar machen oder in die Ferkelkiste schlüpfen." Im einsamen Versteck dachte das Mädchen daran, was der Krieg ihr in den letzten Wochen angetan hatte. Sie sah die Bilder des Massakers im Dorf, bei dem am 23. November 183 Deutsche von den Partisanen erschlagen und verscharrt wurden. Sie erinnerte sich an den Tag, als der Dorftrommler auf seinem Fahrrad erschien und anordnete, sie sollten „das Nötigste für vier bis sechs Wochen zusammenrichten", denn sie müssten so lange weg, bis die Front drübergezogen wäre. Sie dachte daran, wie die Partisanen ins Haus gekommen waren und ihren Großvater schlugen, wie der Treck weiterzog und sie traurig war, dass sie den Stammbaum in der Schule nicht mehr fertigstellen hatte können. „Und dann war auf dem Hof plötzlich der Teufel los. Die Russen waren da." Die Truppen, die zunächst nicht wussten, dass die Bewohner Deutsche waren, fuhren mit der Feldküche vor, und sie hatten Durst. „Ein Russe kam rein, verlangte den Kellerschlüssel, und weil er ihn nicht gleich bekam, hat er das Maschinengewehr vor uns aufgebaut und gebrüllt, dass er uns alle erschießen werde." Julianne Ziese schrie: „Hilfe, Hilfe!" Der Keller wurde aufgesperrt, die Soldaten betranken sich. Und danach vergewaltigen sie. „Ich habe mich wie alle Mädchen im Dorf ein paar Monate lang nachts nicht ausgezogen."

Noch vor Weihnachten 1944 wurden die Männer und Frauen von Hodschag zusammengetrommelt, die Russen wussten nun, wer Deutscher war, und drohten, die Bewohner nach Russland zur Zwangsarbeit zu schicken. Die Mutter wurde mit einer Gruppe Frauen zwischen 15 und 60 Jahren in eine Hanffabrik in eines der Nachbardörfer gebracht, die mit Stacheldraht umzäunt war. Die Großmutter kam zu einer anderen Gruppe. „Ich habe mich um ein Jahr älter gemacht, damit ich mit meiner Schwester zusammen sein konnte." Niemand wusste, was die Russen mit ihnen vorhatten. „Man hat uns nie gesagt, was sie mit uns machen werden, was morgen geschieht."

Dort, wo die Bomber, die hoch oben über Hodschag hinwegziehen, ihr Zielgebiet erreicht hatten, saß Günther

Sereda im Dezember 1944 in einem Keller in der Mommsengasse. Der 14-Jährige, der das Gymnasium in Laa besuchte, war auf Besuch bei der Tante in Wien. Die Alliierten bombardieren den Südostbahnhof am oberen Ende
der Straße. „Das ganze Haus hat gewackelt. Von der Decke ist es runtergerieselt. Das Licht ist ausgefallen. Alle
waren still. Die Frauen haben leise gebetet. Nur ab und
zu hat jemand aufgeschrien. Ich habe gedacht, jetzt und
jetzt ist es aus. Und gehofft, dass ich schmerzlos in die
Ewigkeit gehe. Die anderen Kinder sind am Schoß ihrer
Mütter gesessen, aber ich war ganz allein da. Wenn es
gescheppert hat, war ich wie gelähmt, regelrecht paralysiert. Munter wurde ich erst wieder danach, wenn alles
vorbei war." Kurz darauf erhielt Günther Sereda den Einberufungsbefehl zum Wehrertüchtigungslager in Tirol.
Die Zugfahrt in den Westen dauerte 13 Stunden. „Der
Zug war bummsvoll, ich bin am Gang auf meinem Rucksack gesessen, ständig in Angst vor dem nächsten Fliegerangriff." Immer wieder hielt die Lokomotive plötzlich
an. „Und wir durften nicht raus aus dem Zug. So sind wir
hilflos im Waggon gesessen und wollten doch so gerne
kämpfen."

# 8

# GEFALLEN

„PAPA KOMMT NICHT MEHR ZURÜCK!"

Sabine Werner war 5 Jahre alt, als ein deutscher Soldat plötzlich in der Tür in Potsdam stand. Sie verstand nicht, was der Gefreite ihrer Mutter sagte, aber sie sah, dass er fast zusammenbrach, so schwer schien die Nachricht zu sein, die er an diesem Morgen Anfang Juni überbrachte. Die Mutter, Gräfin aus einer preußischen Offiziersfamilie, ließ sich den Schmerz nicht anmerken. „Sie hat vielmehr den Soldaten aufgerichtet." Erst als sich der Bote mit Hitler-Gruß verabschiedete und die Mutter die Tür hinter sich zugezogen hatte, knickte sie ein. „Sie war von diesem Moment an so unsäglich traurig, dass sie gar nicht mehr existierte." Sabine Werner spürte nur, dass ihre Mutter weit weg war, Kreta sagte sie, immer wieder, Kreta. Der Vater wurde am 20. Mai mit der zweiten Welle des „Unternehmen Merkur" über der Hafenstadt Chania im Norden der Insel abgesetzt. Die niederschwebenden Fallschirmjäger erwarteten am Boden wenig Widerstand. Wie schon erwähnt führten sie nur Handgranaten und eine Pistole am Körper mit. Viele der Angreifer wurden noch in der Luft getötet oder schwer verwundet. Der Wind hatte die Einheit zudem weit auseinander getrieben. Wer heil am Boden aufkam, war oft auf sich allein gestellt und musste sich zu den Waffenbehältern durchschlagen. Am Abend des ersten Tages waren nur noch 6000 der 10 000 abgesetzten deutschen Fallschirmjäger „kampffähig". Irgendwo im Chaos dieser Schlacht fiel der 39-jährige Vater von Sabine Werner. „Er wurde einfach abgeknallt. Drei Tage später ist er durch den Bauchschuss gestorben." Wieder 10 Tage später wurde über 2000 Kilometer nördlich von Chania ein Wehrmachtssoldat in Marsch gesetzt, um die Todesnachricht in Potsdam persönlich zu überbringen. Irgendwann in den Tagen oder Wochen danach erfuhr Sabine Werner, „dass der Papi nicht mehr nach Hause kommen wird".

Zu diesem Zeitpunkt hatte General Kurt Student auf Kreta soeben den Befehl zu Kriegsverbrechen erlassen: *„Jetzt ist die Zeit gekommen, Vergeltung zu üben und Strafgerichte abzuhalten, die auch als Abschreckungsmittel für die Zukunft dienen sollen. Ich beabsichtige, in dieser Richtung mit äußerster Härte vorzugehen. Als Vergeltungsmaßnahmen kommen in Frage: 1.) Erschießungen 2.) Kontributionen 3.) Niederbrennen von Ortschaften (vorher Sicherstellung aller Barmittel, die restlos den Angehörigen zugute kommen sollen) 4.) Ausrottung der männlichen Bevölkerung ganzer Gebiete. Die Genehmigung zu 3.) u. 4.) behalte ich mir vor. Sie ist auf dem kürzesten Wege einzuholen (mit stichwortartiger Begründung). Es kommt*

*nun darauf an, alle Maßnahmen mit größter Beschleuni-*
*gung durchzuführen, unter Beiseitelassung aller Formalien*
*und unter bewusster Ausschaltung von besonderen Gerich-*
*ten. Bei der ganzen Sachlage ist dies Sache der Truppe und*
*nicht von ordentlichen Gerichten. Sie kommen für Bestien*
*und Mörder nicht in Frage."* In den kommenden Wochen
werden mindestens 2000 griechische Zivilisten umgebracht. In der Schlacht um Kreta fallen über 4000 deutsche Soldaten, auch der Boxer Max Schmeling, 1930
und 1932 Weltmeister im Schwergewicht, wurde schwer
verwundet. Mehr als die Hälfte aller 493 eingesetzten
Junkers 52 wurde abgeschossen.

Sabine Werner kleidete sich dann schwarz. Die Mutter
ließ eine Anzeige aufsetzen. Der Vater kam nicht mehr.
Dafür galt der Kommandeur des II. Fallschirm-Jäger-Re-
giments 3 fortan zu Hause als „Held". Sein Bild hing
großformatig im Wohnzimmer, um den teuren Rahmen
war das grüne Fallschirmjägerband drapiert. Selbstverständlich war er darauf in Uniform. „Meine Mutter hat
mir gesagt, wie wunderbar und tapfer er war." Als das
Mädchen später die Todesstunde des gefallenen Vaters
erfuhr, musste sie darüber nachdenken, was sie zu diesem Zeitpunkt gemacht hatte. „Ich hatte solche Angst,
dass ich da vielleicht im Kino gewesen bin und gar nicht
gespürt habe, dass der Vater stirbt. Diese Gedanken haben mich fast umgebracht." Die Mutter zog sich ganz in
sich zurück, wurde kalt und abweisend, ließ auch ihre
drei Kinder immer öfter alleine.

Der Tod war für Sabine Werner allgegenwärtig. Ein naher Verwandter der Mutter wurde in diesen Tagen ebenfalls vermisst, das U-Boot, auf dem er Dienst versah, war verschollen. Zu Hause warteten die Frau und ein kleiner Sohn. „Die Frau hatte für den Ernstfall immer Gift bei sich. Jetzt beschloss sie, sich selbst und den Jungen umzubringen." Die verzweifelte Frau brachte ihren Sohn zu Bett, dann setzte sie ihm die tödliche Injektion. „Um sicher zu gehen, hat sie ihm alles gespritzt." Danach öffnete sie sich die Pulsadern. „Der Junge starb. Doch sie selbst wurde gerettet." Ein paar Tage später schob die Frau einen kleinen Handwagen zum Friedhof. „Dort hat sie ganz alleine ihren Sohn begraben."

Der Vater von Günther Sereda, der 1941 wegen Herzproblemen von der Ostfront in die Heimat versetzt worden war, hatte sich in der Infektionsabteilung, an der er jetzt arbeitete, selbst angesteckt. Diphtherie. Eine Krankheit, die nur in Kriegs- und Notzeiten grassiert und über Tröpfcheninfektion fast ausschließlich auf jene Menschen übertragen wird, die selbst stark geschwächt sind. „Drei Monate später ist mein Vater verstorben." Günther Sereda war da 11 Jahre alt. „Alles war so furchtbar traurig, der Verlust des Vaters in dieser Zeit, die Mutter alleine daheim, die Praxis verwaist, der Krieg ohne Aussicht auf ein Ende." Da der Vater als Soldat gestorben war, wurde er als „gefallen" gewertet.

Wolfgang Pucher war 4 Jahre alt, als sein Vater, der Schuhmacher Karl Pucher, im Sarg nach Hause kam. Am

8. Jänner 1943 setzten Partisanen in Slowenien dem Unteroffizier einen gezielten Kopfschuss. „Er hat noch einige Stunden gelebt, dann ist er gestorben." Die Mutter ging in der Todesnacht unruhig mit der Petroleumlampe ums Haus, sie glaubte, das Klopfzeichen ihres Mannes gehört zu haben, das sie für die heimlichen Besuche in der Nacht vereinbart hatten, wenn er sich auf dem Fahrrad für ein paar Stunden aus der Kaserne in der Steiermark davonstehlen konnte. „Karl, bist du's?" Doch draußen war niemand. Karl Pucher verblutete zu diesem Zeitpunkt in einem Waldstück südlich der Grenze. Am Vormittag des nächsten Tages klopfte es wieder. Die Post brachte ein Telegramm mit der Nachricht, dass „der Unteroffizier Karl Pucher für Führer, Volk und Vaterland gefallen ist." Theresia Pucher, sie war hochschwanger, verlangte, „dass der Leib sofort heimgebracht wird". Die Schneiderin aus ärmlichsten Verhältnisse, die „diesen Hitler" schon immer gehasst hatte, konnte ihren Mann nicht zu Hause aufbahren, das Lehmhaus war zu klein dafür. Dann wurde der Sarg versehentlich in ein anderes, gleichnamiges Dorf gebracht. „Dort musste er in den Zug verladen werden und zu unserem nächstliegenden Bahnhof überstellt werden." Als der Leichnam endlich am Pferdewagen vor der Pfarre in Kirchbach eintraf, fiel leise Schnee auf die Hakenkreuzfahne am Sarg. Vier Soldaten bildeten die Eskorte. Die Mutter wollte ihren geliebten Mann noch einmal sehen. „Aber die Soldaten haben sie nicht reinschauen lassen." Die Kapelle spielte

das Lied „Ich hatt' einen Kameraden": *„Ich hatt' einen Kameraden / Einen bessern findst du nit / Die Trommel schlug zum Streite / Er ging an meiner Seite / In gleichem Schritt und Tritt / Eine Kugel kam geflogen / Gilt's mir oder gilt es dir? / Ihn hat es weggerissen / Er liegt mir vor den Füßen / Als wär's ein Stück von mir / Will mir die Hand noch reichen / Derweil ich eben lad / Kann dir die Hand nicht geben / Bleib du im ew'gen Leben / Mein guter Kamerad!"*

Und doch hoffte Wolfgang Pucher mit jedem neuen Tag, „dass der Vater wieder bei der Tür hereinkommt. Ich habe mir genau überlegt, wie ich ihn begrüßen werde". Er dachte daran, wie der Vater die Brunnenbank, die er selbst gezimmert hatte, auf dem Kopf balancierend auf dem Fahrrad heimgebracht hatte, mitten in einem Gewitter. Wie er mit seiner Uniform gespielt hatte. Wie er ihn beim Rasieren mit dem scharfen Messer bewundert hatte.

Als der letzte Brief von Jutta Lemkes Vater vom 14. November 1943 in der Schillstraße 10 in Berlin eintraf, war der Absender bereits tot. „Mein liebstes Käthchen, mir geht es gut", stand darin, „seid geherzt und geküsst". Und dass sie ihm bitte keine Weihnachtspäckchen schicken sollten, denn Weihnachten, da wollte er auf Urlaub zu Hause sein. Im Brief zuvor, geschrieben am 7. November, berichtete der Oberwachtmeister, „dass wir seit heute früh richtig weißen Winter haben". Dass er „nachts schon vom Urlaub träume". Und seine Frau ihm die „Daumen drücken" solle, „dass jetzt kein Strich mehr durch die Urlaubsrechnung gemacht wird". Es war der 15. November, die Kameraden des Berliners sind zu einem Angriff ausgerückt, er darf in der warmen Baracke südlich der russischen Stadt Newel bleiben. Lag auf der Pritsche. Da schlug an der Außenwand eine Granate ein. Ein Splitter traf ihn in die Brust. Er war sofort tot.

Judith Lemke konnte noch lange nicht lesen, als im Dezember 1943 mit einem Mal so viel amtliche Post kam. Das Mädchen war erst 2 Jahre und knapp 4 Monate alt. Die eigene Wohnung war vor ein paar Wochen ausgebombt worden. Die Briefe wurden nachgesandt. Ein Hauptmann Klein schrieb mit schwarzer Tinte: *„Als Führer des Regiments-Jagdkommandos erfülle ich meine Pflicht, Ihnen leider die Nachricht zu übermitteln, dass Ihr Mann am 15.11.43 bei einem Angriff südlich Newel durch einen Granatsplitter in die Brust gefallen ist. Da Ihr Mann sich in unmittelbarer Nähe von mir befand, ließ ich sofort durch den Arzt alles in die Wege leiten, um ihn für Sie, Ihre Kinder, Ihre Angehörigen und für Großdeutschland am Leben zu erhalten."* Und weiter: *„Ich kann Ihnen versichern, dass Ihr Mann einen leichten, ohne Schmerzen zu ertragenen Tod hatte. Am 17.11.43 wurde Ihr Mann auf dem Heldenfriedhof beigesetzt."* Der Kommandeur der Schutzpolizei Berlin, die Unterschrift war unleserlich, sandte sein *„herzlichstes Beileid"*: *„Zu dem schweren Verluste, den Sie durch den Heldentod Ihres Gatten erlitten haben, spreche ich Ihnen und Ihren Angehörigen mein* *herzlichstes Beileid aus. Getreu seinem Eide hat Ihr Gatte im heldenhaften Einsatz an der Ostfront für Führer, Volk und Vaterland das Höchste, sein Leben, geopfert. Sein Heldentod, der Ihnen ein besonders großes Opfer auferlegt, sei uns Verpflichtung.*" Und dann kam noch ein Paket, dem eine schreibmaschinengeschriebene Liste der „*Nachlasssachen des für Großdeutschland gefallenen Oberwachtmeister*" beigelegt war. „Dreißig Stück Habseligkeiten hat er bei sich gehabt. Darunter auch den Schreibbeutel mit leerem Papier und den Briefen, die er von meiner Mutter erhalten hatte. Das Notizbuch ‚1942' hat er wohl in der Brusttasche getragen. Es war voller Blut." Akribisch wurde angegeben, was die Kameraden bei dem Gefallenen vorgefunden haben. „*3 Paar Knieschützer. 1 Paar Ohrenschützer. 1 Badehose. 4 Taschentücher. 1 Unterhose. 1 Staubtuch. 1 Butterdose. 1 Füllhalter. 1 Flasche mit Tinte. 4 Kerzen. 1 Schraubglas mit 2 Rollen Drops.*" Ganz unten in der Schachtel von der Front lagen auch noch eine Flasche Likör und eine Flasche Sekt. „Die wollte der Vater für Weihnachten nach Hause mitbringen." In einem der letzten Briefe, denen der Vater stets getrocknete Blümchen beilegte, hatte er geschrieben: „Ich wünsche Dir vor allem, dass wir recht bald wieder zusammen sein können, um uns unser Leben in einer friedlichen Zeit nach unserem eigenen Willen zu gestalten. Hoffentlich erleben wir den Einbruch dieser Zeit recht bald und vor allem bei bester Gesundheit. Schließlich geht ja alles mal vorüber."

Lieselotte Kuba war 4 Jahre alt, als ihre Mutter in der Küche plötzlich in Ohnmacht fiel. „Ich habe sofort gespürt, dass Vati gestorben ist." Die Mutter verlor in der Stunde der Nachricht vom Tod ihres Mannes auch das Baby im Bauch. „Der Krieg hat mir meinen Vater und mein Geschwisterl genommen." Erst später würde das Mädchen aus Mistelbach erfahren, dass ihre Mutter schon einmal, zu Kriegsbeginn, ein Ungeborenes verloren hatte. Und dass im Krieg auch die drei Brüder des Vaters gefallen sind. „Dass der Vati vermisst wird, hat sie mir, ganz ruhig, gleich gesagt." Niemand wusste, wo er gefallen war. Kein Dokument bestätigte, wann er ums Leben gekommen war. „Wir wussten nur von einem Kameraden, dass er auf eine Mine aufgefahren sein soll. Und seither vermisst wird." Die Mutter versuchte, zumindest irgendetwas zu erfahren. „Wir sind zu Familien gefahren, in denen Männer in derselben Einheit waren wie Vati. Aber keiner konnte uns weiterhelfen." Die Mutter klammerte sich an jeden noch so kleinen Schimmer Hoffnung, dass ihr Mann, den sie im letzten Friedenssommer geehelicht hatte, doch noch lebte. Und verzweifelte mit jedem neuen Tag, da wieder kein Lebenszeichen kam noch der Tod offiziell bestätigt wurde. „Diese Ungewissheit hat uns gelähmt und unheimlich traurig gemacht."

Jutta Schneider spielte mit ihrer kleinen Schwester auf der Straße vor dem Haus, als sie die Mutter plötzlich so entsetzlich schreien hörte, wie sie noch nie einen Menschen schreien gehört hatte. Sie war dem Postboten entgegengegangen, wie jeden Tag. „Denn sie hat noch immer auf ein Lebenszeichen ihres vermissten Mannes, meines Vatis, gehofft." Als die Mutter das Kuvert aufgemacht hatte, „hat sie geschrien und geweint und konnte sich überhaupt nicht mehr beruhigen". Jutta Schneider schämte sich für den Gefühlsausbruch der Mutter. „Mir war das peinlich. Und ich habe zuerst ja nicht einmal gewusst, was der Grund dafür war." Erst nach zehn, fünfzehn Minuten konnte die Mutter sagen, warum sie so weint: „Der Vati ist tot, er ist gefallen." Jutta Schneider schluckte. Die kleine Schwester machte auf der Straße weiter Handstand. „Sie hatte ihn ja gar nicht gekannt." Die behördliche Nachricht teilte mit, dass der Vater in einem Massengrab in Autun in Frankreich beigesetzt wurde, nachdem er am Rückzug von Biarritz am 9. September 1944 getötet worden war. „Das bedeutete, dass Vati schon tot war, als wir Anfang Oktober 1944 ausgebombt wurden. Und dachten, alles verloren zu haben." Den Anzug, den die Mutter bei jedem Alarm für den Vater mit in den Luftschutzkeller genommen hatte, „damit er nach dem Krieg was Ordentliches zum Anziehen habe", konnte er nun nie mehr tragen. Er hatte 175 Luftangriffe überlebt, bei denen 22 000 Häuser zerstört und 4000 Bremer getötet worden waren. Drei Jahre nach dem Krieg würde Jutta Schneider daraus ein Kostüm nähen.

Das Bremer Mädchen, sie ist gerade 17 geworden, ging nicht mehr in der Nacht vors Haus, wie sie es in den vergangenen Jahren so oft getan hatte. „Ich habe mich barfuß in den Schnee gestellt, am Sternenhimmel den Großen Wagen gesucht, und darum gebetet, dass Vati aus dem Krieg nach Hause kommt. Je später und kälter es war, desto mehr habe ich geglaubt, dass es helfen würde. Ich wollte ihn ja nicht umsonst zurück, sondern ein Opfer dafür bringen." Die Mutter erhielt nun eine Rente als Kriegswitwe, glaubte aber immer noch, dass ihr Mann verwechselt worden war und lebte. „Sie wollte, dass die Todesnachricht ein Versehen war." Kurz darauf fällt die Mutter am Waschtag im Garten einfach um. Jutta Schneider befürchtete, dass die Mutter stirbt. Holte den Arzt. „Was würde aus mir und meinem Schwesterchen werden, wenn es die Mutti auch nicht mehr gab? Auf keinen Fall hätte ich mich von der Kleinen getrennt." Die Mutter erholte sich wieder. „Vati ist nie mehr gekommen."

# 9

# WIR KINDERSOLDATEN

## „JETZT KOMMT ES AUF EUCH AN!"

Nachdem sich auch die letzten Eltern, die ihre 16-jährigen Söhne noch zu den Baracken auf der Münchner Theresienwiese begleitet hatten, verabschiedeten, wurden Richard Suchenwirth und seine Klassenkollegen am 19. Februar 1943 in blaugraue Drilliche gesteckt. Die Schüler der 6a und 6b des Theresiengymnasiums waren mit dem heutigen Tag Luftwaffenhelfer. Und damit Soldaten. Kindersoldaten. „Die Uniformen haben uns sehr behagt, nur die HJ-Armbinde haben wir, wann immer es ging, abgenommen. Damit sind wir uns als Soldaten minderer Ordnung vorgekommen." Das schwarze Stoffabzeichen mit den hellblauen Buchstaben „LH" für Luftwaffenhelfer, das auf der Bluse aufgenäht war, entsprach in der Form dem Hoheitsabzeichen der Luftwaffe. Doch die Schüler übersetzten das Kürzel ironisch mit „Letzte Hoffnung".

Am Tag zuvor hatte Joseph Goebbels im Berliner Sportpalast zum Totalen Krieg aufgerufen. *„Ich frage euch: Wollt ihr den totalen Krieg? Wollt ihr ihn, wenn nötig, totaler und radikaler, als wir ihn uns heute überhaupt* *erst vorstellen können?"* Adolf Hitler hatte schon im Herbst 1942 befohlen, umgehend 200 000 Soldaten von der Luftwaffe abzuziehen. Die kriegserfahrenen Männer wurden nach den schweren Verlusten der vergangenen Monate dringend für den Einsatz im sogenannten Erdkampf, bei der Kriegsmarine und auf U-Booten benötigt. An ihre Stelle traten nun die 15- bis 17-jährigen Oberschüler der Jahrgänge 1926 bis 1928, die aus der Hitlerjugend kamen. Um den Eindruck zu vermeiden, die Burschen würden als letztes Aufgebot eingesetzt, als Kanonenfutter verheizt, wählten die Nationalsozialisten die Bezeichnung Flakhelfer. Tatsächlich aber leisteten die Hitlerjungen in den allermeisten Fällen keine Hilfsdienste, sondern ersetzten einfach die Luftwaffensoldaten. Als Richt-, Lade- und Munitionskanoniere. So war bei leichten Flaks nur noch der Geschützführer ein Soldat, die gesamte Mannschaft bestand aus Flakhelfern. Bordkanonen und Scheinwerfer wurden nun ausschließlich von Oberschülern bedient, die auch Wachdienst, Telefondienst, Waffenpflege und Schanzarbeiten verrichten mussten. „Die Singabende und Geländespiele der HJ sind uns jetzt nur noch kindisch vorgekommen. Wir waren stolz darauf, endlich echte Soldaten zu sein."

Richard Suchenwirth, dessen Vater seit 1938 im Deutschen Reichstag saß und noch nicht lange zum SA-Brigadeführer aufgestiegen war, wurde der schweren Flakbatterie 4/456 zugeteilt. „Der Beginn unserer Tätigkeit war eher idyllisch. Ich war als Flugmelder eingeteilt und sah mit dem Fernrohr auf einem Stativ in den Himmel, studierte die Silhouette von München und unterhielt mich mit den verbliebenen Flaksoldaten, die ihren Dienst auch nicht allzu schwer nahmen." Am Sonntag beobachtete der 16-Jährige von seiner Baracke aus die Pferderennen auf der Theresienwiese. „Die laute Marschmusik zur Unterhaltung des Publikums klingt mir noch heute im Ohr, besonders die Amboss-Polka." Die wenigen Ausgänge nutzte Richard Suchenwirth, um ins Theater zu gehen. Er sah Ibsens „Nora", mit Anne Kersten in der Hauptrolle. Einmal die Woche durfte er ins nahegelegene Bad, zum Warmduschen. „Der Krieg schien immer noch in weiter Ferne." Am 9. März 1943 hörte er in der Baracke das Signal „Edelweiß", das Deckwort für die „schnellste Herstellung der Alarmbereitschaft". Er hatte in dieser Nacht gar nicht Dienst, doch er war neugierig. Und trat mit seinem Kameraden Kurt ins Freie. „Zunächst hörte man nur das Brummen von Flugzeugen, dann kamen die Scheinwerfer, die mit ihren langen weißen Armen den Himmel absuchten, bis sie sich überkreuzten und an einem Flugobjekt hängen blieben. Danach setzte das Feuer der schweren, bald auch das Bellen der leichten Flakbatterien mit Leuchtspurmunition ein. Etwas zuvor hatten englische Flugzeuge an verschiedenen Stellen des Himmels absinkende Leuchtraketen abgesetzt, die ein buntes Bild boten. Kurz danach hörte man die Sprengbomben. Sie schlugen relativ weit entfernt ein. Es war ein Höllenspektakel, zumal auch die eigene Batterie immer wieder schoss. Es dauerte nicht lange, da brannten rings um uns überall Häuser, sodass die ganze Theresienwiese hell erleuchtet dalag. Granatsplitter klackerten vor unseren Füßen zu Boden. Ein eigenartiger Geruch nach Schießpulver und Bränden lag in der Luft." Richard Suchenwirth genoss das Schauspiel, das sich vor seinen Augen ausbreitete. „Es war irgendwie schön. Und ich habe mich wie Kaiser Nero gefühlt, der auf das brennende Rom schaut." Die Engländer warfen in dieser Nacht 70 000 Bomben ab, mehrere Hundert Menschen verbrannten. „Aber daran habe ich in diesen Stunden da draußen nicht gedacht."

Am nächsten Morgen wurden alle Luftwaffenhelfer nach Hause geschickt, um nachzusehen, ob daheim alles in Ordnung war. Richard Suchenwirth blieb auf der Theresienwiese. „Weil die Fahrt nach Pasing ziemlich weit war." Als die Kameraden am Nachmittag zurückkamen und berichteten, dass ihre Familien den Angriff heil überstanden hatten, kam ein Anruf, der Flakhelfer Suchenwirth sollte sofort heimkommen, das Wohnhaus sei ausgebombt worden. „Als ich vor der Hochschule stand, in der wir gewohnt hatten, sah ich, dass das gesamte Dach und das Obergeschoß abgebrannt waren. Brandgeruch lag in der Luft. Unsere Habe stand aufgetürmt auf dem Bürgersteig. Zum Glück schneite es nicht mehr. Beim Brand der Hochschule war ein Student, der im Krankenzimmer gelegen und nicht mehr herausgefunden hatte, ums Leben gekommen. Wie auch ein Nachbar, der noch irgendetwas retten wollte. Er war von einer zusammenstürzenden Treppe erschlagen worden." Richard Suchenwirth setzte sich im geretteten Mobiliar auf einen Stuhl an seinen Schreibtisch, auf dem jetzt Schnee lag, und starrte in die Ruine. „Alle waren still, man sprach nur das Nötigste, geklagt wurde nicht, wozu auch. Der Hausverwalter versorgte uns mit Kaffee." Die Familie hatte noch ein kleines Haus am Ammersee, der Schüler half bei der Übersiedlung. Kurz darauf wurde auch seine Batterie verlegt. Richard Suchenwirth zog von der Theresienwiese nach Planegg, in eine der vier Hundertmann-Baracken, die am Waldrand in einer Mulde standen. „Wir wurden jetzt an Geschützen, am FuMG, das war das Radar, und in der Umwertung eingesetzt, die beim Ausfall der eigenen Ortungsgeräte zum Einsatz kam." Weil das Reichserziehungsministerium um die Ausbildung der späteren Führungsschicht fürchtete, erhielten die Kindersoldaten entgegen der ursprünglichen Pläne doch noch Schulunterricht. „Nach dem Muckefuck um 7 Uhr früh, dem gräulichen Kornkaffee, den wir in großen Blechkannen abgeholt haben, und dem Morgenappell haben wir am Vormittag Unterricht in Deutsch, Mathematik, Latein, Physik, Chemie, Erdkunde und Biologie erhalten." Die Professoren mussten ihren Schülersoldaten dafür nachreisen. „Zu uns sind zum Beispiel Dr. Schmidt oder Professor Walter gekommen. Sie hatten bis zum Bahnhof Planegg eine weite Anfahrt und einen Fußweg von weiteren 15 Minuten hinter sich, bevor sie durch den Schlagbaum endlich unsere Flakstellung erreicht hatten." Zeitweise fand der Unterricht in einer nahe gelegenen Gastwirtschaft statt, die älteren Schüler bestellten sich Bier. Sie waren ja jetzt Soldaten und Männer. Es gab kaum noch Hausarbeiten. Der Unterricht wurde immer öfter durch Fliegeralarm unterbrochen. Im September 1943 stießen gleichaltrige Schüler aus Kempten zu den Luftwaffenhelfern. Da die Bombardements immer häufiger wurden, mussten die Schüler auch schon mal nachts mit Hacke und Schaufel antreten, um weitere Geschützstellungen auszuheben. Statt zu pauken lernten die 16-Jährigen ihr Kriegshandwerk. „Vor allem in den Nächten haben wir nun ziemlich oft geschossen." Während die täglichen Wehrmachtsberichte, die sie am Volksempfänger verfolgten, weiter von Sieg sprachen, berichtete ein Schüler nach dem anderen, dass jetzt auch seine Familie ausgebombt worden war. „Meine Familie hat sich deshalb sogar im Garten am Ammersee einen Bunker planen und graben lassen. Von französischen Kriegsgefangenen, die bei Bauern eingesetzt waren." Manchmal kam auch der Vater zu Besuch. Der Mann, der mit Hitler übers Land gefahren war, die NSDAP in Österreich mitbegründet hatte und im Reichstag saß, war sehr nachdenklich geworden. Auf den Spaziergängen mit seinem Sohn sprach er leise von den dunklen Schatten seiner Bewegung. „Er war entsetzt über das erschreckende Fortschreiten der Flamme des Krieges, über die Niederschlagung des Widerstands, über den Einsatz von uns Kindersoldaten."

Jedem Geschütz waren in der Zwischenzeit auch russische Kriegsgefangene zugeteilt, die einfache Arbeiten wie Munitionstragen verrichten mussten. „Einige davon waren uns recht sympathisch. Da gab es einen Russen, der gerade den großen Saal aufkehrte, in dem auch der Unterricht stattfand, als er unsere besten Mathematiker vor der Tafel über einer mathematischen Aufgabe grübeln sah. Der Russe sah kurz zu, dann ergriff er die Kreide und löste das Problem binnen Kurzem beispielhaft gut. Unser bester Mathematiker, Karl Keller, er sollte später, wie ein Drittel meiner Klassenkameraden, fallen, war von der Leistung des Russen, einem Stalin-Anhänger, sehr angetan." Die Kriegsgefangenen fertigten aus Münzen Ringe oder schnitzten Figuren aus Holz, um sie bei den Schülern gegen Brot einzutauschen. Den kleinen Bären und den Mann, der auf einen Amboss einschlägt, hat Richard Suchenwirth bis heute aufgehoben.

Im Frühsommer 1944 wurde er, dann 17-jährig, zu einer Übung im Scharfschießen an den Bodensee abkommandiert. Beim Schwimmen im kühlen See, zwischen Blindgängern, Phosphorkanistern und leeren Stabbrandbomben, erzählte ihm ein gleichaltriger Flakhelfer heimlich, dass die Hälfte seiner Klasse, alles Schüler zwischen 15 und 17 Jahren, in einer einzigen Nacht gefallen waren. „Er selbst war bei dem Angriff in der Stellung und hat, mit furchtbaren Eindrücken, überlebt." Kurz darauf wurde Richard Suchenwirth nach Pullach verlegt, wo er selbst in einen schweren Luftangriff geriet. Die Alliierten bombardierten die Fabrik Linde, die Flüssigsauerstoff für das deutsche Raketenprogramm lieferte. „Ich war im Bunker und hörte die Bomben in der Luft vor dem Aufschlag rauschen. Ein älterer Soldat, der mit mir im Bunker saß, verkroch sich unter den Tisch, worüber ich herzlich lachen musste." Die Kindersoldaten dienten nun in der Batterie 4/384, deren Geschütze auch die höher fliegenden Bomber angreifen konnten. Er war dabei, als ein amerikanisches Flugzeug abgeschossen wurde und die Besatzung mit dem Fallschirm abspringen konnte. „Obwohl der Flieger schon abstürzte, wurden aus unserer Stellung noch Granaten auf die Maschine und wohl auch auf die Mannschaft abgefeuert." Die Flakhelfer umstellten einen der amerikanischen Soldaten und führten ihn zum Batteriechef. „Danach hat es geheißen, das dieser ihm eine Zigarette angeboten habe, was viele von uns absolut verwerflich fanden." Im Juli bekam Richard Suchenwirth Ausgang. Für ein Begräbnis. Sein Schulkollege Klaus Martin, auch er ein Luftwaffenhelfer, war bei einem Angriff ums Leben gekommen. „Klaus, er war eher rundlich, war immer vergnügt und freundlich. Wie er gefallen ist, war er gerade 17."

Helmut Godai war 16, als er im Mai 1943 in Wien mit der Straßenbahn in den Krieg fuhr. Während sich die Tramway mit den Schülern der 5. Klasse, die zuvor die Uniform der Luftwaffenhelfer angezogen hatten, dem Winterhafen an der Donau näherte, schwankte der Wiener Gymnasiast zwischen Euphorie und Angst.

„Ich habe gedacht: Endlich, jetzt erleben wir was! Aber auch: Jetzt wird es ernst!" In der Freudenau angekommen, wurde er der Artillerie-Einheit 3. Leichte 837 zugeteilt. Die Flakhelfer sollten die Tiefflieger abschießen, die den Ölhafen und die Raffinerie angriffen. „Ich war der K2 am Geschütz, das hieß, ich musste vor dem Abfeuern als Richtkanonier die exakte Entfernung eingeben." Auch in den Nächten musste der 16-Jährige Wache halten. Im Hafen lagen zudem Schwimmerflugzeuge zur Beseitigung der von den Alliierten abgeworfenen Magnetminen. Diese sollten die Tankschiffe versenken, die das Erdöl, das Schmiermittel des Krieges, aus Rumänien nach Wien beförderten. Zwischen den Einsätzen wurden die Schülersoldaten weiter geschliffen. „Wir mussten robben und schießen und exerzieren, bis zum Exzess." Und mehrmals pro Woche kamen einige der Professoren des Realgymnasiums heraus an die Donau, auch sie trugen Uniform. „Der Unterricht hat in einem berühmten Fischrestaurant stattgefunden. Nur, wenn in der Nacht zuvor wieder einmal Fliegeralarm war, ist er ausgefallen."

Helmut Godai richtete sich in der Welt des Soldaten ein. Er hatte das Grammophon, das ihm seine Schwester geschenkt hatte, im Befehlsstand im Bunker aufgestellt. Die Unteroffiziere erlaubten ihm, Brunswick-Schellacks mit der Musik der Feinde aufzulegen. „Die haben das auch lieber gehört als immer nur die Propaganda und Marschmusik." So lief mitten im Krieg unter deutschen Soldaten der amerikanische Swing der angreifenden

Bomberpiloten. „Wenn wir das Singen der Maschinen in der Luft gehört haben, wurde das Grammophon schnell unter den Besprechungstisch gestellt, damit es heil bleibt." Dann hieß es nur noch „Volle Deckung". „Alle runter." Die Laufgräben entlang. In den Unterstand. Die eigenen Geschütze oben wurden oft gar nicht mehr bedient, zu sinnlos war der Versuch, die hochfliegenden Verbände zu treffen. Da nahm sich Helmut Godai seine Kamera und ging nach oben. „Ich war an diesem Tag einfach übermütig und habe auf den Auslöser gedrückt, als die Bomben runtergingen." Er hielt fest, wie die eigenen Baracken getroffen wurden, wie die Erde zum Bombenteppich wurde, wie sich eine schwarze Rauchwolke auf ihn zuwälzte. Als der Angriff vorüber war und auch die anderen Luftwaffenhelfer wieder an die Oberfläche kamen, fotografierte der 16-Jährige ihre Gesichter. „Darin spiegelt sich Angst, nichts als Angst." Weil die Bomber nach der Raffinerie auch die Stadt anflogen, warnte Helmut Godai seine Eltern, vorsichtig zu sein. Noch immer hoffte er, „dass wir den Krieg gewinnen. Und für mich war auch Hitler weiterhin etwas Besonderes. Er war der Führer, wenngleich er nun immer öfter entrückt und abgehoben wirkte".

Die Eltern machten den erwachsenen Kommandanten der Schülersoldaten Geschenke, als hätten diese das Leben ihrer Söhne schützen können. „Mein Batteriechef, Leutnant Lippmann, hat so viele Packerl bekommen, dass er die Würste und Weine und Delikatessen in Sicherheit

bringen wollte. Zu sich nach Hause, nach Hannover."
Helmut Godai wurde dazu bestimmt, die Beute heimlich
zu überstellen. „Er hat mich mit zwei großen Koffern los-
geschickt." Der Zug von Wien nach Deutschland musste
mehrmals auf offener Strecke anhalten. Fliegeralarm.
In Hannover angekommen, heulten wieder die Sirenen.
„Ich habe die Nacht im Luftschutzbunker verbracht und
konnte keine Minute schlafen." Zurück an der Donau,
wurde der 16-Jährige zum Frühdienst eingeteilt, doch
er verschlief. Die Batterie war ohne ihn nicht einsatz-
fähig. „Ich hätte deshalb vors Kriegsgericht kommen
können, aber dann wäre natürlich auch herausgekommen, dass ich für Leutnant Lippmann unterwegs war."
Helmut Godai wurde ans andere Ufer der Donau, in die
Lobau, strafversetzt. „Dort drüben bin ich sofort wieder
in schwere Flächenbombardements geraten." Wenn der
Krieg einmal kurz Pause machte, durfte sich der mittlerweile 17-Jährige auch für Mädchen interessieren.
„Ich bin in Uniform ins Opernkino gegangen. Sobald
es im Saal finster wurde, habe ich meine Hand auf den
Schenkel des Mädchens neben mir gelegt. Doch dort
habe ich schon die Hand meines Freundes gespürt."

Anfang 1944 traten eines Morgens drei „fesche, junge SS-Offiziere" vor die versammelten Luftwaffenhelfer.
„Sie haben uns erzählt, dass die SS die besten Waffen
habe, die beste Verpflegung, die besten Männer." Die
Schülersoldaten sollten für den Dienst in der Waffen-SS
begeistert werden, die sich selbst als Elitetruppe stilisier-

te, deren Soldaten besonders hart, verwegen, tapfer und treu bis in den Tod wären, der aber auch schon der Ruf vorauseilte, ohne jede Rücksicht Massaker und Kriegsverbrechen zu begehen. Dann forderte einer der Offiziere die 17-Jährigen auf, sich zu bekennen. „Wer also gegen die SS, gegen den Führer, gegen Großdeutschland ist, der soll vortreten." Einige trauten sich tatsächlich vorzutreten. „Ihr Feiglinge. Verschwindet!" Die anderen verpflichteten sich zum Eintritt in die Waffen-SS. Wenig später bekamen sie ihre Blutgruppe auf der Innenseite des linken Oberarms eintätowiert. „Die ganze Aktion war psychologisch sehr gemein, denn es brauchte schon sehr viel Mut, sich hier nicht vereinnahmen zu lassen." Helmut Godai hatte sich schon ein paar Monate zuvor freiwillig für den späteren Dienst in der Kriegsmarine gemeldet. „Ich war somit außer Obligo, da ich mich schon für die dreitägige Prüfung beworben hatte." Der Aufnahmetest fand in der Wiener Innenstadt statt. Helmut Godai bestand. „Nach der Prüfung hat man mich befragt, ob der Krieg denn nicht schon verloren sei. Da ich gewusst habe, was sie hören wollten, habe ich geantwortet: Jetzt kommt der Totale Krieg. Wir werden siegen!"

Vor der Grundausbildung bei der Marine wurde Helmut Godai noch zum Reichsarbeitsdienst eingezogen. „Ich war kurz in Saalbach, dann in Polen. Dort, irgendwo in den Beskiden, haben wir Uniform, Gasmaske, Gewehr und Spaten ausgefasst. Dann ging es hinauf ins Zeltlager. Unser Führer war ein Bergbauer aus Tirol, der ist mit uns die steilen Hänge gerade raufgegangen." Die Burschen mussten am Ostwall bauen, der auf Führerbefehl entlang der gesamten Ostfront eine Verteidigungslinie gegen die Russen schaffen sollte. „Jeden Tag haben wir in steinigem Gelände einen eineinhalb Meter tiefen Graben ausheben müssen." Im Lager gab es keine Sanitäreinrichtungen, Helmut Godai stellte sich nackt unter einen Wasserfall. Und handelte sich eine schwere Ohrenentzündung ein. Als die Schmerzen unerträglich wurden, bat er seinen Kommandanten um medizinische Hilfe. „Doch der hat nur gesagt: Setzen Sie sich in die Sonne!"

Am 3. Oktober 1944 wurde Helmut Godai nach Usum an der Nordsee zur Kriegsmarine eingezogen. „Ich wollte nicht zu den U-Booten oder zur Marine-Artillerie, weil man schon wusste, dass die hohe Verluste hatten, deshalb habe ich mich zur Marine-Nachrichten-Abteilung gemeldet." Die Grundausbildung der Kriegsschule fand im Lager Mövenberg statt. „Dort war ein junger, kriegsverwundeter SS-Unteroffizier, der uns fürchterlich geschliffen hat." Die 17-Jährigen mussten mit Gasmaske durch die Dünen robben, auf dem schwarzen Schotter des Kasernenhofs in Deckung springen, marschieren und stillstehen, marschieren und stillstehen. Wurde bei der täglichen Musterung etwas beanstandet, musste der Kriegsschüler bei Tisch strammstehen und hungern. „Aber uns hat das nichts ausgemacht. Wir waren ja hart trainiert. Und bereit, uns für die große Sache zu opfern." Der SS-Ausbilder schrie: „Ihr werdet mir nochmals dankbar sein, dass ihr so hart geworden seid. Wenn ihr einmal nach Russland kommt." Gingen die Jungen in den schwarzen Marinebadehosen an den menschenleeren, weißen Strand, waren sie verpflichtet, jeden Flieger zu melden. „Und wohin er fliegt." Im Sand der Dünen fanden sie Stahlgeschosse und kupferne Hülsen, vom Wind freigelegte Relikte des vergangenen Weltkriegs. Helmut Godai rückte kurz darauf in Flensburg ein, zur Marine-Nachrichtenschule, wo er das Funken lernte. „Zur Übung haben wir irgendwelche sinnlosen Meldungen übermittelt, wie zum Beispiel: Fickst du sie nicht, fick ich sie!"

Als Karl Ibounigg im Oktober 1944 nach einem weiteren schweren Tag Schanzengraben zurück in sein Quartier auf Schloss Radkersburg kam, lag ein Brief der Mutter auf dem Bett. Sie hatte dem 17-Jährigen den Einberufungsbefehl zu den Hochgebirgsjägern der Waffen-SS nachgeschickt. „Falls nicht in Graz, sofort Nachsenden", stand darauf. Auch die Fahrkarte nach Obersdorf im Allgäu lag bei. Der *„Eisenbahnfahrausweis für die Hitler-Jugend"* ist *„für die Hin-und Rückfahrt in der 3. Wagenklasse gültig"*. Karl Ibounigg sollte sich bis spätestens 23. Oktober, 11 Uhr, zum SS-Unterführerlager in den Alpen von Birgsau einfinden. Doch der Vorgesetzte des Reichsarbeitsdienstes schickte den Bescheid mit dem Vermerk „Abgelehnt" zurück. Er wollte seine jungen Männer selbst behalten. Wenig später traf eine neue Einberufung ein. „Diesmal von der Wehrmacht. Nach Augsburg." Karl

Ibounigg rückte nach Weihnachten in die Laudon-Kaserne in Graz ein, das längst im Bombenhagel lag. „Der Bahnhof war zerstört. Die Gleise waren zerstört. Aber irgendwann ist der Zug nach Deutschland dann doch abgefahren." Die Infanterie-Ausbildung in Augsburg wurde fast jeden Tag durch Luftangriffe unterbrochen. „Auch in der Nacht wurde laufend bombardiert." Die Kindersoldaten gingen in Nachtmärschen mit vollem Gepäck durch ein verdunkeltes Land, in dem kein Licht mehr brannte, nur die Häuser. Nach der Grundausbildung wurde Karl Ibounigg mit seiner Batterie in die Leuna-Werke nach Halle an der Saale verlegt. „Dort waren 50 Batterien mit jeweils 4 Flak-Geschützen 8,8 stationiert." Die enorme Feuerkraft sollte das „deutsche Benzin" schützen, das hier gewonnen wurde. Da Deutschland selbst praktisch über keine Ölvorkommen verfügte, wurde hier schon seit Beginn des Kriegs synthetisches Benzin aus Kohleverflüssigung hergestellt. Als der Grazer in Sachsen eintraf, hatten die Alliierten die Treibstoffproduktion dort bereits fast zum Erliegen gebracht. Bei Angriffen im Mai 1944 hatten mehr als 800 Flieger der 8. US-Luftflotte an einem einzigen Tag 1700 Tonnen Bombenlast über den Hydrierwerken abgeworfen. Auch jetzt griffen regelmäßig Geschwader an. „Am Anfang bin ich noch beim Kartentisch gewesen, habe das Radar danach gestellt, wo die Flugzeuge hergekommen sind. Aber dann wurde dieser Dienst von Flakhelferinnen übernommen. Und ich bin an die Geschütze gekommen." Die Engländer griffen mit Tieffliegern an. „Die Werke wurden deshalb unter einen künstlichen Nebel gesetzt. Auf den Äckern daneben wurden Drähte gespannt, auf denen kleine Wagerl hin- und hergefahren sind, um einen Betrieb vorzutäuschen." Die 17-jährigen Gymnasiasten schliefen in Stockbetten in Zugwaggons, die Verpflegung wurde mit jedem Tag „schmaler". „Gegenüber von uns ist ein Waggon vom Reichsarbeitsdienst gestanden, der Verpflegung gebunkert hatte. Also haben wir dort eingebrochen und verschiedene Dosennahrung und Brot gestohlen. Das Brot haben wir sofort verdrückt, die Dosen vergraben." Mit vollem Magen gingen auf einmal auch die Luftangriffe zurück. Der Himmel war plötzlich wieder blau. Es war die Ruhe vor dem Sturm. Die Alliierten warfen statt der Bomben nun gefälschte Lebensmittelkarten ab, um die Versorgung unten durcheinanderzubringen. „Wir haben die Karten natürlich eingesammelt und sind damit ins nächste Dorf gegangen, um einzukaufen." Als Karl Ibounigg im Rundfunk hörte, dass seine Heimatstadt Graz im Bombenhagel lag, schrieb er nach Hause: „Ich muss sehr viel an zu Hause denken, wenn ich beim Wehrmachtsbericht von einem Terrorangriff auf unsere Stadt höre. Hoffentlich seid ihr alle noch gesund! Euer Karl!"

Da die Front immer näher rückte, bekam Karl Ibounigg Anfang 1945 noch rasch eine Ausbildung im Nahkampf. „Wir haben gelernt, wie man Handgranaten mit Zeitzünder bedient. Wie man sich im Grabenkampf verhält. Eine Stellung stürmt. Und einen Panzer unschädlich macht." Die Ausbilder wiesen die Kindersoldaten auch darauf hin, dass Adolf Hitler für längere Einsätze, bei denen man „das Weiße im Auge des Feindes" gesehen hatte, die Nahkampfspange gestiftet hatte. „Die gab es in Gold, Silber und Bronze. Aber uns war Brot wichtiger."

Günther Sereda saß zu diesem Zeitpunkt im abgedunkelten Zug nach Tirol am Gang. Der knapp 15-jährige Weinviertler, dessen Vater an Diphterie „gefallen" war, durfte den auf offener Strecke stehen gebliebenen Waggon nicht verlassen, obwohl dieser aus der Luft angegriffen wurde. „Der Zug war voller Kindersoldaten, alle hatten Angst, aber keiner hat es gezeigt." Auf einer Alm bei Wattens wurden Günther Sereda und ein paar seiner Klassenkollegen für den Krieg „abgerichtet". „Wir haben Schießen gelernt, Handgranaten schmeißen, mit der Panzerfaust kämpfen." An der Waldgrenze mussten sich die angehenden Soldaten eingraben. „Wir müssen diesen Krieg gewinnen, hat es geheißen. Und dass es jetzt an uns liegt, das Vaterland zu verteidigen. Wir haben uns wirklich als Berufene gesehen. Ich habe geglaubt, dass es auf mich ankommt. Dass wir noch gewinnen können." Am Ende der „Wehrertüchtigung" durften die Buben nicht nach Hause. „Sie haben uns unter irgendwelchen Vorwänden weitere zwei bis drei Tage festgehalten und nicht rausgelassen." Dann sollten die 15-Jährigen für den Eintritt in die Waffen-SS unterschreiben. „Wer unterschreibt, darf nach Hause, haben sie gesagt. Wer nicht unterschreibt, wird zur Wehrmacht überstellt und bleibt. Ich habe dann noch zwei Tage überlegt und zugewartet, dann habe ich auch unterschrieben. Und konnte endlich nach Hause fahren."

Wolfgang Pickert erhielt im Dezember 1944 ein Gewehr in die Hand gedrückt. Er war 14 Jahre alt und Schüler der Seeberufsfachschule in Görlitz. Es schneite, als er mit 300 Mitschülern in Glogau aus den Lkw stieg, um Panzergraben auszuheben. „Mit Spaten und Pickel wühlten wir uns in die Erde, zusammen mit anderen ganz jungen und alten Leuten, um so die Heimat vor den russischen Angriffen zu schützen." Nach ein paar Tagen kehrten die Marineschüler zurück und bekamen plötzlich unerwartet einige Tage zusätzlich Urlaub, sogar übers Wochenende hinaus. „Danach wurde festgestellt, dass nicht alle wiedergekommen waren. So waren aus meiner Stube noch ein Junge aus Berlin, einer aus Salzburg, wir nannten ihn ‚Kamerad Schnürschuh', wie die Ostmärker damals beim Kommis bezeichnet wurden, einer aus Elbing, einer aus Halle." Die 14-Jährigen erhielten nach dem Sonderurlaub zum ersten Mal Waffen. „Es wurden Gewehre ausgegeben. Einige ältere und verwundete Soldaten, die nicht mehr für die Front verwendungsfähig waren, haben uns gezeigt, wie wir mit den alten Karabinern vom Typ K98 umzugehen hatten. Die Handhabung mit diesen Modellen aus dem Ersten Weltkrieg war für uns recht schwierig, denn sie waren groß und schwer. Doch es machte uns Spaß." Obwohl sich die Meldungen des Wehrmachtsberichts immer bedrohlicher anhörten, und alle wussten, dass es nicht mehr lange dauern konnte, bis sie zum Einsatz kamen, waren die Kindersoldaten wild entschlossen. „Wir wollten in den heroischen Kampf Deutschlands gegen seine Feinde ziehen, was sonst? Und wir waren glücklich, dass unser geliebter Führer noch lebte, trotz des Attentats im letzten Jahr, und dass er vom Endsieg sprach."

Dann war es tatsächlich so weit. „Über Nacht kam der Einsatzbefehl. Ausgerüstet mit Karabiner, scharfen Patronen, Gasmaske, Brotbeutel und Feldflasche, über Hosen und Stiefel umgeschnallte Gamaschen, zogen wir Kindersoldaten, die wir nun waren, an die Front. Unsere Habseligkeiten persönlicher Art blieben auf Nimmerwiedersehen in den Spinden. Wir wurden auf Lkw geladen und fuhren ostwärts." Irgendwo in Schlesien trafen sie auf die Hauptkampflinie. „Ich weiß nicht mehr genau, wo es war, wir hatten weder einen Orts- noch Zeitbegriff, als die ersten Einschläge kamen. Wir waren auf freiem Feld, und es gab die ersten furchtbaren Schreie der Verwundeten." In den Schützengräben liefen Soldaten der Wehrmacht und Waffen-SS neben Kindern und alten Männern des Volkssturms, die Frontlinie war ein einziges Chaos. „Dass hier das letzte Aufgebot kämpfte, habe ich nicht bemerkt." Die Granaten der Stalin-Orgel schlugen dicht nebeneinander ein. Wolfgang Pickert stand im Artilleriefeuer und machte sich in die Hose. Neben ihm lagen Tote vom Tag zuvor. „Ich weiß nur noch, dass ich betete, immer wenn es krachte." Die erste Nacht an der Front wollte er sich am liebsten eingraben. Am frühen Morgen griffen die Russen erneut an. Wolfgang Pickert betete. Da riss eine Granate dem Jungen, der hinter ihm steht, den Arm weg. Er rührte sich nicht mehr. „In diesem Moment habe ich meinen Glauben an Gott verloren." Wolfgang Pickert hockte zitternd im Schlachtenlärm. „Warum er, warum nicht ich", dachte er. „Er ist doch eben noch hinter mir gestanden. Er hat doch sicher genauso um sein Leben gebetet wie ich. Dann hilft das Beten ja nichts. Da habe ich in der Sekunde aufgehört zu beten."

Von hinten kam Nachschub. „Etwas zu essen, kaltes Zeug, vor allem aber Munition und Waffen. Ich bekam ein neues Sturmgewehr 44 in die Hand gedrückt und habe den Karabiner weggeworfen." Nach drei Tagen wurden die Schüler abgelöst und durften sich in einem Dorf ausruhen. Das nahe Artilleriefeuer ließ keinen Schlaf zu. Angst und Heimweh fraß sich in die Köpfe. „Dann mussten wir noch weiter nach hinten laufen. Es war keine richtige Flucht, doch der wohl ähnlich, denn wir lösten uns in kleinere Gruppen auf. Von meinen Stubenkameraden war keiner mehr da, und ich habe nie wieder etwas von ihnen gehört. Irgendwann drangen die gefürchteten ‚Hurräh-Hurräh'-Rufe der Russen zu uns. Wir schossen in die Gegend, wo das Geschrei herkam und hatten nur einen Gedanken: überleben!"

Nach ein paar Tagen und Nächten sollten die Kindersoldaten der Seeberufsfachschule herausgezogen werden. „Ein Ausbilder war noch da, er hieß Biermann, der fasste uns Übriggebliebene zusammen, so gut es ging. Wir stiegen auf Lkw, Trecker und Pkw und kamen tatsächlich irgendwie am Bahnhof Görlitz an." Der Wehrmachtsbericht meldete, dass die Offiziersschüler der Seeberufsfachschule sehr tapfer gewesen seien. „Wir sollten nun nach Iserlohn fahren, um dort weiterverwendet zu werden. Nach einer langen Nachtfahrt erreichten wir im Morgengrauen das Ziel. Als wir auf freier Strecke ausstiegen, griffen uns sofort die englischen Lightnings an, das waren die Doppelrumpf-Jagdflugzeuge mit 2-cm Bordkanonen. Ich lag zwischen den Schienen und dachte, dass es nun endgültig vorbei sei." Wolfgang Pickert kramte aus der Tasche das letzte Stück Speck, das er noch hatte. Und biss darauf herum, während um ihn die Welt unterging. „Vielleicht, um noch einmal vor dem Ende einen Genuss zu haben. Dann gab es einen Knall. Ich spürte einen gewaltigen Ruck. Dachte: Jetzt bist du tot." Doch er konnte immer noch schlucken, spürte den Geschmack des Specks im Mund, hörte die abziehenden Tiefflieger. Er musste also noch leben. Das Geschoss hatte die Gasmaske getroffen, die über seiner Schulter hing.

Friedrich Giersig sang noch immer: „Es zittern die morschen Knochen der Welt vor dem großen Krieg". Der 14-jährige Schüler der Eliteschule NAPOLA marschierte am 12. März 1945 mit 20 gleichaltrigen Jungmannen im Gleichschritt auf den zerbombten Gleisen in das brennende Wiener Neustadt. Im Auftrag der SS waren die Napolaner aus Traiskirchen unterwegs nach Schloss Mokritz in der Untersteiermark. Dort sollten sie an der Errichtung der Schützengräben für den Süd-Ost-Wall mitarbeiten und für den Nahkampf ausgebildet werden. Der Himmel war an diesem strahlend schönen Frühlingstag, es war der siebte Jahrestag des Anschlusses Österreichs an das „Dritte Reich", wolkenlos. Und doch schwer verhangen. Die US-Luftwaffe flog soeben den stärksten Bombenangriff, der je gegen die Ostmark ausgeführt wurde. Von Foggia kommend bewegten sich 747 Bomber und 229 Jagdflugzeuge auf Wien zu. Ihr Ziel war die Ölraffinerie, die Helmut Godai als Flakhelfer bewacht hatte und der jetzt in Norddeutschland an der Marine-Nachrichtenschule Funken lernte. Eineinhalb Stunden lang bombardierten sie die Öllager und die Stadt. Lassen 1667 Tonnen tödliche Fracht ab. Die Staatsoper und das Burgtheater brannten aus, auch das Kunsthistorische Museum, die Hofburg und der Stephansdom wurden schwer beschädigt. Das Hauptquartier der Gestapo am Morzinplatz wurde genauso zerstört wie der Heinrichshof am Ring, in dem etliche NS-Dienststellen untergebracht waren. Tieffflieger beschossen die Löschmannschaften. Im Philipphof hinter dem Hotel Sacher starben 200 Menschen in einem Luftschutzkeller, der als besonders sicher gegolten hatte. Sie liegen bis heute dort begraben.

„Ein Lied", rief einer der Napola-Schüler. Ein anderer stimmte an: „*Es zittern die morschen Knochen der Welt vor dem großen Krieg.*" Die Jungs stimmten ein: „*Wir haben den Schrecken gebrochen, für uns war's ein großer Sieg. Wir werden weiter marschieren, wenn alles in Scherben fällt.*" Genau in diesem Moment marschierten die 14-Jährigen in ihren Uniformen an einem brennenden Haus vorbei. Ein Mann kämpfte mit dem Gartenschlauch verzweifelt gegen die Flammen an. „Er hat uns mit sich überschlagender Stimme angebrüllt: Seids ihr wahnsinnig. Seids ihr wahnsinnig." Die Napolaner überlegten, wie sie nach Mokritz weiterkommen könnten. In Wiener Neustadt, das sie hinter sich ließen, standen bald nur noch 18 unbeschädigte Häuser. Alle anderen 3500 Gebäude lagen in Schutt und Asche. Die Kriegsindustrie der Stadt, in der auch Messerschmitt-109-Jagdflugzeuge und die zur Vergeltungswaffe V2 erklärten A4-Raketen hergestellt wurden, war durch 52 000 Bomben erloschen. „Keiner von uns fragte, warum man uns mitten ins damalige Partisanengebiet schickte. Wir und unsere Erzieher waren gewohnt, Befehle auszuführen. Erst später erfuhren wir, dass man damit die dort lebende deutschsprachige Bevölkerung beruhigen wollte: Wenn diese Jungs da sind, wird's schon nicht so arg sein!" Im Schloss, dem Stammsitz der Freiherrn von Gagern, erhielten die 14-Jährigen sofort ein Steyr-Gewehr und dazu eine Kiste Munition, die unter dem Bett verstaut wurde. Vom Fenster sah Friedrich Giersig in das 100 Meter tiefer gelegene Tal der Save. Schon in der ersten Nacht drang schweres Gewehrfeuer in den prunkvollen Schlafsaal. Am Morgen ging es zum Ausheben neuer Schützengräben. „Danach haben wir im Burggraben Schießübungen gemacht." In Rann erhielten die Napolaner einen Kurs zur Bekämpfung von Panzern. „Übernachtet haben wir in der Volksschule, betreut von netten BDM-Mädchen. Noch war das alles eher ein großes Abenteuer: deutsche Jungs, insbesondere Napolaner kannten keine Furcht!" Am Abend griffen amerikanische Flugzeuge einen auf der anderen Talseite abgestellten Munitionszug an. „Das war ein ungeheures Feuerwerk. Da kamen mir zum ersten Mal Zweifel, wie sich das wohl weiter entwickeln werde, wenn alles in Scherben fällt."

Ein paar Tage später wurde im Schloss gefeiert. „Alle Hochgestellten von Partei, Gendarmerie und Wehrmacht kamen zum ‚Tag der Grenze', es wurde gesoffen und groß aufgekocht und wir Jungs durften servieren. Zur Verbesserung des Speiseplanes wurde der unterhalb des Schlosses gelegene Fischteich über Nacht abgelassen. Zur Bewachung wurden zu den zwei Soldaten auch noch zwei von uns abkommandiert. Die leicht besoffenen Landser standen am Lagerfeuer und berichten sich gegenseitig, wie sie mit gefangenen Partisanen umgingen. ‚Also, wir haben sie hintereinander aufgestellt und dann gewettet, wie viele umfallen, wenn man sie durch den Kopf oder durch den Hals oder durchs Herz schießt'." Friedrich Giersig wurde übel. „Mich überkam ein unbeschreibliches Gefühl des Ekels vor diesen Menschen: Waren dies die Hoffnungsträger für den Wiederaufbau nach dem Endsieg?" Der 14-jährige Eliteschüler, der einmal zur neuen Führungsschicht der Nationalsozialisten gehören sollte, begann in dieser Nacht am Fischteich zu zweifeln. „Die Russen standen vor Wien. Die Amerikaner waren im Vormarsch quer durch Deutschland. Und wir sprachen weiter vom Endsieg." Der Anstaltsleiter, der als einziger über ein Radio verfügte, informierte die Kindersoldaten über den Frontverlauf. „Jungs, eines sage ich euch: Wenn wir diesen Krieg verlieren, werden die Amerikaner uns Deutsche gegen die Russen noch dringend brauchen." Am nächsten Tag erschoss er sich, um der Rache der Partisanen zuvorzukommen.

Friedrich Giersig lag kurz in der Sonne, genoss die vorübergehende Ruhe und träumte vom Frieden. Dann hieß es plötzlich Abmarsch. „Aber wohin? Die Russen stehen knapp vor Wien. Auf jeden Fall einmal hier weg und nach Spanheim in die dortige Napola: Ein Großteil des Stiftes St. Paul im Lavanttal war in eine Erziehungsanstalt umgemodelt worden. Aber wie dorthin kommen? Ein Lkw mit Anhänger wurde irgendwie aufgetrieben und erwartete uns unten an der Straße. Unterwegs plötzlich Alarm: Tiefflieger. Der Lkw fährt in den Straßengraben unter die dort stehenden Bäume. Wir liegen hinter dem Lkw. Kein direkter Angriff. Darum wieder weiter. Der Fahrer meldet einen Achsenbruch. Nichts geht mehr. Über freies Feld marschieren wir zwei Stunden lang auf einem Güterweg zur nächsten Bahnstation. Einen Personenzug nach Unterdrauburg wollt ihr? So etwas fährt hier nicht mehr! Doch gegen Abend kommt ein streng bewachter Militärzug mit Panzern, Lkw und Soldaten. Wir dürfen mitfahren. An Schlaf ist nicht zu denken. Neben der Strecke brennen an vielen Stellen Feuer. Partisanen stehen dort. Frühmorgens Ankunft in Unterdrauburg. Die Nationalsozialistische Volkswohlfahrt NSV labt uns mit Erbsensuppe und Roggenbrot. Noch eine Stunde marschieren wir hundemüde zur nächsten Bahnstation im Lavanttal. Vor Mittag sind wir endlich da. Müde. Wir wollen nur noch schlafen." Die Partisanen hatten in der Nacht Unterdrauburg überfallen und unzählige Menschen getötet. „Und was geschieht jetzt mit uns?"

# 10

# ENDZEIT

„SIEGEN ODER UNTERGEHEN!"

Helmut Godai hatte seinen Glauben an den Führer verloren. Als der 17-Jährige am 31. Dezember 1944 an der
Marine-Nachrichtenschule in Flensburg die Silvesteransprache von Adolf Hitler hörte, wusste er längst, dass es
jetzt nur noch darum ging, zu überleben: *„Ich möchte
am Ende dieses Jahres nun all den unzähligen Millionen
meiner Volksgenossen als der Sprecher der Nation und in
diesem Augenblick auch als der Führer ihres Schicksals aus
übervollem Herzen danken für alles, was sie erlitten, geduldet, getan und geleistet haben, den Männern und den
Frauen bis hinunter zu unseren Kindern in der HJ, in den
Städten und Marktflecken, in den Dörfern und auf dem
Lande. Ich möchte sie bitten, auch in Zukunft nicht zu er-
lahmen, sondern der Führung der Bewegung zu vertrauen
und mit äußerstem Fanatismus diesen schweren Kampf für
die Zukunft unseres Volkes durchzufechten."*

Während der Führer *„aus seinem Hauptquartier zum
deutschen Volk spricht"*, sagte der Bursch aus Wien:
„Geh', schleich dich. Das glaubt doch keiner mehr." Als

Hitler dann auch noch den Herrgott bemühte, schüttelten viele der Kindersoldaten den Kopf. *„In dieser Stunde will ich daher als Sprecher Großdeutschlands gegenüber dem Allmächtigen das feierliche Gelöbnis ablegen, dass wir treu und unerschütterlich unsere Pflicht auch im neuen Jahr erfüllen werden, des felsenfesten Glaubens, dass die Stunde kommt, in der sich der Sieg endgültig dem zuneigen wird, der seiner am würdigsten ist, dem Großdeutschen Reiche."* In diesem Moment wurde die Rede von einem Störsender überspielt. Eine Stimme sagte: *„Das Jahr 1945 muss das Ende der Hitler-Tyrannei sein! Nieder mit Hitler und seiner Bande! Weg mit den Nazis!"* Die Schüler wussten nicht, wie sie reagieren sollten. Und zogen sich zurück. Ein paar Wochen später wurde Helmut Godai mit seinen Kameraden nach Bergen nördlich von Celle gebracht. „Wir mussten unsere Marine-Uniform abgeben und haben stattdessen Grenadier-Uniformen bekommen." Die 17-Jährigen sollten die Kampfpanzer der Deutschen Wehrmacht mit Maschinengewehren begleiten und die feindliche Infanterie bekämpfen. „Wir wurden ganz rasch am MG ausgebildet, während rund um uns Bombenangriffe geflogen wurden." Helmut Godai konnte nicht verstehen, warum vom nahen Flugplatz kein einziges deutsches Jagdflugzeug abflog. „Ich habe mir gedacht, warum steigen die nicht endlich auf. Bis ich gemerkt habe, dass es gar keine Flieger mehr gibt."

Bei einem Marsch aus der Kaserne sah der Wiener eine Gruppe Menschen, die er nicht zuordnen konnte.

„Da waren rund 80 Figuren, die dahinschlichen, halb verhungert, in gestreifter Kleidung, von scharfen Hunden bewacht. Ich habe geglaubt, dass ein Gefängnis in der Nähe bombardiert worden war und die Insassen deshalb verlegt werden." Es waren KZ-Häftlinge, die auf „Evakuierungstransporten" aus den frontnahen Vernichtungslagern in das Konzentrationslager Bergen-Belsen gebracht wurden. So waren in den letzten Wochen 7000 kranke und erschöpfte Häftlinge aus dem KZ Sachsenhausen hierher getrieben worden, 6000 Menschen sind von Außenlagern des KZ Buchenwald gekommen, andere aus dem Konzentrationslager Dora-Mittelbau und den Nebenlagern der KZ Natzweiler und Flossenbürg. Waren zur Silvesteransprache 18 465 Menschen im Lager interniert, so waren es Anfang März mehr als 40 000. In diesem Monat starben, gleich neben der Kaserne von Helmut Godai, 18 168 Menschen. „Und ich habe nichts davon bemerkt." An einem dieser Märztage 1945 fiel im KZ Bergen-Belsen auch Margot Frank von ihrer Pritsche. Das 19-jährige Mädchen aus Amsterdam war vermutlich an der Fleckfieber-Epidemie im Lager zugrunde gegangen. Einige Tage später starb ihre 15-jährige Schwester. Anne Frank.

Helmut Godai spürte nur, „dass es zu Ende geht". Er wurde überstürzt an den Brückenkopf Dessau-Roßlau beordert, dem Zusammenfluss von Elbe und Mulde. „Ich habe in einem Erdgang Stellung bezogen. Geschlafen wurde nur noch im Unterstand. Alles schien in Auflösung. Und andauernd griffen Tiefflieger an." Die Soldaten bereiten die Sprengung der Brücke vor. Überall lagen Kabel und Drähte. Der 17-jährige Grenadier bekam ein Flugblatt in die Hand gedrückt. Darauf stand: *„Elend, Not und Jammer ohne Ende. Der Untergang für alle, auch für dich, wäre es, wenn wir jetzt schwach werden, kapitulieren, aufgeben würden. Daher Kampf, Kampf, Kampf! Hart bleiben! Durchstehen! Sieg um jeden Preis."* Er musste noch einmal über die Brücke zum Essen fassen für die Kameraden. Er hatte 10 volle Kochgeschirre in den Händen und wollte zurück auf die andere Seite. Da wurde er von englischen Tieffliegern beschossen. „Die älteren Soldaten haben geschrien: Jetzt musst du rennen. Los, renn! Aber ich war vor Schrecken und Angst ganz steif. Ich habe meine Beine nicht mehr gespürt. Konnte mich nicht bewegen. Da war eine bleierne Schwere." Helmut Godai hielt die Tragebügel der Geschirre umklammert. Kalter Schweiß stand auf seiner Stirn. Die Sekunden wurden zu Stunden. „Irgendwann habe ich dann einen Fuß vor den anderen gesetzt. Immer in der Angst, dass ich über eines der Kabel stolpere und mit der Brücke hochgehe." Er schaffte es zurück. „Völlig aufgelöst." Zum Essen war keine Zeit. In dem Moment tauchten vor ihm amerikanische Panzer auf. „13", zählte Helmut Godai. Er wusste, „dass jeder Kampf sinnlos ist." Er wollte einfach am Leben bleiben. Doch hinter ihm schossen die Soldaten der Infanterie-Division Scharnhorst um sich. Auch sie waren zumeist erst 16 bis 18 Jahre alt. Die aus Offiziers- und

Unteroffiziersschulen rekrutierten Burschen trafen auch die eigenen Leute. Helmut Godai stand ohnmächtig im Inferno. „Der Luftdruck war so stark, dass ich mich im Gefechtsstand mit dem Stahlhelm gegen die Wand drücken musste, sonst hätte er ihn weggerissen." Er hoffte, dass ihn dann, „wenn es endlich vorbei ist, die Amerikaner gefangen nehmen, nicht die Russen".

Kaum war Richard Suchenwirth vom Begräbnis seines gefallenen Schulkollegen Klaus zurück zu seiner Batterie nach Pullach gekommen, wurde der 17-jährige Luftwaffenhelfer nach Niemtsch bei Senftenberg abkommandiert. In dem kleinen Bauerndorf in Niederschlesien wurde aus Braunkohle Benzin gewonnen. Die Burschen bedienten die Geschütze gegen die Tiefflieger der Alliierten. Tranken in der nahen Gastwirtschaft unter den alten Linden Bier, „das uns Bayern viel zu süßlich war". Und sagten im Ort nicht mehr „Heil Hitler", sondern „Grüß Gott". Sie wussten, dass es nicht mehr lange dauern konnte, bis der Krieg zu Ende war. „Ich habe mich mit meinen Mitschülern Günter und Hans aus Kempten darüber unterhalten, wer nach dem Krieg Hitler als Reichskanzler nachfolgen könnte." Ein älterer Soldat, der mithörte, sagte, „dass es furchtbar wäre, wenn wir den Krieg gewinnen". Daneben entschärften Häftlinge, die aus einem KZ geholt wurden, Bomben. Dann wurde Richard Suchenwirth schwer krank. „Ich bin mit einer Hepatitis quittengelb ins Reservelazarett Senftenberg eingeliefert worden, wo ich dann auch noch eine Lungentuberkulose dazu bekommen habe." Im Lazarett, einer früheren Schule, war auch ein Soldat in einer sonderbaren Uniform. „Alle im Saal hielten auffallend Abstand von ihm, dann sah ich, dass er an seinem Arm mindestens fünf Uhren trug. Später habe ich gehört, dass dieser Mann im KZ Groß-Rosen Wachtdienste verrichtet hat."

Das Lazarett wurde ständig um weitere Klassenräume erweitert. „Es sind immer mehr Soldaten mit fürchterlichen Brandverletzungen gekommen, die in ihren Panzern abgeschossen worden waren. Die Front kam immer näher. Und mit ihr die Schwerstverwundeten." Ein junger Italiener wurde in benommenem Zustand eingeliefert, „er hat leise gesungen und seinen Kopf rhythmisch hin und her gewogen". Drei Tage später musste Richard Suchenwirth mithelfen, den Jugendlichen in die Pathologische Abteilung zu tragen. „Ich habe die Bahre an der Beinseite getragen und bin dabei immer wieder gegen die kalten Zehen gestoßen." In all dem Schreien der Verwundeten und dem Sterben hielt eine blonde Ordensschwester an ihrem allabendlichen Ritual fest. „Schwester Inge hat uns jeden Abend das Schlaflied von Johannes Brahms vorgesungen: Guten Abend, gut' Nacht, mit Rosen bedacht, mit Näglein besteckt, schlupf unter die Deck: Morgen früh, wenn Gott will, wirst du wieder geweckt." Danach sagt sie „Gute Nacht" und löschte das Licht.

Eckart Schwartz konnte in dieser Nacht Anfang März nicht schlafen. Der 13-jährige Berliner streifte durch die dunklen Gänge des Franziskanerklosters im polnischen Kobylin, das die Nationalsozialisten zum „Germanisierungslager" gemacht hatten. Er war seit fast drei Jahren hier eingesperrt. Weil seine Mutter Jüdin war, bevor sie 1931 zum christlichen Glauben konvertierte. Und er als „rassisch unrein" galt. Die Erzieher waren SS-Männer in Zivil. Seine Eltern hatte er seit 1942 nicht mehr gesehen. „Ich habe mich so nach Wärme und Liebe gesehnt. Ich konnte einfach nicht mehr. Ich wollte, dass das hier zu Ende geht. So oder so." Eckart Schwartz schlich sich in die Schreibstube, in der die große Landkarte hing. Er wollte sich einprägen, in welche Richtung er laufen musste, um nach Hause, ins rund 400 Kilometer entfernte Berlin, zu gelangen. Da sah der Junge auf dem Schreibtisch eine Liste liegen, die an das „SS-Wirtschafts- und Verwaltungshauptamt in Berlin" gerichtet war. „Darauf standen verschiedene Gegenstände wie Brillen, Schuhe oder Füllhalter, und daneben immer die Anzahl." Er dachte, dass die irgendwo eingesammelt worden sein mussten. In der Ferne war auch in der Nacht das Dröhnen der Front zu hören. „Wie ein immerwährendes Gewitter. Mit kurzem bellendem Donner." Vor ein paar Tagen hatte ihm ein deutscher Landser über den Gartenzaun hinweg zugerufen, er solle „abhauen, denn die Russen stehen schon zwanzig Kilometer vor Kobylin". Eckart Schwartz hatte so getan, als habe er nichts gehört. „Denn uns war jeder Kontakt nach draußen bei strenger Strafe verboten." Gestern waren dann plötzlich Lkw im Klosterhof vorgefahren. Akten wurden weggeräumt. Und nun hatte sich auch das Wachpersonal die SS-Uniformen ausgezogen. Der 13-Jährige beobachtete noch einmal, ob der SS-Mann an der Eingangspforte den Posten wieder exakt zur gleichen Zeit wie immer für ein, zwei Minuten verließ. In der kommenden Nacht würde er in dieser Zeitspanne fliehen. „Ich hatte mir fest vorgenommen, auch dann, wenn ich entdeckt würde, auf Anrufe nicht stehen zu bleiben. Sondern weiterzulaufen, dann sollten sie mich eben erschießen." Er zog den dunkelblauen Trainingsanzug an, zurrte die Gummibändchen an den Knöcheln fest. Und wartete auf die festgelegte Uhrzeit. Ob seine Mutter die Bombenangriffe in Berlin überlebt hatte? Ob Onkel Otto, der als Physiker in streng geheimem Auftrag in Peenemünde an irgendetwas mit Raketen arbeitete, noch wohlauf war? Bis zum Sonnenaufgang, so sein Plan, wollte er so weit weg vom Lager sein, dass ihn die Suchtrupps nicht mehr finden konnten. Kurz nach 3 Uhr früh lief Eckart Schwartz los. Er passierte den Wachposten, stürmte in den nahen Wald, stolperte über die großen Wurzeln der Kiefern, blickte sich noch einmal um. Niemand im Lager hatte seine Flucht bemerkt. „Dann bin ich im Dauerlauf weitergetrabt. Immer nach Westen." In der Nacht nahm der 13-Jährige befestigte Wege, am Tag blieb er im Wald. „Durch den weißen, weichen Sand waren die Pfade hell und gut zu erkennen." Er machte so gut wie keine Pause, zu groß war die Angst, dass er vom Suchtrupp eingeholt werden könnte. Er musste weiter. Dachte beim Laufen an den Geruch des Kaffees, den seine Mutter um 3 Uhr nachts in der Küche geröstet hatte, damit die Nachbarn in Dahlem nicht fragten, woher sie die Bohnen hatte. An Onkel Otto, der ihn jeden Sonntag auf seine naturkundlichen Exkursionen mitgenommen hatte, und selbst dann noch Orchideenblüten in die Botanisiertrommel steckte, als der Himmel über Berlin schon „dicke Eier herunterließ". Durch die vielen Wanderungen mit ihm wusste Eckart Schwartz auch, wo Westen und damit Berlin war. „Dort, wo die Bäume moosbeschlagen sind."

Eines Morgens sah er vom Wald aus einen langen Treck unten auf der Landstraße. „Die Menschen waren mit Pferdewagen, überladenen Handkarren und Kinderwägen unterwegs." Es waren Frauen, Kinder und alte Männer, Deutsche aus Pommern, den Masuren und Breslau, die vor den Russen nach Westen flüchteten. Eckart Schwartz reihte sich in den Zug ein. Erfuhr, dass die grauen Gestalten schon seit drei Wochen unterwegs waren. „Dann ist neben mir auf einmal ein Mädchen gelaufen, ein richtiges deutsches Mädl. Blonde Zöpfe, Kniestrümpfe, Wollrock, in der Hand einen kleinen rotbraunen Pappkoffer." Die beiden lächelten sich an. „Ich heiße Kläre. Und du?" „Eckart." Das Mädchen strich ihm übers Haar. „Du bist ein hübscher Junge!" Eckart Schwartz fühlte sich plötzlich nicht mehr alleine. „Wir waren jetzt zu zweit, und stark." Sie beschlossen, den langen Weg nach Berlin gemeinsam zu gehen. Und nahmen sich an der Hand. Kläre erzählte von ihrer Mutter, die Hitler über alles verehrte, ihrem Vater, dem SS-Obersturmbannführer Hufnagel in Berlin. Von der Bauernfamilie in den Masuren, in dem sie ihr Pflichtjahr angetreten hatte, und von der sie jetzt kam. Wie 300 000 junge Frauen in diesem Jahr musste auch sie als „Volksgenossin" in einem landwirtschaftlichen Betrieb helfen. „Auch du gehörst dem Führer!", hieß es auf den Plakaten des BDM, wer den Zwangsdienst verweigerte, bekam keinen Ausbildungs- oder Studienplatz. „Kläre hatte die Arbeit mit den Kühen und Kindern gut gefallen. Sie war der Auffassung, dass sie damit einen wichtigen Beitrag für die Volksgemeinschaft leistete." Der Bauer hatte an der Front einen Arm verloren, sein einziger Sohn war gefallen. „Wenn der Kreisbauernführer am Hof vorbeischaute, wurde schnell eine Postkarte mit dem Konterfei Hitlers auf die Anrichte gestellt. Als die Nachricht vom Tod ihres Sohnes kam, hatte die Bäuerin das Bild auf den Boden geworfen, darauf getreten und geschrien: Dem haben wir das zu verdanken!" Eckart Schwartz hörte begierig zu. Und hielt sich selbst bedeckt. Doch mit jedem Schritt fasste er mehr Vertrauen zu dem Mädchen, das einige Jahre älter war als er. Und dann begann auch er seine Geschichte zu erzählen. „Das tut mir leid", sagte Kläre.

Sie kamen durch ärmliche Dörfer mit Holzzäunen und kastanienbraunen Haustüren, an die sie klopften, sich als Geschwister ausgaben und um Milch und Brot baten. Eine Bäuerin überließ dem 13-Jährigen eine Hose, ein

Hemd, einen Pullover und eine Schirmmütze. Es waren die Kleider ihres gefallenen Sohnes. „Gott sei mit euch", sagte sie. „Und hat uns noch eine Butterstulle mit auf den Weg gegeben." Die beiden kamen zu einem Bahnhof aus rotem Backstein, auf dem ein heilloses Durcheinander herrschte. „Hunderte Menschen drängten auf den Bahnsteig, auf dem eine Dampflok mit ein paar Waggons stand. Auf dem Perron gab es ein einziges Rempeln und Wegdrücken, ein Geschrei und Rufen, Frauen suchten ihre Kinder, Kinder ihre Mütter. Überall lag Gepäck. Und dazwischen noch verwundete Soldaten." Im Chaos war Kläre plötzlich weg. Eckart Schwartz war wie gelähmt. „Ich hatte Herzklopfen und Angstschweiß, wohl aus Furcht, wieder den Menschen, den ich lieb hatte, zu verlieren." Er erkämpfte sich einen Fensterplatz, der Zug fuhr langsam an. Da ging die Abteiltür auf, Kläre stand in der Tür. Sagte: „Bleib sitzen!" Und setzte sich auf seinen Schoß. „Da habe ich auf einmal ihre nackte, warme Haut auf meinen Oberschenkeln gespürt. Sie hat den langen Rock über mich gebreitet und mir ins Ohr geflüstert: Zieh deine Hose runter." Während der Zug dem Ende des „Dritten Reichs" entgegenfuhr, von Tieffliegern angegriffen wurde und die Luft in den überfüllten Abteilen nach Todesangst schmeckte, nahm Kläre den 13-Jährigen in sich auf. Der Junge und das Mädchen liebten sich im fahrigen Rhythmus des Kriegs. „Kläre hat vielleicht gespürt, dass dafür jetzt die letzte Möglichkeit sein könnte. Wir wussten ja nicht, ob wir die nächste

Stunde überleben. Das Abteilfenster war durch die Ausdünstungen der vielen Passagiere beschlagen, wie das Waschküchenfenster beim Großwaschtag. Kläre wischte immer wieder eine Stelle frei, als ob sie hinausschauen wollte, und dabei bewegte sie sich stark vor und zurück und gab einen glucksenden Ton von sich. Ich schlief zum ersten Mal in meinem Leben mit einem Mädchen. Und das in Endzeitstimmung."

In einer der nächsten Stationen sah der 13-Jährige auf dem Gegengleis einen Güterzug stehen, doch aus den Lüftungsschlitzen der Viehwaggons blickten Menschen. Im Personenwagen davor erkannte er Polizeiuniformen. „Ich wollte losschreien, aber Kläre drückte mir sofort ihre Hand gegen den Mund. Sie hatte das Gleiche gesehen und mein Zittern bemerkt." Kurz darauf brüllte jemand: „Alles raus. Alles raus. Tiefflieger." Die Lok wurde getroffen, konnte sich aber noch in den nächsten Bahnhof, nach Fürstenwalde, schleppen. Von hier waren es nur noch 70 Kilometer nach Berlin. „Das schaffen wir zu Fuß." Am nächsten Tag wurden sie bei der Woltersdorfer Schleuse von einer russischen Antonow angegriffen. „Der Pilot ist ganz tief gegangen, dann hat er mit der Hand Bomben rausgeworfen." Ein kurzes Pfeifen. Eckart Schwartz riss Kläre zu Boden und warf sich auf sie. „Dreck, Sand und Steine flogen umher. Die Druckwelle fegte Kläres Staubmantel in den Kanal. Als der Spuk vorüber war, setzten wir uns auf den Böschungsrand und konnten kein Wort sprechen. Die Bombe hatte hundert

Meter vor uns einen riesigen Krater in den Fußweg gerissen." Die Reichshauptstadt war nur noch einen Ta-
gesmarsch entfernt. Der Himmel über Berlin hing voller
Flugzeuge, am Boden konzentrierte die Rote Armee in
diesen ersten Apriltagen 1945 mehr als zwei Millionen
Soldaten und 6000 Panzer für die letzte große Schlacht.
Entlang der Oder stand im Durchschnitt alle fünf Meter
ein Geschütz.

Eckart Schwartz konnte sich mit seiner Freundin fast
bis nach Hause durchschlagen. Dann standen vier Feldgendarmen, die sogenannten Kettenhunde, vor ihnen.
„Sie ließen sich von allen Passanten die Ausweise zeigen.
Kläre hielt ihren BDM-Ausweis hin. Aber ich hatte nichts,
womit ich mich ausweisen konnte. Ich hatte es bis nach
Dahlem geschafft, und jetzt schien doch alles vorbei zu
sein. Mir ist schwarz vor Augen geworden. Da habe ich
Kläre gehört, wie sie zu dem Feldgendarmen sagte: Das
ist mein kleiner Bruder, er hat seine Papiere bei einem
Bombenangriff verloren." Der Feldgendarm lächelte un-
gläubig. Und wartete. Da wurde Kläre resolut: „Wenn
Sie mir nicht glauben, dann rufen Sie doch meinen Va-
ter im SS-Wirtschafts- und Verwaltungshauptamt an und
verlangen Sie Obersturmbannführer Peter Hufnagel."
„Is ja schon in Ordnung, Froileinchen, reg dich nicht so
auf. Ihr könnt durch, nüscht für Ungut, Heil Hitler!" Als
Eckart Schwartz in die Ihnestraße einbog, rannte er los.
Er öffnete die Gartentür. Läutete. Niemand öffnete. Die
Rollläden waren herunter gelassen. Er suchte unter dem

Blumentopf nach dem Schlüssel für die Wintergartentür, der wirklich dort lag. Sperrte auf und hörte die Stimme seiner Mutter aus dem Keller. „Schlünkchen, bist du es?" „Nein, nein, ich bin es, Mutti, ich bin es." Er lief auf sie zu. Fiel in ihre Arme. „Oh mei kindel, mei kindel, gelobt sei g´t, der mir hat geben kraft un schterk!" Eckart Schwartz verlor das Bewusstsein.

Günther Sereda fuhr unwissend in den Weltuntergang. Der 15-Jährige, der soeben für die SS unterschrieben hatte, freute sich darauf, nach der Wehrertüchtigung in Tirol endlich wieder für ein paar Tage nach Hause fahren zu dürfen, ins Weinviertel ganz im Osten des Landes. Und landete an der Front. Der Ort war in Auflösung begriffen. Soldaten der Deutschen Wehrmacht bezogen am Kirchturm und in den Kellergassen Stellung. Die Bauern gruben im Hof große Löcher aus, um Wertsachen und Lebensmittel darin zu verstecken. Andere zogen hektisch Ziegelwände in den Häusern und Stallungen auf, „um die Mädchen einmauern zu können". Die Schule hatte geschlossen. Überall wurde gepackt. Die Russen kamen, hieß es. Sie standen schon an der March, dem Grenzfluss zur Slowakei.

„Als ich ausgestiegen bin, habe ich gesehen, dass der Zusammenbruch begonnen hat." Auch die Mutter packte alles für die Flucht. Geld und Schmuck vergräbt sie. Schon tags darauf kam der Einberufungsbefehl. Die Post funktionierte noch. Günther Sereda sollte sich in ein paar Tagen in Znaim bei der zuständigen SS-Dienststelle melden. „Ich war aufgeregt, aber auch erleichtert, endlich meinen Beitrag für den Endsieg leisten zu dürfen. Jetzt hieß es: Siegen oder untergehen!" Die Mutter steckte den Bescheid wortlos ein. Sie hatte sich mit dem Ortsbauernführer darauf verständigt, ins Waldviertel zu flüchten. Der ließ seinen Knecht, einen ukrainischen Zwangsarbeiter, das Pferdefuhrwerk einspannen. Dann wurde aufgesessen. „Meine Tante aus Wien, meine Cousine aus Linz, unser Kindermädchen Marie, meine Mutter und ich haben uns zwischen das Gepäck gesetzt, der Ukrainer hat vorne Platz genommen." Als sie gemeinsam mit anderen Frauen, darunter auch der Tochter des Bürgermeisters, loszogen, war hinter ihnen schon deutlich das Mündungsfeuer der Russen zu sehen gewesen. „Nach ein paar Tagen sind wir in Neuriegers, einem Dorf an der tschechischen Grenze, angekommen." Den Zettel mit der Einberufung hatte die Mutter in der Zwischenzeit weggeworfen. „Jetzt findet uns eh niemand mehr!"

Doch der Krieg verfolgte sie auch hierher. „Wir haben die Nachricht erhalten, dass der Bürgermeister unseres Ortes durch eine Granate schwer verwundet worden ist und mit einem Kehlkopfdurchschuss in Znaim im Spital liegt." Der 15-jährige Günther Sereda wird als ältester Junge dazu bestimmt, sich mit der Tochter des Verwundeten, sie ist 17, ins Lazarett nach Znaim durchzuschlagen. Dorthin, wo er, der unfreiwillig zum Deserteur geworden war, bei der SS antreten hätte müssen. Die beiden schafften die 60 Kilometer lange Strecke mit dem Fahrrad. Als sie in der Nacht in Znaim ankamen, war auch dort die Front am Zusammenbrechen. „Alle Straßen waren mit Flüchtenden verstopft, überall lagen krepierende Pferde, die Russen ließen Phosphor-Leuchtschirme ab, um im grellen Lichtschein alles, was sich bewegte, mit Maschinengewehren zusammenzuschießen. In den Häusern brannten nur Kerzen. Der Gestank von Leichen und Kadavern hat mich ganz damisch gemacht." Irgendwie fanden sie trotzdem den Weg zum Lazarett. „Dort war überall Blut, ein furchtbares Geschrei und Durcheinander. Die frisch Verwundeten, die auf Bahren hereinkamen, wurden nicht mehr narkotisiert, sondern gleich operiert." Der Bürgermeister lag im Keller im Sterben. Die Tochter hielt seine Hand. „Die Vicky war noch bei ihm, als er starb." Danach machten sich die Jugendlichen wieder auf den Weg zurück. Auf Bäumen und Laternen baumelten nun Deserteure. „Aufgeknüpft von der Feldgendarmerie." Hängen gelassen, zur Abschreckung. Günther Sereda hatte aber noch ganz andere Ängste. „In dem ganzen Wirbel haben auch tschechische Partisanen ihr Unwesen getrieben. Deshalb hatte ich furchtbare Angst, dass die Vicky, sie war 17, vergewaltigt wird. Und ich sie nicht beschützen kann." Als sie in der Nacht zurück ins Waldviertel kamen, war die Mutter schon in Vorbereitung für die nächste Flucht. „Wir müssen noch weiter nach Westen, weg von den Russen!"

Jutta Schneiders Mutter wollte auch weg. „Mutti hatte Angst mit uns Kindern allein zu sein, wenn der Feind einmarschiert und entschloss sich, zu ihren Eltern in das kleine Dorf Kirchhatten zu flüchten. Die paar eigenen Sachen, die wir noch besaßen, sollten mit. Aber wie? Es fuhr ja nichts mehr." Das 17-jährige Mädchen aus Bremen borgte sich ein Fahrrad aus, fuhr zu den Großeltern und nahm Großvaters Rad mit zurück. Ein Nachbar stellte einen Anhänger zur Verfügung, den Jutta Schneider mit einem Bindfaden befestigte. „Wir haben unsere Habseligkeiten aufgeladen. Zuoberst kamen die beiden Daunensteppdecken und darauf meine kleine Schwester. Kaum war ich ein Stück gefahren, riss der Faden ab. Astrid flog nach vorne auf die Stange, verlor ihre Puppe und weinte. Ich habe dann bei Bauern um eine Schnur gebeten und wieder alles notdürftig zusammengebunden." Auf einer langen, geraden Straße hörten sie Flugzeuggeräusche. „Wir wussten nicht, ob es Freund oder Feind war. Da wurde auch schon auf uns geschossen. Die weißen Decken boten wohl ein gutes Ziel. Wir haben alles hingeschmissen und uns an eine Böschung gedrückt." Die Einschüsse durchlöcherten die Teerdecke. Noch einmal fuhr Jutta Schneider zurück, retournierte das geliehene Fahrrad, legte die restlichen Sachen in den Anhänger und machte sich nun zu Fuß wieder auf den Weg. Nach einigen Kilometern radelten zwei Soldaten an ihr vorbei. Fragten, wohin sie wolle. „Der Offizier befahl daraufhin seinem Burschen, dass er den Anhänger an sein Fahrrad binden sollte. Aber ich war so misstrauisch, dass ich die Sachen nicht aus den Augen lassen wollte.

Schließlich musste der Bursche sein Rad hergeben und selbst zu Fuß weitergehen." So fuhr Jutta Schneider, mit einer Panzerfaust an der Lenkstange, in Begleitung eines Offiziers, in Kirchhatten ein. Die Großmutter lud die beiden Soldaten zum Abendessen ein. In der folgenden Nacht ging es „drunter und drüber". Jutta Schneider, ihre Schwester und die Mutter lagen im Schlafzimmer der Großeltern auf dem Fußboden. Die Einschläge kamen immer näher. Sie hörten das Knattern der Maschinengewehre. „Der Großvater, der diese Geräusche aus dem Ersten Weltkrieg kannte, sagte: Es ist Zeit, dass ihr euch anzieht. Drüben am Wäldchen wird schon gekämpft." Die Hände der 17-Jährigen zitterten so sehr, dass sie es kaum fertigbrachte, in ihr Zeug zu schlüpfen. „Da trieb der Großvater schon alle die Treppe hinunter über den Hof, zum Nachbargrundstück. Dort stand ein strohgedecktes Bauernhaus, mit einem Erdbunker im Garten. Er war eng, dunkel und muffig. Einige Leute saßen schon dort und alle hatten Angst. Dann war es auf einmal ganz ruhig draußen. Die Tür wurde geöffnet, irgendjemand ging raus und auch der Großvater wollte noch mal zurück und etwas aus dem Haus holen. Da ging ich einfach mit. Ich wollte ihm tragen helfen. Als wir über den Hof liefen, fing die Schießerei wieder an. Die Einschläge waren beinahe zu spüren. Großvater rief: Jutta, lauf, lauf! Aber ich konnte nicht laufen, es ging einfach nicht. Ich rief: Opa, Opa! Und hatte solche Angst, dass ihm etwas passieren würde. Auf einmal war er neben mir, nahm mich ganz ruhig am Arm und brachte mich zum Bunker zurück." Die beiden Soldaten, die ihr am Tag zuvor beim Transport geholfen hatten, lagen tot auf der Straße. Sie waren von Panzern erschossen worden.

Karl Ibounigg hatte sich bei Halle an der Saale eingegraben. Der 17-jährige Grazer hat den Auftrag, die amerikanischen Panzer unschädlich zu machen. „Wir haben uns dafür tiefe Löcher gegraben, in die wir uns mit der Panzerfaust oder Minen reingelegt haben." Die Kindersoldaten sollten sich zunächst von den M4-Shermans überrollen lassen und dann von hinten angreifen. „Ich hab die Panzer schon sehen können, die hatten überall Verpflegung aufgestapelt." Die größte Angst, die er in diesem Moment hatte, waren die „Neger". Die Nationalsozialisten hatten die farbigen US-Soldaten als „wilde Affen" gezeichnet, die keinen am Leben ließen. Dann bemerkte Karl Ibounigg, dass der Spieß seiner Einheit mit dem Fahrrad türmte. „Und hinten drauf hatte er unsere Verpflegung, die Nudeln." „Hauen wir auch ab", schrie ein Steirer im Loch neben ihm. „Dann sind wir raus und nur noch gelaufen."

In Brünn bemerkte Leo Zahel im April 1945, dass der „Kuckuck" verstummt war. Das als Vorwarnung vor jedem Fliegeralarm eingespielte Rufen, das vom Rundfunksender Wien ausgestrahlt worden war, war nicht mehr zu hören. „Auf BBC haben wir dann erfahren, dass Wien gefallen ist." Schon zuvor hatte der 13-Jährige den Spruch aufgeschnappt, der sich über die zusammengebrochene

Luftabwehr der Deutschen Wehrmacht lustig machte: „Überm Raum von Steinam*anger, fliegt ein Feindverband, ein langer. Links kein Jäger, rechts ka Flak, vielleicht bricht er sich selbst das Gnack!*" Der Vater, ein Sozialdemokrat, war in den vergangenen Wochen in der Rüstungsfabrik Bruna immer stärker unter Druck geraten. Die ihm unterstellten tschechischen Arbeiter sabotierten die Waffenproduktion. „Vater wollte ja, dass die Waffen nicht einsatztauglich zusammengebaut werden, aber nicht so auffällig, und nun wurde es immer enger für ihn. Seine Vorgesetzten haben ihm gedroht: Jetzt geht es um ihren Kopf! Wer sabotiert bei euch? Ich möchte Namen hören! Er wusste nicht mehr, wie er da heil rauskommen konnte." Dann wurde der Vater zum Volkssturm eingezogen. Er setzte sich ab, wurde aufgegriffen und erneut an die Front gestellt.

Dabei hatte sich Leo Zahel so darauf gefreut, weitere Runden auf der BMW drehen zu können. „Während an der Front schon um jeden Benzinkanister gerungen wurde, durften wir bei der Motor-HJ noch im März 1945 mit dem Motorrad Runden am Messeparkplatz drehen. Mein bester Freund, Gerhard, der sich zur Flieger-HJ gemeldet hatte, durfte sogar in ein Cockpit einsteigen." In die Keller des arisierten Hauses, das der jüdischen Familie des Likörfabrikanten Löw gehört hatte, war soeben ein Stab der Wehrmacht eingezogen. „Auf dem großen Lindenbaum im Hof haben sie Kabel für den Funk gespannt, Meldefahrer waren laufend unterwegs, um die neueste Lage zu berichten." Die Rote Armee führte einen Scheinangriff aus dem Osten. Irgendjemand verriet den Russen, wo sich die Kommandantur eingerichtet hatte. „Schon am nächsten Tag wurde unser Haus bombardiert. Die russischen Nähmaschinen, wie wir die Flieger nannten, ließen drei 50-Kilo-Bomben runter. Es krachte und dann kam die tschechische Hausbesorgerin und schrie: In meiner Küche steckt eine Bombe!" Leo Zahel untersuchte das Geschoss fachkundig. „Es hätte ja auch einen Zeitzünder haben können." Die beiden anderen Bomben wurden vom Wind verweht und trafen Hof und Schweinestall. Sie zogen sich wieder in den Keller zurück und warteten. „Hoffentlich ist das alles bald zu Ende", sagte die Mutter. Dann hörten sie nebenan kurze Stöße aus einem Maschinengewehr.

Inge Kendl lag in Dachau im Straßengraben. Der kleine Heuwagen, mit dem sie gemeinsam mit ihrer Tante zum Hamstern auf die umliegenden Felder gezogen war, war umgekippt. Ein Tiefflieger hatte die beiden ins Visier genommen. „Er ist auf uns zugekommen und dann hat er geschossen. Dabei ist er so nah gewesen, dass ich hinter der Glaskuppel den Menschen drinnen gesehen habe." Das Flugzeug drehte ab und griff erneut an. „Auf einmal hat die Tante fürchterlich geschrien, ich hab mich zu ihr hingerollt und gesehen, dass sie in den Hintern getroffen wurde." Die 14-Jährige zog die Verletzte aus dem Graben, wuchtete sie in den Heuwagen. „Da erst habe ich gesehen, dass das Loch in ihrem Po so riesig war, dass man eine Faust hätte reinlegen können. Sie hat natürlich sehr stark geblutet." Inge Kendl zog die Tante zurück ins Gasthaus „Zur Steinmühle", wo niemand mehr im schattigen Biergarten saß. Das rückwärtige Gebäude war vor Kurzem von einer Sprengbombe getroffen worden, während sie im Bunker saßen, in dem sich gerade der Duft der frischgebackenen Semmeln aus der hauseigenen Bäckerei verbreitet hatte. Im Speisesaal hatte sich eine „Vernebelungstruppe" der Wehrmacht breitgemacht. Die Soldaten des „Luftschutz-Nebelverbandes" sollten dem Gegner durch künstliche Vernebelung die Sicht aus der Luft entziehen. Das „Getrappel" der KZ-Häftlinge, die in endlosen Reihen ins Lager getrieben wurden, war mittlerweile verstummt. Inge Kendl hatte ihr Pflichtjahr, in dem sie in Passau auf die Kinder eines SS-Mannes aufpassen und im Haushalt helfen sollte, gleich wieder beendet. „Wir machen denen doch nicht die Deppen" hatte die Tante gesagt, „du bist noch ein Kind, du bleibst bei uns!"

Im Konzentrationslager gleich nebenan war wenige Tage zuvor Johann Georg Elser erschossen worden. Der Schreiner hatte im Sommer 1939 beschlossen, Hitler zu ermorden, um den drohenden Krieg noch zu verhindern. Dafür hatte er sich zunächst als Arbeiter in einem Steinbruch verdingt, um an den nötigen Sprengstoff zu kommen. Dann war er nach München übergesiedelt, wo er eine kleine Werkstatt mietete, um den Zeitzünder zu bauen. Den Nachbarn hatte er sich als Erfinder vorgestellt. Mit Ende August 1939 hatte Johann Georg Elser dann jeden Abend den Bürgerbräukeller aufgesucht, die Arbeitermahlzeit für 60 Pfennig bestellt, sich danach in der Besenkammer versteckt und gewartet, bis der Saal zugesperrt wurde, um 30 Nächte lang in mühevoller Kleinarbeit eine Säule auszuhöhlen. Am 8. November 1939 schließlich ging die Bombe genau zu der von ihm errechneten Zeit 21:20 Uhr hoch. Doch Adolf Hitler hatte seine Rede dieses Mal kürzer gehalten, weil er wegen Schlechtwetters mit der Reichsbahn zurück nach Berlin fahren musste, statt wie geplant den Flieger zu nehmen. So explodierte der Sprengsatz, der den Saal verwüstete, 8 Menschen tötete und Dutzende verletzte, 13 Minuten, nachdem der „Führer" den Saal verlassen hatte. Inge Kendl, die zu Kriegsbeginn auf eine Jause im KZ eingeladen war und den Häftlingen in den Jahren darauf immer wieder Brot über den Zaun geworfen hatte, wusste noch immer nicht, was im Lager wirklich vor sich ging.

Am Morgen des 28. April 1945 hörte das 14-jährige Mädchen von draußen „ein wildes Schreien und Schießen". Eine Gruppe bestehend aus Dachauer Bürgern, KZ-Häftlingen und Angehörigen des Volkssturms war unter der Führung zweier ehemaliger Häftlinge zum Aufstand angetreten. Sie wollten das NS-Regime in der Stadt beenden, den sinnlosen Abwehrkampf verhindern und der Liquidierung des KZ zuvorkommen. „Ich habe gesehen, wie Häftlinge aus dem Lager ausgebrochen und auf die Hügel hinaufgelaufen sind. Dann ist die SS von der anderen Seite gekommen." Die „Freiheitsaktion Bayern" hatte zuvor zwei Radiosender im Raum München besetzt und zum Widerstand aufgerufen. Daraufhin hatten rund 25 Personen das Dachauer Rathaus gestürmt, die Gestapoleute entwaffnet und einen NSDAP-Funktionär getötet. „Aber schon um 11 Uhr am Vormittag war der ganze Aufstand niedergeschlagen. Und die Bevölkerung wurde gezwungen, zum Rathaus zu kommen. Dort lagen erschossene Häftlinge, Bewohner von Dachau und Männer des Volkssturms. Die Leichen wurden bis zum Abend liegen gelassen. Schaut's gut hin, haben sie gesagt, das passiert jedem, der sich gegen das Regime stellt."

Jörg Sonnabend sah an diesem Samstag im Garten auf einmal „Leute an Laternen hängen". Der 11-Jährige, der im vergangenen Herbst wegen „feindlicher Bedrohung" über Nacht vom Lager der „Erweiterten Kinderlandverschickung" in der Slowakei nach Hause nach Berlin geschickt worden war, hatte in den vergangenen Wochen selbst nur mit Glück überlebt. „Ich war um Lebensmittel für den Endkampf angestellt, als plötzlich jemand rief: Tiefflieger, weg, weg, weg! Ich habe zwischen den Häusern auf den Himmel geschaut, aber nur den Schatten des Flugzeugs gesehen. Der hat auf einzelne Menschen geschossen. Wie bei der Hasenjagd." Jörg Sonnabend las die Schilder, die neben den Hingerichteten platziert waren. „Sie haben den Endsieg gefährdet, stand darauf." Danach ging er wie immer in den Luftschutzkeller, der

Geschützdonner wurde von Stunde zu Stunde lauter. Die Russen, so wurde gemunkelt, hätten gestern schon die ersten Viertel in Spandau besetzt und würden nun Richtung Pichelsdorf vorrücken. „Während oben schon einzelne Einschläge in unmittelbarer Nähe zu hören waren, redeten unten im Bunker die verbliebenen Parteigenossen weiterhin von Endsieg, Wunderwaffe und der Armee Wenck, die vor Berlin stehe, um uns zu befreien. Es herrschte eine ganz eigenartige, gespannte Stimmung, niemand wusste, was uns wirklich erwartet, und so kursierten die tollsten Gerüchte. Es wurde auch von marodierenden und wütenden Rotarmisten berichtet. Alles war in ängstlicher Erwartung und Ungewissheit."

In der Schlacht um Berlin, die während 12 Tagen erbittert geführt wurde, wurden bis zum 2. Mai 1945 mehr als 170 000 Soldaten getötet, 500 000 wurden verwundet, Zehntausende Zivilisten getötet. Jörg Sonnabend beobachtete, dass die Türen des Luftschutzkellers immer wieder aufgerissen wurden, um versprengte Trupps deutscher Soldaten hereinzulassen. Sie versuchten sich vor den nachrückenden Russen in Sicherheit zu bringen. Es waren zerlumpte, müde Gestalten, die Gesichter schmutzig, und trotzdem weiß.

Eckart Schwartz wurde, kaum dass er aus der kurzen Ohnmacht aufgewacht das Festmahl aus grünen Bohnen, Rindfleisch und Kartoffeln verzehrt hatte, mit Gewalt aus dem Luftschutzkeller geholt. „Die SS hat uns Pimpfe aus den Kellern geholt. Dass ich rassisch unrein war, schien jetzt niemanden mehr zu interessieren." Der 13-Jährige bekam eine Panzerfaust in die Hand gedrückt. „Damit haben wir die russischen Panzer beschossen. Ich habe mir dabei vor Angst in die Hose geschissen. Wollte einfach nur weglaufen. Aber hinter uns ist ein SSler hinter einem Baum gestanden und hat auf uns gezielt. Der Bub neben mir hat geschossen, auf einmal ist er mit einem Kopfschuss zusammengesunken."

In Linz begleitete Gertrude Widder, sie war 16 Jahre alt, ihren Bruder Heinz zum Bahnhof. Der 17-Jährige, der in den vergangenen Wochen eine der Flugabwehrkanonen in der Kaserne bedienen musste, wurde zum Endkampf nach Berlin beordert. „Der Abschied war so schrecklich. Der Frontzug, der nur noch aus Viehwaggons bestand, war voller Kindersoldaten, die still am Boden saßen und sich in ihr Schicksal fügten." In Berlin angekommen, wurden die Jungs aus der „Führerstadt", die einmal Hitlers Alterssitz werden sollte, sofort aufgeteilt. „Jeder war jetzt auf sich allein gestellt. Da wurden 14-jährige Kinder in den Angriff gegen die Russen getrieben. Sie haben ‚Mama, Mama' geschrien. Und sind verblutet." Gertrude Widder saß neben dem Volksempfänger, auf den die Eltern einen Zettel geklebt hatten: „Feindhören ist Todesurteil." Dass der Krieg verloren war, wusste sie auch so. „Wir waren ja immer Nazi-Gegner, also haben wir still gewartet, dass es zu Ende geht." Der Vater musste am 1. Mai 1945 noch einmal nach Treffling. Die zum Tode verurteilten Kommunisten Therese Erhart, Josef

Grillmayr, Karl Hehenberger, Willibald Thallinger und Zilli Zinner hatten den Pflichtverteidiger gebeten, sie auf ihrem letzten Weg zu begleiten. Das Gnadengesuch an den Volksgerichtshof in Berlin war gar nicht mehr beantwortet worden, das Urteil sollte ohne Bestätigung vollstreckt werden. Wegen finanzieller Hilfe für politisch Verfolgte, dem Hören von Feindsendern und dem Verkauf roter Hemden, Krawatten und Armbinden wurden die fünf Regimegegner am „Tag der Arbeit" standrechtlich erschossen.

Friedrich Giersig hörte an diesem Abend im Radio, dass sein „geliebter Führer" gefallen sei. Das Oberkommando der Wehrmacht verlautete: *„An der Spitze der heldenmütigen Verteidiger der Reichshauptstadt ist der Führer gefallen. Von dem Willen beseelt, sein Volk und Europa vor der Vernichtung durch den Bolschewismus zu erretten, hat er sein Leben geopfert."* Den Napola-Schülern wurde gesagt, dass „Adolf Hitler bis zu seinem Tode heldenhaft gekämpft habe". In Wirklichkeit hatte Adolf Hitler am Mittag des 30. April an die letzten Getreuen im Führerbunker der Reichskanzlei Giftampullen mit Zyankali oder Blausäure verteilt, und die Wirkung des Gifts zuvor an seiner Schäferhündin ausprobiert. Gegen 15 Uhr 30 schluckte Eva Braun, die er zwei Tage zuvor geheiratet hatte, das Gift. Hitler erschoss sich. Beim letzten öffentlichen Auftritt am 20. März 1945 hatte er 20 Hitlerjungen mit dem Eisernen Kreuz ausgezeichnet. Friedrich Giersig war entsetzt. „Sollte das wirklich das Ende sein?"

Da erhielt er eine Postkarte von der Mutter. Sie schrieb, dass sie sich mit dem Fahrrad von Oberösterreich nach Kufstein in Tirol durchgeschlagen hatte. Die Eliteschüler wurden verpflichtet, die Flugzettel einzusammeln, die von den Amerikanern abgeworfen wurden. Auf den Blättern, die sie nicht lesen durften, stand: „Der Krieg geht zu Ende. Hört auf!" Der 14-Jährige setzte sich „mit zwei Kameraden Richtung Tirol in Marsch".

Wolfgang Pickert hatte die Gasmaske, die ihm auf den Bahngeleisen das Leben gerettet hatte, weggeworfen. Er war mit einem zusammengewürfelten Haufen Wehrmachtssoldaten, die alle nur noch nach Hause wollten, Richtung Norden unterwegs. „Auch die Waffen hatten wir längst abgelegt, nur einige von uns trugen noch Pistolen. Ich hatte eine kleine 6,35 mm, die mir ein Zivilist geschenkt hatte, und ein volles Magazin."

Sabine Werner war mit ihrer Mutter und den beiden Geschwistern in einem Militärkonvoi unterwegs. „Wir sind kreuz und quer gefahren, immer weg von den Russen." Irgendwann landeten sie nachts in Fischbeck an der Elbe. „Die Brücke über den Fluss war zerschossen. Auf der riesigen Wiese davor lagen überall Verwundete, viele hatten einen Kopfverband, Lagerfeuer brannten, es war so gespenstisch, dass ich mich dauernd übergeben musste." Es hieß, Zivilpersonen dürften nicht über die Brücke. Die Offizierswitwe durfte. „Die ganze Konstruktion war nur noch ein Skelett, mit steil aufragenden Stahlträgern. Darüber zu klettern, war mehr als waghalsig." Das 8-jährige Mädchen versuchte, nicht nach unten zu sehen. „Ich habe aber trotzdem mitbekommen, dass im Wasser etliche Leichen schwammen. Menschen, die abgestürzt waren." Ein Soldat nahm den kleinen Bruder auf die Schultern. Sabine Werner kletterte über die scharfkantigen Rippen. Was sie drüben erwarten würde, wussten sie nicht. „Es hieß, dass am anderen Ufer alle in amerikanische Gefangenschaft kommen."

Wolfgang Pucher duckte sich in eine frisch ausgehobene Grube im Wald. „Die alten Männer des Ortes haben Löcher ausgehoben, wo sich die Frauen verstecken sollten, wenn die Russen kommen." Der 6-jährige Halbwaise durfte zur Probe in der „Frauengrube" sitzen. Er dachte an die endlose Kolonne deutscher Soldaten, die in den vergangenen Tagen durchgezogen war. Und an die drei Männer aus dem benachbarten Leoben, die hier, am Rande des Waldes, ihr eigenes Grab schaufeln mussten. „Sie waren aus der Wehrmacht desertiert und wurden von unserem Ortsgruppenleiter, der auch das Kaufhaus führte, erschossen." Wolfgang Pucher war noch ein kleines Kind, doch die eigenen Leute abzuknallen, erfüllte ihn mit Abscheu. „Ich habe nie wieder das Geschäft dieses Mannes betreten. Obwohl ich jeden Tag daran vorbeigegangen bin, hätte ich mir dort nicht einmal einen Radiergummi gekauft." Dann hieß es plötzlich: „Die Russen kommen." Der Weg in den Wald war zu weit. Wolfgang Pucher und seine Mutter hockten sich in ein Getreidefeld.

Lieselotte Kuba war mit ihrer Mutter in Hörersdorf untergekommen. „Wir sind jeden Tag von Mistelbach viele Kilometer in verschiedene Dörfer der Umgebung gezogen, von Verwandtschaft zu Verwandtschaft, weil wir dort etwas zu essen bekommen haben. Da die Familien meiner Eltern alle Bauern waren, mussten wir zum Glück nie hungern. Auf dem Hinmarsch durfte ich meistens noch im Wagerl sitzen, auf dem Heimweg musste ich kleiner Zwerg immer zu Fuß gehen, weil das Wagerl mit Obst und Lebensmitteln vollgeräumt war." Auf den Straßen des Weinviertels herrschte in diesen Tagen das Chaos. Tausende Frauen, Kinder und alte Männer versuchten, sich mit Pferdefuhrwerken und Leiterwagen nach Westen abzusetzen. Weg von den bedrohlich näher kommenden Russen, die am 6. April 1945 die March überschritten hatten und das hügelige Land vor Wien als „Primärziel" führten, weil dort die letzten intakten Erdölfelder des „Dritten Reichs" lagen. Die verbliebenen Verbände der Wehrmacht und Waffen-SS wiederum hatten den Befehl erhalten, das Weinviertel aus demselben Grund um jeden Preis zu halten. So wurden viele der Bauerndörfer mit ihren beschaulichen Kellergassen am frühen Morgen von der Roten Armee eingenommen, am Abend von den Deutschen zurück erobert, um am nächsten Tag erneut an die Russen zurückzufallen. Lieselotte Kuba stand mit ihrer Mutter auf der Anhöhe hinter dem Friedhof und sah, wie die Stalinorgeln genannten Raketenwerfer das 9 Kilometer entfernte Mistelbach, wo ihr Wohnhaus stand, mit Katjuscha-Raketen eindeckten. Die gefürchtete Waffe kann innerhalb weniger Sekunden bis zu 50 Raketen abfeuern. „Ich habe das Zischen gehört und gesehen, wie sich die Raketen in einem Bogen über den Himmel bewegt haben." Die Luftschutz-Sirenen schlugen erst an, wenn es längst zu spät war. Als sich das 4-jährige Mädchen nach einem der Angriffe mit ihrer Mutter wieder auf den Weg nach Hause machte, waren die Straßen voll leerer Munition, liegengebliebener Fahrzeuge und Gut, das auf der Flucht verloren worden war. „Da lagen auch Lebensmittel oder Seidenstrümpfe, die damals noch etwas Besonderes waren. Aber die Mutti hat mich nur an der Hand weitergezogen und gesagt: Brauchst nichts aufheben. Wir brauchen nichts mehr!" Als die beiden zu Hause in ihre Gasse einbiegen, mussten sie feststellen, dass die Stalinorgel auch ihre Wohnung getroffen hatte. „Wie wir die Neustiftgasse raufgegangen sind, habe ich gesehen, dass das ganze Haus weg war." Sie kamen bei einer Nachbarin unter. Und suchten ein Versteck. Denn die Russen, so hieß es, stünden schon vor der Stadt. „Dann sind wir am Schlossberg auf den Dachboden eines Hauses geklettert. Als alle oben waren, ist die Leiter hochgezogen worden. Und ich durfte keinen Laut machen. Aber da war auch ein Großvater, der hat in einem fort ‚Pst, Pst, Pst gesagt, so laut, dass er uns alle verraten hätte." Dann hörten sie unten laute Männerstimmen, in einer sehr fremden Sprache.

Helmut Pacholik war mit einem Traktor auf der Flucht. Der 6-jährige Bub aus Obersiebenbrunn in Niederösterreich war mit der Mutter, den beiden Geschwistern, den Großeltern, der Tante und ihren beiden Kinder auf dem Weg nach Niedernondorf im Waldviertel. Als sie abgefahren waren, hatte sich ein Dorfbewohner vor das Fuhrwerk gekniet und den Großvater angebettelt: „Bitte nimm mich mit! Franz, bitte nimm mich mit!" Doch der Anhänger war schon übervoll. In den letzten Tagen hatten ihnen immer wieder deutsche Soldaten, die auf dem Rückzug waren, angeboten, sie mitzunehmen: „Aber die waren bloß scharf auf unsere Mädchen." In Hollabrunn kam es zum Streit, weil es fast nichts mehr zum Essen gab. „Meine Mutter hat geschrien: Ich halte das nicht mehr aus. Ich bringe mich und meine Kinder um." Helmut Pacholik wusste nicht, dass die Mutter tatsächlich ausreichend Zyankali bei sich hatte. Aber sterben wollte er nicht. „Ich bin dann zur Großmutter, die hat mir ein Scherzel Brot gegeben." In Maria Dreieichen steckten sie im Durcheinander der zurückströmenden Fahrzeuge fest. Überall lagerten Soldaten. Da hatte der Bruder auf einmal eine Eierhandgranate in den Händen und spielte damit herum. Ein Landser konnte sie ihm gerade noch rechtzeitig entreißen und warf sie die Böschung hinunter. Als der Treck endlich in Niedernondorf ankam, war Helmut Pacholiks Schwester so krank, dass sie dringend in ein Spital musste. „Jetzt blieb uns nichts anderes übrig, als doch mit den Deutschen mitzufahren." Die Schwester musste für ein paar Tage in Zwettl bleiben. „Wir mussten wieder zurück. Aber meine Mutter hatte solche Angst, dass sie die ganze Nacht weinte. Also sind wir am Tag darauf wieder zurück ins Spital, diesmal hat uns ein Lkw mitgenommen." Doch das Krankenhaus wurde mittlerweile geräumt. Es war leer. In einem der Krankenzimmer fanden sie das Mädchen. „Sie war ganz alleine dort. Einfach ihrem Schicksal überlassen. Wir haben die Traude eingepackt und sind durch die Wälder zurück." Dort standen schon die Russen.

# 11

# ZUSAMMENBRUCH

## „DIE TOTENWELT"

„Sie sind da!" Jörg Sonnabend, der im Bunker eingedöst
war, wusste nicht, wie spät es war, als er davon geweckt
wurde, dass plötzlich alle zum Ausgang drängten. Er
kletterte von der Pritsche, stieg verschlafen die Treppen
nach oben. Es musste früh sein, als er in die kalte, klare
Luft trat. Das Kriegsende dämmerte im Morgengrauen.
„Vor dem Bunkereingang stand ein russischer Panzer, ein
T 34 mit aufsitzender Infanterie." Der 11-Jährige sah die
fremden Soldaten. Sie trugen erdbraune Uniformen und
runde, grüne Stahlhelme. Die Erwachsenen um ihn hatten die Hände erhoben. Aus einem der Nachbarhäuser
hing ein weißes Laken. Hinter dem Panzer saßen deutsche Soldaten auf dem Boden, die Arme über dem Kopf
verschränkt. In einem Keller schrien Frauen. Die Russen
mit ihren Sturmgewehren sahen „so wütend" aus. Es war
der 26. April 1945, als die Welt in Berlin-Spandau zusammenbrach. „Wir Kinder sind sofort wieder nach unten,
in unsere Hängematten, geschickt worden." Jörg Sonnabend deckte sie noch einmal zu, starrte an die Beton-

decke und wusste nicht, was jetzt kommen würde. Da stürmte ein russischer Offizier, laut schimpfend, in den Stollen. „Er hatte einen blutigen Kopfverband und schoss im Laufen ständig mit einer Pistole in die Decke. Alles lag flach, nur mir in meiner Etage oben flogen buchstäblich die Kugeln um die Ohren." So also sah das Kriegsende aus. Irgendwann beruhigte sich der Russe. „Dann kamen andere, die alles durchwühlten und ‚Uri, Uri' schrien." Und wieder andere, die über einige der Frauen im Bunker herfielen. „Sie haben sie vor aller Augen vergewaltigt." Jörg Sonnabend musste auch tatenlos mit ansehen, wie ein Russe sein Fahrrad stahl. Dann trat ein Offizier vor ihn und seinen Freund und sagte auf Deutsch: „Mitkommen!" Die zwei Kinder wurden als Essensträger gebraucht. „Wir bekamen jeder einen Behälter mit warmen Essen über die Schulter gehängt und mussten zwei Russen hinterher traben. Sie haben kein Wort gesprochen. Der Weg ging die Scharfe-Lanke entlang bis zum Weinmeisterhornweg, dann rauf bis etwa zum Margaretenweg." Dort trafen sie auf die Hauptkampflinie der vergangenen Nacht. „Wir trauten unseren Augen nicht, hier musste der Krieg gerade erst zu Ende gegangen sein. Die Straße war übersät mit toten deutschen und russischen Soldaten. Dazwischen lagen ausgebrannte Fahrzeuge und die Kadaver von Pferden. Überall waren Krater. Wir sind über die Leichen gestiegen. Manchmal mussten wir richtig darüber hinwegklettern. Schließlich gelangten wir an ein Schützenloch mit russischen Soldaten. Hier wurden uns die Essenbehälter abgenommen. Der Offizier sagte ‚dawai'. Und wir mussten den Weg alleine zurückgehen. Wieder durch diese gespenstische Totenwelt."

Eckart Schwartz erlebte diesen Morgen zunächst als Befreiung. „Endlich waren die Nazis am Boden, Hitler tot und ich nicht mehr verfolgt." Der 13-jährige Berliner hatte die Panzerfaust noch am Abend weggeworfen. Er stand mit seinen beiden Schwestern Inge und Gisela im Bunker des Hauses und freute sich, überlebt zu haben. Die Mutter und Onkel Otto hielten sich und die Kinder an den Händen fest. Onkel Otto sagte: „Gleich ist es zu Ende." Da betrat ein russischer Offizier den Kellerraum. „Er sprach gebrochenes Deutsch, hatte entgegen unserer Vorstellungen keinen kahlgeschorenen Kopf, sondern langes, gewelltes Haar. Er stellte sich als Major Michailow vor, erklärte, dass er die Sprache des Feindes in deutscher Kriegsgefangenschaft gelernt habe, und dass er persönlich hierher geschickt worden sei, zu Otto Vaupel." Der Offizier holte einen handgeschriebenen Zettel aus dem Uniformrock und reichte ihn Onkel Otto. Der entschuldigte sich, dass er kein Wort Russisch lesen könne. „Das ist von Wassilikow", sagte der Russe, „ich vorlesen. Er geschrieben, wenn Sie diesen Zettel in Händen haben und lesen, dann ist Krieg endlich aus und sie beide werden in kurzer Zeit spielen Schach zusammen." Dann verabschiedete sich der Major, ließ einen Soldaten da und ersuchte Otto Vaupel, das Grundstück nicht zu verlassen. „In den Mittagsstunden ist er zurückgekommen und hat Onkel Otto gebeten, ihn zu Fuß ins Amt zu begleiten." Obwohl der Professor Angst hatte, entführt zu werden, ging er mit. Als sie am Stubenrauch-Krankenhaus vorbeikamen, sahen sie, wie Menschen dort mit Säcken, Taschen und Leiterwagen die Vorratskammern plünderten. „Die Rotarmisten standen dabei und ließen die Leute gewähren. Ein Soldat zeigte auf einen mageren, vom Hunger gezeichneten Jungen und sagte ‚Du, Hitler-Junge, so' und zog dabei seine Wangen ein. Dann blähte er sich auf, sagte ‚Du, Stalin-Junge, so' und packte ihm eine Kelle Milchreis auf einen Blechteller und goss flüssige Butter darüber. Dem Jungen, so hat mir Onkel Otto erzählt, sind dabei die Tränen über die Wangen gelaufen." In der monumentalen Eingangshalle des Materialprüfungsamtes wurde der Wissenschaftler, der seiner Familie den ganzen Krieg über nie verraten hatte, woran er arbeitete, schon empfangen. Professor Oberst Wassilikow führte den „Kollegen", sie kannten sich aus der Zeit vor dem Krieg, in dessen Büro, das vollkommen ausgebrannt war. „Die Geräte waren zur Unkenntlichkeit zerschmolzen. Alle Pläne und Dokumente verbrannt. Nur der Tresor stand als rohes Eisen aufrecht an der Wand." Der Oberst meinte: „Sie sehen, ihre ganze Arbeit ist verglüht. Wenn wir also ihr Wissen haben möchten, dann können wir es nur von ihnen selbst bekommen. Arbeiten Sie mit mir in der Sowjetunion zusammen. Überlegen Sie es sich bis morgen!" Beim Abschied fragte Otto Vaupel den Russen, warum denn seine Männer sogar die

Heizkörper aus den Wänden gerissen hatten. Er lachte: „Wenn wir einem Deutschen alles wegnehmen, aber ein Brett dalassen, dann garantiere ich ihnen, dass er am nächsten Tag einen Kasten daraus gebaut hat." Dann tranken die beiden noch ein paar Gläschen Schnaps. Als Onkel Otto zurück nach Hause kam, war er beschwipst. „Er ließ sich in seinen geliebten Ohrensessel fallen, zündete sich eine Kyriazi Orient an und dann begann er erstmals zu erzählen, was er in den vergangenen Jahren wirklich gemacht hatte."

Otto Vaupel hatte in Berlin und in der Heeresversuchsanstalt Peenemünde unter der Direktion von Wernher von Braun an der Entwicklung der Rakete A4 gearbeitet, die nach ihren ersten Einsätzen in London Vergeltungswaffe 2, V2, getauft wurde. Der Physiker war vor allem dafür zuständig, alle neuen Materialien durch Röntgen- und Gammastrahlen auf ihre Tauglichkeit für die geplanten „Wunderwaffe" zu testen. Und er war daran beteiligt, das erste von Menschen geschaffene Objekt in eine Höhe von mehr als 100 Kilometern, und somit in den Weltraum, zu schießen. „Am Tag darauf ist ein amerikanischer Jeep vor unserem Haus vorgefahren. Ein Colonel Salzmann, der eindeutig sächselte, bot Onkel Otto an, für die Vereinigten Staaten zu arbeiten. Wernher von Braun habe die Reise bereits mit einem ganzen Stab an Mitarbeitern angetreten."

Auf den Straßen von Berlin wurde indes weiter gestorben. „Die Russen haben Leute erschossen, mit denen wir gerade noch gesprochen hatten. Die Kampftruppe war in Ordnung gewesen, aber die nachrückenden Soldaten waren nicht Herr ihrer Sinne. Ich habe in diesen Tagen so viel Scheiße gesehen." Einmal war Eckart Schwartz gerade mit seinen beiden Schwestern in der Waschküche, da hörten sie russische Soldaten näherkommen. „Die Gisela hat sich hinter mir versteckt, aber die Inge haben sie erwischt." Das Mädchen wurde sieben Mal hintereinander vergewaltigt. „Die Männer um mich haben sich vor Angst in die Hosen gemacht. Einer der Soldaten hat uns mit seiner MP in Schach gehalten. Dann habe ich die Inge schreien gehört." Der 13-Jährige sagte: „Schweinerei". Der Russe fragte: „Was gesagt?" Eckart Schwartz antwortete: „Nichts gesagt." Der Soldat drückte ihm den Lauf der Waffe an die Stirn. „Und ich bin da gestanden und habe nichts gemacht."

Helmut Godai hatte sich in seinen Gefechtsstand geduckt. Der 17-jährige Wiener hat solche Angst, dass er jetzt, „so kurz vor dem Ende", noch erschossen werden würde. Er beobachtete, wie ein paar seiner Kameraden mit weißen Fetzen wegliefen, dem Feind entgegen. Von hinten wurde weiter scharf geschossen. „Da habe ich mir auch einen weißen Fetzen geschnappt, ich weiß nicht mehr woher, und bin wieder rüber." Das erste, was Helmut Godai drüben sah, war ein schwarzer Soldat. „Er hatte den ganzen Arm voller Uhren. Und hat ‚watch, watch' gerufen. Dann hat er mir und ein paar weiteren übergelaufenen Kindersoldaten befohlen, einen verletzten amerikanischen

Soldaten zu bergen. Wir mussten ihn auf eine Bahre legen und in Sicherheit bringen. Weil noch immer geschossen wurde, wollten wir uns vor den Schüssen wegducken, aber der GI schrie uns an, wir sollten gefälligst erhaben gehen. Wir seien doch schließlich deutsche Soldaten."

Wolfgang Pickert konnte gerade noch seine Pistole wegwerfen, als der Trecker, auf dem er Richtung Berlin unterwegs war, von einer englischen Streife gestoppt wurde. „Hands up". „Auf dem Anhänger neben mir saß ein Mann, der eine Ziviljacke anhatte, aber eine Uniformhose mit roten Binsen trug. Also war er ein Generalstabsoffizier. Er hatte solche Angst vor der Festnahme, dass er mich, mit 15 Jahren der jüngste Soldat der Gruppe, anflehte: Hilf mir, Kamerad! Bitte schütze mich!" Wolfgang Pickert war sprachlos. „Er war ein hohes Tier und nun genauso hilflos und schutzbedürftig wie alle anderen. Der Zusammenbruch hatte ihn in der Sekunde zum normalen Menschen degradiert!"

„Come on, Kindergarten." Die Soldaten aus Kanada schmunzelten, als sie Karl Ibounigg und seine 17-jährigen Kameraden aus der Steiermark im Keller eines Bauern bei Halle an der Saale vorfanden, wo sie vor Hunger rohe Eier schlürften. „Wir waren so schmal, und die waren solche Lackln!" Die Kindersoldaten, die immer noch ihre Uniform trugen, wurden auf Lkw verladen. Bekamen mit den Gewehren Puffer in den Rücken. Dann ging es ab. „Ich habe hinten rausgeschaut, worauf mich ein GI sofort angeschrien hat: Turn around, boy!"

Günther Sereda, der es auf der Flucht vor den Russen mit seiner Mutter auf Feldwegen vom Waldviertel schon nach Oberösterreich geschafft hatte, lag in Sandl auf der Wiese. Der Treck machte eine kurze Rast. „Ich habe die Landschaft betrachtet. Da sind auf einmal die Russen vor mir gestanden. Es waren Mongolen. Die Kampftruppe. Und darunter lauter Frauen." Die Soldaten spannten ihnen das Pferd aus. „Und sie haben uns alles Hab und Gut, das wir noch hatten, weggenommen." Die Hoffnung, es bis zu den Amerikanern zu schaffen, war zunichte. „Es war die Apokalypse. Wir mussten zu Fuß wieder zurück ins Waldviertel. Nur, dass wir jetzt gar nichts mehr hatten." Der 15-Jährige hatte Angst, dass die Russen herausfanden, dass er für den Dienst in der Waffen-SS unterschrieben hatte. „Mein Glück war nur, dass ich die Blutgruppen-Tätowierung am Oberarm noch nicht bekommen hatte."

Der Napola-Schüler Friedrich Giersig war auf der Flucht nach Tirol für ein paar Stunden im Paradies gelandet. „Von Zeltweg hatte uns ein Lkw mitgenommen, der mit Verpflegung voll beladen war. Wir saßen zwischen Mehl, Butter, Zucker, Speiseöl und Konserven – und das alles gleich in Großpackungen." Im Paltental in der Obersteiermark war die Reise zu Ende. Die Amerikaner ließen die 14-jährigen Elitesoldaten absitzen. „Das ganze Tal war von Rottenmann bis Wagrain abgesperrt." 40 000 geschlagene Soldaten der Deutschen Wehrmacht lagen am Boden. „Unser Proviant wurde sofort beschlagnahmt.

Ab sofort bekamen wir nichts mehr zu essen." Friedrich Giersig sammelte Löwenzahnblätter und Sauerampfer, die er zu einer „Frühlingskräutersuppe" verkochte. Er hoffte, dass er hier bald rauskam. Dass seine Familie noch am Leben war. Und er sie finden würde. „Dass meine ganze Welt in Scherben gefallen ist, daran wollte ich jetzt nicht denken." Ein deutscher Offizier riet den Jungs, abzurüsten. „Ihr seid ja keine Soldaten, montiert alles, was ein Hakenkreuz trägt, von der Uniform! Und dann immer nur fest voran und vor allem keine Angst vor den Amerikanern. Und wenn sie euch befragen, sagt immer nur: ‚We want to go to our mommy.' Da werden sie weich!" In St. Johann im Pongau schenkte ihnen ein amerikanischer Soldat ein ganze Dose Käse. Ein anderer Wachposten ließ Friedrich Giersig passieren, nachdem er sagte: „I want to go to Kufstein, to see my mommy!" Er schaffte es bis Kufstein, fragte nach dem Gasthof Birnberg. Hörte seine Mutter rufen: „Da kommt der Friedl." Sie umarmte ihren Sohn. „Die Mutter hat Freudentränen geweint." Nachsatz: „Ich nicht. Denn ich hatte den Krieg verloren."

Für Jutta Schneider war der Krieg noch nicht zu Ende, als die Tür zum Bunker im kleinen Dorf Kirchhatten aufgerissen wurde. „Drei lange schwarze Kerle standen dort und holten alle Männer heraus. Die Großmutter hat sich vor mich gestellt, denn mit jungen Mädchen passierten fürchterliche Dinge, erzählte man sich. Alle Ausweise wurden eingesammelt. Einige hatten die Hakenkreuze dick überkritzelt oder einfach rausgerissen. Weil in meinem BDM-Ausweis vorne der Reichsadler mit Hakenkreuz drauf war, hatte ich Angst, dass sie mich auch mitnehmen." Die 17-Jährige konnte nicht ins Haus zurück, denn dort hatten die Kanadier eine Funkstelle eingerichtet. „Dann hat das Schießen von Neuem begonnen. Und die Deutschen richteten bei uns ihre Funkstelle ein. So ging es in dieser Nacht ein paarmal hin und her. Mal hatten die Amerikaner gesiegt, mal die Deutschen. Am Ende blieben die Amerikaner die Sieger. Als es Morgen wurde, krabbelten wir alle aus dem Erdbunker heraus." Der Großvater befürchtete, dass seine 17-jährige Enkelin vergewaltigt würde. „Er hat mir verboten, dass ich das Zimmer verlasse."

Dorit Sonnabend hatte mit ihren 8 Jahren bereits zwei Todfeinde verinnerlicht. „Erstens: Die Bomben. Zweitens: Die fremden Soldaten." Ein Cousin war vor ein paar Tagen in Berlin gefallen. Ein anderer vor ein paar Monaten in Russland. Als die Russen die Oder überschritten, hatte das Mädchen Geburtstag. „Die Mama hat mich an diesem Morgen so zärtlich, so liebevoll angezogen, als ob es das letzte Mal wäre." Dann gingen sie in den Bunker. Dorit Sonnabend schmiegte sich an ihre Mutter, die mitzählte, wie viele Kanonenschüsse über ihnen einschlugen. „Als sie bei elf war, hat sie gesagt: Jetzt ist es aus!" Die ältere Schwester hatte sich hinter einem Verschlag aus Brettern versteckt. „Ich habe gar nichts mehr mitbekommen, weil ich schwer krank war. Ich habe Blut gehustet und war im

Delirium." Dann war der Krieg auch in Potsdam zu Ende. Drei russische Offiziere drehten sich zur Feier des Tages im Schlafzimmer der Eltern Tüten aus Stängeln. „Es hat fürchterlich gestunken. Mein Vater, der Polnisch konnte, hat Musik gemacht. Einer der Russen hat mir über den Kopf gestreichelt. Ich wollte das nicht."

Gertrude Widder sah, wie unter ihrem Fenster in Linz „den ganzen Tag junge, müde Soldaten der Wehrmacht vorbei marschieren". Es war der 5. Mai 1945. In der Stadt herrschte immer noch Verdunkelungspflicht. „Doch am Abend sind im großen Haus vis-à-vis plötzlich die Lichter angegangen, alle Fenster waren hell erleuchtet. Dann hat sich die Nachricht verbreitet, dass die Amerikaner da sind." Das 16-jährige Mädchen war erleichtert. Kurz darauf standen auch in ihrem Wohnzimmer gut gelaunte Soldaten der 11. US-Panzerdivision: „War is over!" „Sie haben mich zum Klavier gezerrt und ich musste die A-Dur-Sonate von Mozart spielen." Gertrude Widder dachte dabei an den jungen Pianisten Helmut Hilpert, der auf ihrem Flügel Beethovens „Wut über den verlorenen Groschen" gespielt hatte. „Mit dieser Komposition hatte er 1940, damals war er 15 Jahre alt, auf dem Obersalzberg Hitler so beeindruckt, dass dieser ihm ein Stipendium an der Musikhochschule Leipzig verschafft hatte. Nach der Matura wurde er sofort eingezogen und fiel in Stalingrad, und mit ihm die Hälfte seiner Klasse."

Einer der GIs entdeckte in der Küche die „eiserne Reserve an Eiern". Und machte „Ham & Eggs". „Weil kein

Besteck mehr da war, ist einer runtergegangen und hat es einfach aus einem Geschäft gestohlen." Danach warfen die Soldaten die Prozessakten des Vaters in den Hof. Die Mutter erlitt einen Herzanfall. Die US-Army besetzte das ganze Haus in der Landstraße 16. Am selben Tag befreiten amerikanische Soldaten die Insassen des KZs Mauthausen. Eine Woche zuvor, am 28. April 1945, fand dort die letzte Vergasung in einem Konzentrationslager des „Dritten Reichs" statt, mehr als 100 000 Menschen wurden in Mauthausen und seinen Nebenlagern ermordet.

Gertrude Widder war erleichtert, dass das verhasste Regime endlich zusammengebrochen war. Sie war froh, dass ihre Wohnung in der amerikanischen Besatzungszone lag. „Ein Gang über die Brücke zu den Russen war niemandem geheuer. Es kursierten Gerüchte, das so mancher bis nach Sibirien verschleppt worden sei." Und trotzdem konnte die 16-Jährige auch die GIs nicht als Befreier sehen. Als ihr ein Amerikaner auf der Straße „freundliche Augen macht" und sie ansprach, sagte sie scharf: „Go to hell!" Der Soldat sah sie fassungslos an. Und gab ihr einen Fußtritt in den Hintern.

Leo Zahel hörte die fremden Stimmen zuerst. „Da die Feuermauern zwischen den Häusern durchbrochen worden waren, um Verschüttete leichter bergen zu können, hat man auch mitbekommen, was im Keller des Nachbarhauses passierte." Dann stehen mit einem Mal zwei Rotarmisten vor dem 13-jährigen Brünner Buben. „Ein Offizier mit sauberer Uniform und glänzendem Lederzeug zog einen Plan aus der Kartentasche und fragte, wo er genau sei." Danach verlangte der Russe nach Wasser. „Ich habe ihm eine Limonade angeboten, aber er bestand auf Leitungswasser." Leo Zahel wunderte sich, „dass die Russen sich so verhalten und aussehen wie wir. In den Wochenschauen wurden sie uns immer als zerlumpte Gestalten gezeigt, als Unmenschen und Untermenschen."

Nachdem sich Inge Kendl auf Befehl der Nationalsozialisten die Leichen der Aufständischen vor dem Rathaus von Dachau angesehen hatte, war die 14-Jährige wieder in den Bunker der früheren Brauerei zurückgegangen. Dann hieß es, in einem der Keller gebe es Lebensmittel. „Also sind wir hin, am Boden stand zentimeterhoch Wein, der aus Fässern ausgelaufen war, drin lagen tote SSler, die vermutlich erschlagen worden waren. Und wir sind einfach über sie drüber gestiegen, um uns ein paar Stückchen Margarine zu holen." Als sie am nächsten Morgen, es war der 29. April 1945, ins Freie trat, wehte auf einem der Wachtürme des Konzentrationslagers die weiße Fahne. „Die Amis kommen, rief jemand. Ich bin wieder runter und dann ging auch schon die Tür auf. Und da standen sie. Die ersten Amerikaner, die ich gesehen habe. Ich habe sie angestarrt. Sie haben mir Schokolade geschenkt und gemeint, wir sollten heimgehen." Vor dem Eingang stand jetzt ein Jeep. „Mit Schwarzen drin." Inge Kendl stahl sich an den ihr unheimlichen Männern vorbei und lief los. „Ich bin mehr geflogen als gegangen, so viel Angst hatte ich." Noch am selben Tag kamen Dutzende Männer, Frauen und Kinder in blau-grau und blau-weiß gestreifter Kleidung in den Biergarten des Gasthauses. „Sie haben sich hingesetzt und sind nicht mehr aufgestanden." Die 7. US-Armee hatte an diesem Sonntag das Konzentrationslager befreit, in dem sich zu diesem Zeitpunkt 32 000 Häftlinge befanden. Die Lager-SS hatte sich in den Stunden zuvor größtenteils abgesetzt. Inge Kendl versorgte die ausgemergelten Menschen im Gastgarten mit Wasser. „In der Küche ist ein Herr Lehmann aus Berlin gesessen, ganz apathisch, und hat sich Morphin gespritzt." Im Lager wurden 39 der verbliebenen SS-Männer von Häftlingen und US-Soldaten ermordet, nachdem sich unter den Befreiern die Parole verbreitet hatten, dass „wir hier keine Gefangenen machen". Dann wurden die Bürger von Dachau ins KZ geführt. Sie mussten die Berge von Leichen abbauen. „Alles ging durcheinander. Tausende Menschen waren unterwegs, Häftlinge, Zwangsarbeiter, Soldaten, es war ein einziger Tumult. Die einen euphorisch, die anderen niedergeschlagen." Das Mädchen musste mitansehen, wie die GIs nun auch im Ort Rache übten. „Die Soldaten hatten, nach dem, was sie im Lager gesehen haben, eine solche Wut, dass sie viele Frauen vergewaltigt haben. Mein Tante, die bettlägerig war, wurde vergewaltigt. Einige unserer Nachbarinnen wurden vergewaltigt. Und die Frau Hausmann, die Frau eines Soldaten, die bei uns zu Besuch war, wurde ebenfalls vergewaltigt."

Für Wolfgang Pucher, der es mit seiner Mutter gerade noch in ein Getreidefeld geschafft hatte, war das Ende des Krieges ein großes, weißes Pferd. „Darauf saß ein russischer Offizier und hat meine Mutter aufgefordert, aufzusitzen. Worauf sie zu mir gesagt hat, ich solle mich an ihren Kittel hängen." Der Russe, hoch zu Ross, suchte sich eine andere Frau. Als der 6-Jährige zurück ins Dorf kam, hatten die Rotarmisten begonnen, die Häuser und Scheunen und Ställe auszuräumen. „Sie haben alles mitgenommen, uns von allem befreit, was wir hatten. Nur bei uns gab es nichts zu stehlen."

Helmut Pacholik sah, wie sich sein Großvater vor die Mädchen stellte. „Er hatte noch eine Pistole, aber wir hatten die Patronen." Die Russen, die den kleinen Waldviertler Ort Niedernondorf eingenommen hatten, stießen den Großvater weg. Prügelten ihn nieder. Er landete auf dem Misthaufen. „Sie hätten ihn fast erschlagen." Dann stürzten sich die Soldaten auf einige der Mädchen und Frauen auf dem Hof. Der 6-jährige Junge stand daneben und wusste nicht, was geschah. „Ich habe geglaubt, die raufen miteinander." Die 14-jährige Schwester und eine 15-jährige Cousine wurden daraufhin eingemauert, sie sollten nicht auch noch vergewaltigt werden. Die Mutter wollte ihnen heimlich Essen bringen, aber es gab keines. „Weil sie so viel geweint hat, hat eine russische Kommissarin gefragt, was sie denn so bedrücke. Dann wurde das Versteck aufgebrochen. Die Mädchen waren fast verhungert."

Lieselotte Kuba blutete stark am Kopf. „Ein Russe war zur Tür hereingestürmt, um sich eine ‚meiner Mütter' zu holen, da hat mich die Mutti panisch an der Hand geschnappt und ist mit mir so rasch weggelaufen, dass ich durch den Schwung an ein Kastl gestoßen bin." Die Frauen im Weinviertel wurden in den letzten Apriltagen und ersten Maiwochen 1945 zu Zehntausenden vergewaltigt. Das knapp 5-jährige Mädchen verstand nicht, warum sich die Mutter mit ihr jeden Tag versteckte, in Erdkellern, auf Dachböden, am Feld oder in der Wohnung des ortsbekannten Nazis, wo sie unter dem Klavier schlafen musste, weil sonst kein Platz mehr war. „Die Verstrebungen des Klaviers haben furchtbar gedrückt, und dann hat sich die Mutti noch über mich gelegt." Auf dem Hauptplatz unterhalb des Fensters der Zuflucht herrschte zu diesem Zeitpunkt die Apokalypse. Lieselotte Kuba hörte die Schreie der Frauen, die in aller Öffentlichkeit vergewaltigt wurden. Manche Mädchen und Frauen wurden von Dutzenden Russen hintereinander geschändet. Viele wurden krank oder schwanger. So zogen unzählige missbrauchte Frauen zu Fuß ins 50 Kilometer entfernte Wien, um die Frucht des Feindes abtreiben zu lassen. „Dabei sind sie Hand in Hand gegangen, um auf dem Weg nicht noch einmal vergewaltigt zu werden." Im Kloster von Mistelbach, wo sich Dutzende Frauen und Kinder bei den Salvatorianern versteckt hielten, sagte Titus Helde, einer der Patres, dass er sich eher erschießen ließe, als den Russen den Zugang ins Kolleg zu gewähren. „Am nächsten Tag ist Titus Helde mit zwei Schüssen aus der Handfeuerwaffe eines Russen hingerichtet worden, als er sich den hereinstürmenden Soldaten in den Weg gestellt hatte." Lieselotte Kuba wünschte sich nur, dass das alles aufhörte, dass der geliebte Vater endlich nach Hause kam. „Dann ist wieder die Tür aufgegangen, und die Russen haben sich ein, zwei Frauen aus dem Versteck geholt."

Richard Suchenwirth, der seine Lungentuberkulose nach einem weiteren Klinikaufenthalt endlich überstanden hatte und zurück an den Ammersee konnte, dachte daran, wie und wo sein um zwei Jahr älterer Bruder wohl das Kriegsende erlebt hatte. „Er wollte an die Front, weil er gehofft hatte, dort mehr zu essen zu bekommen." Der 17-Jährige schämte sich, dass er mit dem großen Bruder beim Abschied noch gestritten hatte. „Er wollte das warme Unterhemd, das ich bei der Flak bekommen hatte. Aber ich habe es ihm nicht gegeben." Der Vater, Nationalsozialist der ersten Stunde, ging, in diesen letzten Stunden des „Dritten Reichs" im Zimmer unruhig auf und ab. Dann nahm er das Bild von Adolf Hitler, das dieser ihm mit persönlicher Widmung geschenkt hatte, aus dem Bronzerahmen. „Er hat stattdessen schnell ein Foto von Omi reingegeben." Ein paar Stunden später standen auch in Herrsching die Amerikaner vor der Tür. „Are we occupied?", fragte der Vater. „No, liberated", sagten sie. Und nahmen ihn mit.

# 12

# GEFANGEN

„VERDAMMTE NAZIS!"

Karl Ibounigg wurde am Güterbahnhof in Leipzig vom Lkw gestoßen. „Sit down!" Auf den Bahnsteigen lagerten bereits Hunderte entwaffnete Landser. „Es war ein riesiges, lebensgefährliches Gedränge. Wir mussten alles auslegen, was wir noch bei uns hatten. Die schwarzen Soldaten haben dann die Uhren eingesammelt. Vor dem Einsteigen wurde die Verpflegung ausgeteilt. Vom Corned Beef über Zigaretten bis zum Klopapier." Dann zuckelte der Zug mit den geschlagenen Soldaten quer durch Deutschland. Es war sehr still in den Waggons. „Viele der Städte, durch die wir gekommen sind, waren total zerstört. Da standen nur noch die Kamine." Der 17-jährige Grazer sah durch die Lüftungsschlitze, wie sich Schubraupen schmale Straßen durch die Trümmerfelder freischaufelten. Und dass dort, wo noch vor ein, zwei Tagen überall Hakenkreuzfahnen hingen, jetzt weiße Laken im Wind flatterten. Die Fahrt endete bei Andernach. Zu Fuß wurden die Kriegsgefangenen in endlosen Kolonnen weitergetrieben, in die Rheinauen. Dort lag die Deutsche Wehrmacht am Boden. „Da war alles grau vor lauter Menschen. Da lagen, saßen und standen dicht aneinander gedrängt Hunderttausende Soldaten."

Die Amerikaner hatten die schlammigen Wiesen zwischen Remagen und Niederbreisig zum größten Gefangenenlager des Krieges gemacht. „Wir mussten das kilometerlange Areal selbst mit Stacheldraht umschließen. Ein Lager war dem Ort Remagen zugeordnet, das andere dem Dorf Sinzig. Im Osten war der Rhein die Grenze, im Westen die Eisenbahntrasse. Die Feldwege wurden zu Lagerstraßen. Innerhalb des Lagers gab es abgetrennte ‚cages', in denen jeweils bis zu eintausend Gefangene eingesperrt waren." Als Karl Ibounigg seine Feldausrüstung abgab und sich selbst einschloss, waren mit ihm etwa 660 000 Deutsche als Kriegsgefangene interniert. Es war kalt, es regnete, die Soldaten versuchten, irgendwie Feuer zu machen, die Bewacher überließen die Gefangenen ihrem Schicksal. „Es hat tagelang nichts zu essen gegeben. Zum Schlafen haben wir uns mit den Händen Erdlöcher gegraben und uns hinein gelegt." Die auf 40 000 GIs aufgestockte 106. Infanterie-Division war mit der Versorgung vollkommen überfordert und trat den Gefangenen die interne Verwaltung der einzelnen Lager ab. „Es gab Lagerleiter, eine Lagerpolizei, Arbeitskommandos, Ärzte, Köche, das waren alles unsere eigenen Leute." Irgendwie schaffte es Karl Ibounigg in dem Chaos, sich eine Pferdedecke und einige Stücke Stacheldraht zu organisieren. „Daraus habe ich mir einen Unterstand gebaut. Da es immer weiter geregnet hat, habe ich die Decke auch in der Nacht zwischendurch immer wieder auswinden müssen." Dann fand der 17-Jährige eine Blechtonne. „Ich bin hineingeklettert und mir jetzt wie ein König vorgekommen. Ein SSler wollte seinen Ledermantel dagegen eintauschen, aber ich habe meinen Palast nicht hergegeben." Die Soldaten sprachen den ganzen Tag nur übers Essen. „Wir haben uns gegenseitig aufgezählt, was wir, wenn wir wieder frei wären, alles verspeisen würden. Kennst du ein Paprikahendl, habe ich gesagt. Ein Erdapfelgulasch. Eine Saumaise." Irgendwann warfen die Amerikaner aus Flugzeugen Weißbrot und Milchpulver über den Lagern ab. „Dann haben sich alle ohne Rücksicht auf Verluste darauf gestürzt. Wie die Tiere."

Später wurden die Rheinwiesenlager an Frankreich übergeben, das von den Amerikanern deutsche Kriegsgefangene als Zwangsarbeiter gefordert hatte. „Die Franzosen waren sehr gehässig, haben uns durch den Zaun immer wieder aufgestachelt: Wer hat denn den Krieg begonnen? Und jetzt haben wir so gut wie gar nichts mehr zu essen bekommen. Nur die Zivilbevölkerung hat uns manchmal Lebensmittel reingeworfen. Wir waren am Verhungern. Und so haben sie uns, die jungen Soldaten, schließlich freigelassen." Karl Ibounigg ordnete sich in die Viererreihen ein und schleppte sich „total verlaust" aus dem Lager. „Manchmal haben uns Deutsche mitgenommen, manchmal sind wir auf Lastzüge aufgesprungen, meistens sind wir zu Fuß Richtung Österreich marschiert." Sie stahlen einen Ziegel Butter, hatten aber kein Brot. „Dann sind wir auf einen Kohlenzug rauf. Der immer schneller geworden ist. Und wir wussten nicht, wie wir uns festhalten sollten. So sind wir am Bauch gelegen und hin- und hergeschwommen." Schwarz vor Kohle erwischte Karl Ibounigg später einen Personenzug, der nach Graz ging. „Wie ich angekommen und aus dem Bahnhof rausgegangen bin, habe ich gesehen, dass die ganze Annenstraße komplett zerstört war." Er ging durch die Ruinen, bis er zu seinem Haus kam. „Es stand noch. Aber niemand war zu Hause." Der heimgekehrte Sohn bekam bei den Nachbarn eine Suppe. „Dort habe ich erfahren, dass mein Vater in britischer Kriegsgefangenschaft ist. Und dass meine Mutter vor ein paar Tagen beinahe von den Russen verhaftet worden wäre, als Nazi, die sie ja war, hätte der Kommissar nicht das hölzerne Kruzifix in der Lade entdeckt und sie in Ruhe gelassen."

Der Marsch war zu lang für „Hands up". Helmut Godai musste stattdessen die Hände an den Hosenbund halten, als er mit anderen Kriegsgefangenen zu den Junkers Flugzeug- und Motorenwerken in Dessau getrieben wurde. „Dort angekommen, mussten wir auf freiem Feld alles abgeben, vom Gürtel bis zum Verlobungsring. Und natürlich die Auszeichnungen." Dann mussten die Burschen stramm stehen und warten. „Irgendwann ist ein amerikanischer Offizier, der offensichtlich betrunken war, gekommen und vor uns herumgetaumelt. Worauf sich einer meiner Kameraden, er hieß Ohnesorg, nicht mehr zurückhalten konnte und losgelacht hat. Der Offizier ist daraufhin zu ihm hingegangen und hat ihm einen schweren Kinnhaken verpasst. Was wiederum unter uns unüberhörbar zu einem bösen Grummeln geführt hat." Der Amerikaner zog wutentbrannt die Pistole und befahl den angetretenen Gefangenen, sich an der Mauer hinter ihnen aufzustellen. „Dort mussten wir uns mit dem Gesicht zur Wand drehen. In diesem Moment war ich mir sicher: Jetzt wirst du erschossen. Ich bin in der Sekunde erstarrt und plötzlich ganz ruhig geworden." Nach einigen Minuten ließ der Offizier die Burschen abtreten und sperrte sie in einen Kartoffelkeller. „Ich war weiter vollkommen lethargisch. Und habe gedacht: Werden sie uns halt morgen erschießen."

Am nächsten Morgen erhielten die 17-Jährigen Zigaretten. „Mir war klar, dass diese unsere letzten sein werden." Doch die Burschen wurden nicht hingerichtet. Sie mussten auf offenen Lkw aufsitzen, die sie in die Rheinwiesenlager nach Sinzig brachten, wo sich Karl Ibounigg gerade in einem der Camps in seiner Blechtonne verkrochen hatte. „Die meisten von uns mussten auf der nackten Erde schlafen, nur einige wenige hatten noch eine Zeltplane bei sich. Am Tag mussten wir die Löcher wieder zugraben. Bei den Eismännern sind wir die ganze Nacht von einem Fuß auf den anderen gehüpft, vor lauter Kälte." Zur Essensausgabe, die mittlerweile regelmäßig erfolgte, musste sich immer ein Mann für zehn Kameraden anstellen. „Für jeden hat es eine Handvoll

Eipulver, Milchpulver und ein Stück weißes Brot gegeben." Die Soldaten waren verlaust. „Und da wir auch durch und durch dreckig waren, hat man uns gruppenweise zum Rhein gebracht. Nach dem Waschen waren wir dann voll Öl." Als die Franzosen das Lager übernahmen, bekam Helmut Godai drei Tage lang gar nichts zu essen. „Die französischen Soldaten hatten so einen Hass auf alle Deutschen, dass sie uns sogar noch die Stiefel ausgezogen haben." Dann wurde seine Gruppe Gefangener über 100 Kilometer nach Süden getrieben. „Wenn wir durch Ortschaften gekommen sind, haben uns deutsche Frauen, denen wir leid getan haben, von den Fenstern Brot runtergeworfen. Die marokkanischen Soldaten, die uns geführt haben, haben dann immer wieder raufgeschossen." Helmut Godai verlor, nachdem er austreten musste, die vertrauten Kameraden. Als der Treck nach Tagen in Bretzenheim ankam, war der 17-jährige Wiener so geschwächt, dass er halb ohnmächtig einfach nach vorne kippte und auf dem Bauch zu liegen kam. Das Lager, in dem er nun war, hieß „Depot de Transit Nr. 1". Die 17 000 deutschen Kriegsgefangenen, die zu diesem Zeitpunkt hier interniert waren, nannten es „Feld des Jammers". Neun Camps. Zwölf Wachtürme. Eine Lagerkirche. Drei Feldküchen pro 1000 Mann. Die Gefangenen waren zum größten Teil Soldaten der Waffen-SS. Helmut Godai bekam von alledem nichts mehr mit. „Ich bin auf einem Hügel gelegen, war schon nicht mehr richtig bei Bewusstsein. Wenn ich die Augen aufgemacht habe, war da ein Holzkreuz. Zu dem habe ich gebetet: Herrgott, lass mich überleben! Nicht mehr, wie noch vor ein paar Wochen: Herrgott, lass uns siegen! Das Kreuz hat mir so viel Kraft gegeben, dass ich drei Tage im Delirium überstanden habe." Am dritten Tag durfte das Rote Kreuz ins Lager. Helmut Godai bekam eine Brotsuppe. „So bin ich in der Gefangenschaft religiös geworden."

Im September 1945 kam erneut eine Rot-Kreuz-Delegation ins Lager. Es hieß, wer jung war und nicht bei der SS gewesen war, dürfe gehen. „Dann kam das Kommando: Alle Österreicher vortreten. Das waren hübsch viele." Helmut Godai konnte einen Kameraden, der die SS-Tätowierung trug, beschützen. Gemeinsam marschierten sie aus dem Lager, in dem ein paar Wochen später Kriegsgefangene die Musik-, Varieté- und Theatergruppe „Die Optimisten" gründeten, und das noch drei weitere Jahre Bestand hatte. Der Wiener reiste in einem Viehwaggon bis Innsbruck und war enttäuscht von seiner Heimat. „Auf den deutschen Bahnhöfen wurde uns Essen zugesteckt, auch wenn am Nebengleis amerikanische Soldaten standen, haben sie uns etwas abgegeben, aber zu Hause, in Österreich, hat uns niemand geholfen. Da haben alle weggeschaut, als wären wir Feinde." Helmut Godai war immer noch in Uniform, als er irgendwann auf die russische Demarkationslinie an der Enns stieß. „Ein Mann hat mich mit dem Ruderboot hinübergebracht." Die Russen ließen ihn durch. Als der 18-Jährige am Wiener Westbahnhof ankam, standen dort Hunderte Menschen, vor allem Frauen und Kinder Spalier, die ihm Fotos ihrer Vermissten entgegenhielten. „Hast du vielleicht meinen Mann gesehen?" „Warst du im Rheinlager?" „Kannst du mir etwas von meinem Papa sagen?" Helmut Godai wusste nicht einmal, ob seine eigenen Eltern noch lebten. „Und ich konnte auch niemanden verständigen, dass ich überlebt habe. Ich bin dann nur noch gelaufen und gelaufen, bis ich daheim war. Die Mama ist beim Wiedersehen fast umgefallen vor Freude und vor Schreck."

Das erste, das Wolfgang Pickert im britischen Gefangenenlager hörte, war: „Damned Nazis!" Verdammte Nazis. „Die Tommys haben mich mit ihren Gewehrkolben traktiert und den ganzen Suppenkessel umgestoßen." Der 15-jährige Berliner hoffte, dass es ihm half, dass er eigentlich noch ein Kind war. „Ich konnte ja nicht beweisen, wie alt ich war." Doch die Engländer hatten noch nie etwas von einer Seeberufsfachschule gehört, für sie war Wolfgang Pickert ein ganz normaler „fucking Kraut", wie sie die deutschen Soldaten riefen. „Nach einigen Verhören haben sie mir dann aber doch geglaubt und ein Entlassungspapier ausgehändigt. Da mir Berlin als Ziel nicht genehmigt worden wäre, weil dort die Russen waren, habe ich gelogen und gesagt, ich würde zu meiner Tante nach Kassel gehen." Aus Angst, mit den falschen Papieren aufgegriffen zu werden, rastete Wolfgang Pickert tagsüber bei Bauern und marschierte nur in der Nacht. Als er eines Nachts kurz nach zwölf Uhr mit zwei weiteren Landsern bei Brambach-Aken den Fluss Mulde überquerte, wurde er von Russen aufgegriffen. „Stoi, du SS!" Die Rotarmisten sahen die verdreckte dunkelblaue Uniform als schwarz an und richteten die MP auf ihn. „Der eine Russe hätte um ein Haar geschossen. Wäre nicht in letzter Sekunde ein Unterleutnant erschienen, der ein wenig Deutsch konnte." Er schrie „Ausziehen, sofort" und stellte fest, dass Wolfgang Pickert nicht die Blutgruppe unter der Achsel tätowiert hatte. „Dann hat er mir auf ein Stück Packpapier eine Art Passierschein in kyrillischen Buchstaben gekritzelt und mir einen Tritt in den Hintern verpasst." Die beiden anderen mussten bleiben. „Wer weiß, was aus ihnen geworden ist." Als der 15-Jährige in Berlin eintraf, fielen ihm zuerst die russischen Soldatinnen auf, die in Röcken und Stiefeln an den Kreuzungen standen und mit Fähnchen den beginnenden Verkehr regelten. „Die Flintenweiber, wie sie genannt wurden, hatten sogar Maschinenpistolen umgehängt." Bevor Wolfgang Pickert das Elternhaus betrat, fragte er bei der Milchfrau ums Eck nach, ob Vater und Mutter überhaupt noch am Leben waren. „Sie hat mich beruhigt und gesagt, dass meine Mutter wohlauf ist, der Vater aber noch nicht nach Hause gekommen ist. Das Wiedersehen muss ich nicht beschreiben."

Gertrude Widder betete um ihren Bruder Heinz, den sie zum letzten Mal gesehen hatte, als er im April vom Bahnhof Linz in einem Viehwaggon nach Berlin zum Endkampf abgefahren war. „Wir haben so lange überhaupt keine Nachricht von ihm bekommen. Bis uns eine fremde Frau berichtet hat, dass sie ihn kurz nach der Kapitulation auf einem Gut in Norddeutschland gesehen habe, dass er also noch am Leben gewesen sei und sich nach Westen durchschlagen wollte." Der 17-jährige Gymnasiast lag in einem amerikanischen Kriegsgefangenlager im Sterben. Er war an Ruhr erkrankt. Dort fand ihn sein Onkel, der im selben Lager interniert war. „Er hat ihn dann versorgt. Da der Onkel ein sehr guter Zeichner und Maler war, konnte er seine Bilder gegen Lebensmittel eintauschen und damit Heinz das Leben retten." Der Bruder selbst glaubte, dass seine Familie die Bombenangriffe nicht überlebt hatte. „Weil er gehört hatte, dass Linz dem Erdboden gleich gemacht worden sei." Irgendwann erfuhren sie voneinander. „Wir haben ihm dann Pakete schicken können." Zu Ostern 1946 kam der große Bruder schließlich nach Hause. „Er hat sich dann bis zum Schulschluss noch einmal in die achte Klasse gesetzt, obwohl er schon die Kriegsmatura hatte."

Richard Suchenwirth bangte ebenfalls um seinen Bruder. Er konnte nicht verwinden, dass er ihm, als sie sich zuletzt sahen, die warme Unterwäsche verwehrt hatte. Nach und nach erfuhr der 17-Jährige, wie viele seiner früheren Mitschüler gefallen waren. „Unser Klassenbester, Karl, und sein Freund Titus, der ein ‚Halb- oder Vierteljude' war, sind in den letzten Kriegswochen gefallen. Mein früherer Zimmergefährte Weiß ist auch noch im Endkampf umgekommen. Toni ist in Südfrankreich ausgehungert einer Lungentuberkulose erlegen. Richard Schnettger ist an einer Blinddarmentzündung verstorben. Und so viele waren irgendwo vermisst." Der 19-jährige Bruder, so erfuhr er später, hatte bei Altötting kapituliert und sich mit erhobenen Händen selbst in amerikanische Kriegsgefangenschaft begeben. „Von dort ist er nach Bad Freyung transportiert und später mit dem gesamten Lager an die Russen ausgeliefert worden." Er wurde auf die Krim gebracht und bei Fedosia zur Zwangsarbeit verpflichtet. Erkrankte dann an der Ruhr und wurde entlassen. Er starb auf der Heimfahrt in Oberschlesien. „Meine Eltern und ich haben noch immer auf seine Heimkehr gehofft, und gelegentlich in unserer Verzweiflung auch auf die Weissagungen von Pendlern und Wahrsagern vertraut. Die endgültige Nachricht von seinem Tod haben wir 11 Jahre später erhalten."

Helmut Pacholik erfuhr eines Tages, dass sein Vater überlebt hatte und auf einem der kommenden Kriegsheimkehrer-Transporte sein sollte. „Da ich im Krieg mit dem Flüchtling, der bei uns gewohnt hatte, und der mir irgendwie zum Vater geworden war, sehr viel Schach gespielt habe, hat mich meine Mutter gebeten, dass ich Vater unbedingt gewinnen lassen soll, wenn er wieder zu Hause ist."

Günther Sereda hatte sich damit abgefunden, dass er seinen Vater, der „an Diphtherie gefallen" war, verloren hatte. Als sie zurück in den kleinen Ort im niederösterreichischen Weinviertel kamen, war das Haus nur noch eine Ruine. Auch alle Nachbarhäuser waren abgebrannt. Im Garten fanden sie zumindest noch ein paar der Sachen, die sie vor der Flucht vor den Russen eingegraben hatten. „Aber jetzt wurde auch noch meine Mutter eingesperrt. Irgendjemand aus dem Ort hatte sie als Nazisse angezeigt. Sie ist nach Mistelbach ins Gefängnis gekommen. Und ich war allein."

Jörg Sonnabend wusste nicht, ob sein Vater noch lebte. „Die Mutter ist sogar zu einer Kartenlegerin gegangen, um zu erfahren, ob er überlebt hat und noch heimkommt." Der 11-jährige Berliner sah in der Zwischenzeit zu, wie die Massengräber im angrenzenden Wald und an den Haveldünen aufgemacht wurden, in denen Hunderte deutsche und russische Soldaten lagen. „Der Sommer war so heiß, das die Seuchengefahr zu groß war. Deshalb wurden die Toten wieder ausgegraben und zum Friedhof gebracht. Ortsbekannte Nazigrößen mussten die Leichen in Papiertüten stecken und auf Pferdewagen stapeln. Der furchtbare Geruch lag wie eine schwere Decke überall in der Luft." Anfang 1946 kamen erste Briefe vom Vater. Er schrieb, dass er in Kiel in Kriegsgefangenschaft war. Im Februar stand eines Tages plötzlich ein unbekannter Mann in der Tür. „Ich habe meinen Vater nicht mehr erkannt." Jörg Sonnabend fühlte sich durch den ihm fremd gewordenen Vater eingeengt. „Er wollte alles nach seinem Willen umkrempeln. Dabei hatten Mutti und ich doch die ganze Zeit für alles gesorgt und uns das Leben eingerichtet. Er hat unseren Frieden gestört."

Leo Zahel konnte nicht verstehen, warum sein Vater am 5. Mai 1945 nicht mehr von der Arbeit nach Hause kam. Die Mutter konnte schließlich herausfinden, dass er im Kaunitz-Kolleg interniert war, das von der Gestapo zum Gefängnis für Regimegegner gemacht worden war. Im Hof standen noch die drei Galgen, daneben zeugte ein blutiger Sandhaufen von Massen-Exekutionen. Sie erklärte dem 13-Jährigen, „dass die Tschechen und Russen aus Rache alle deutschen Männer eingesperrt haben, egal ob sie Nazis waren oder nicht". Der Vater musste nun die von der SS zerschossenen Türschlösser reparieren. Als er im November als „anerkannter Antifaschist" doch freigelassen wurde, waren Leo Zahel und seine Mutter schon längst nicht mehr da.

# 13

# VERTRIEBEN

„HEIM INS REICH!"

Leo Zahel wurde am 12. Mai 1945 interniert. Der neue Staatspräsident, Edvard Beneš, war aus dem Exil zurückgekehrt und wurde in Brünn erwartet. „Alle deutschen Frauen und Kinder wurden in Schulen eingesperrt, ich wurde mit einer Gruppe von Männern in den Sandsteinbruch bei Loesch gebracht. Dort hatten sich begüterte Brünner im Krieg Luftschutzstollen anlegen lassen. Darin wurden nun wir festgehalten." Von den engen Kammern im Berg wurde der 13-Jährige zur Zwangsarbeit an die Zwitta befördert. „Wir mussten die am Ufer liegenden Granitsteine in den Fluss werfen, um eine künstliche Insel zu schaffen. Die russischen Pioniere wollten darauf ihre Hydraulikpressen aufstellen, um die gesprengte Eisenbahnbrücke zu reparieren." Während Leo Zahel von Sowjetsoldaten angeschrien wurde, gefälligst schneller zu arbeiten, gab Edvard Beneš noch am selben Tag im Sitzungssaal des Rathauses zu Protokoll, was er in den kommenden Tagen vorhatte: *„Das deutsche Volk ging in blutiges Morden wie blind und taub hinein, es widersetzte* *sich nicht, überlegte nicht, hielt nicht an; es ging und ließ sich stumpf oder fanatisch töten und tötete selbst. Diese Nation hat in diesem Krieg aufgehört, überhaupt menschlich zu sein, menschlich erträglich, und kommt uns nur noch vor wie ein einziges großes menschliches Ungeheuer. Für all das muss diese Nation eine große und strenge Strafe treffen.*" Danach trat er auf den Balkon und verkündete vor der großen Menschenmenge: „*Jetzt gehen wir gleich an die Arbeit. Und wir werden Ordnung unter uns machen, besonders auch hier in der Stadt Brünn mit den Deutschen und allen anderen. Mein Programm ist – ich verheimliche es nicht – dass wir die deutsche Frage in der Republik ausliquidieren müssen.*" Die Menge applaudierte, rief „Bravo!" „*In dieser Arbeit werden wir die ganze Kraft von euch allen brauchen.*"

Leo Zahel und seine Mutter, die in einer Gärtnerei Zwangsarbeit verrichten musste, bekamen davon nichts mit. „Wir haben immer gehört, dass nur diejenigen, die Nazis waren, zur Rechenschaft gezogen würden." Dann erschien die Mutter eines Abends im Scheinwerferlicht der schwankenden Brücke und rief nach ihrem Sohn. „Leo, du bist frei, denn du bist noch keine 14." Am Tag darauf hörten sie auf der Straße Demonstranten. Was sie auf Tschechisch skandierten, hatten sie auch auf Deutsch auf ein Schild geschrieben: „Alle Deutschen aus Brünn hinaus, sie sollen gehen zum Hitler nach Haus." Eine Frau mit Kinderwagen führte die 30-köpfige Gruppe mit roten Fahnen an. Die Mutter besprach das Geschehen mit einer tschechischen Bekannten. „Da ist ein junger Mann auf uns zugekommen und hat sie angeschrien, warum sie Deutsch sprechen. Die Tschechin, die selbst von der Gestapo zum Krüppel geschlagen worden war und seither am Stock ging, sagte nur: Hättest du so viel gegen die Nazis getan wie die Frau Zahel, dann könntest du reden."

Am 30. Mai 1945 klopfte es an der Wohnungstür. „Ein junger Mann mit roter Armbinde und Gewehr sagte, dass wir uns am Abend bei der Polizei melden müssten. Als Mutti am Nachmittag nach Hause kam, meinte sie: Wir Deutschen kommen alle in ein Lager. Dort wird untersucht, wer ein Nazi war. Der muss nach Deutschland. Wir können bleiben." So packten sie einen Laib Brot, einen Topf Schmalz, ein Kilogramm Würfelzucker, Decken, Polster und etwas Wärmeres zum Anziehen ein. „Damit sind wir zur Polizeistation gegangen. Auf der einen Seite hinein, auf der anderen in einer Seitengasse wieder hinaus, und schon waren wir in einer endlosen Kolonne, die quer durch Brünn nach Süden unterwegs war." Mehr als 30 000 Deutsche, hauptsächlich Frauen, Kinder und alte Männer, wurden aus der Stadt getrieben. „Der Weg ist immer länger geworden, das Gepäck immer schwerer. So haben wir nach und nach unsere Sachen in den Straßengraben geworfen." Stehenbleiben war verboten, wer sich hinsetzte, wurde verprügelt, wer austreten musste, hatte auf Tschechisch darum zu bitten. „Irgendwann hat auch meine Mutter nicht mehr weitergekonnt und sich auf einen Baumstamm gesetzt. Dort stand gerade einer der

Partisanen, die den Zug bewacht haben, und sagte: Jö, Frau Zahel, Sie dürfen sich ausruhen!" Als sie neben der Straße die ersten regungslosen Gestalten sahen und helfen wollten, herrschte sie ein Bewacher auf Tschechisch an: „Habt ihr noch keine Leichen gesehen? Los, weiter!" Hinter ihnen fielen Schüsse. Irgendwann am Morgen des 31. Mai kamen sie in Pohrlitz an. „Das war mein 14. Geburtstag." Sie wurden auf den Sportplatz des Ortes geführt, die Mutter musste ihren Ehering, die Uhr und alle anderen Wertsachen abgeben. Dann wurden sie weiter Richtung österreichischer Grenze getrieben. „Am Abend waren die Lichter des Zollamts Drasenhofen zu sehen. Die Begleitmannschaft feuerte Leuchtraketen ab und schrie: Geht´s heim zu eurem Hitler! Heim ins Reich!"

Leo Zahel schob den Kinderwagen einer „Genossin", die sich vor dem Verbot ebenfalls in der Sozialdemokratischen Partei engagiert hatte, über die Grenze. Darin lag ein totes Kind. „Ihr 2-jähriges Mäderl war auf dem Weg verhungert oder verdurstet. Wir haben sie mitgenommen, um sie zumindest beerdigen zu können." Mehr als 5000 Menschen starben auf dem Marsch, durch Erschöpfung, Hunger, Krankheiten und Mord. Insgesamt wurden in den kommenden Monaten über drei Millionen Deutsche aus der Tschechoslowakei vertrieben und ihr gesamtes Vermögen konfisziert.

Der Vater von Julianne Ziese war auch im Herbst 1945 noch nicht an den stattlichen Hof in der Batschka zurückgekehrt. Die 14-Jährige hatte jede Spur zu ihm verloren. Sie wusste nur, dass er zuletzt als Melder in der Prinz-Eugen-Division der Waffen-SS gedient hatte. Dabei wäre er jetzt so dringend im Dorf gebraucht worden. „Die Russen hatten in den vergangenen Monaten so viele deutsche Mädchen vergewaltigt." Zudem hatten sie und ihre Schwester ständig Hunger. Dann mussten die Mädchen und Frauen von Hodschag eines Morgens auf dem Dorfplatz antreten. „Dort wurde uns gesagt, dass wir weg müssen." Zunächst wurde Julianne Ziese mit ihrer Schwester zur Kukuruzernte in den Nachbarort gebracht. „Dort wurden wir immer von Bewaffneten bewacht." Dann senkte sich schwerer Frost über die Felder der Vojvodina. „Unsere Kleider waren am Abend nach der Zwangsarbeit völlig durchnässt, und wenn wir sie in der Früh vom Kachelofen genommen haben, waren sie noch immer nicht trocken."

Nach Wochen schwerer Arbeit überbrachte im Januar 1946 eine Bekannte den Geschwistern heimlich die Nachricht: „Euer Vater ist da, er will Euch holen." Der SS-Mann hatte sich auf Irrwegen in Richtung seines Heimatdorfs durchgeschlagen. „Auf dem Weg zu uns hat er gesehen, wie Deutsche auf langen Märschen aus ihren Dörfern vertrieben worden. Da hat er Angst bekommen." In einem Nonnenkloster in Ungarn, in dem er sich verstecken durfte, hatte er erfahren, dass auch seine Familie bereits interniert war. „Dann hat er ausgekundschaftet, wie er zu uns kommen und uns holen könnte. Er hat seine Uniform weggeschmissen und sich aus der Trauerfahne der Kirche einen schwarzen Anzug geschneidert." Sein Plan war, dass sich Julianne Ziese, ihre Schwester und die Mutter in der nächsten Nacht in einem der Nachbardörfer treffen sollten. „Seid um Mitternacht am Kalvarienberg." Es war Vollmond, als sich die Schwestern auf den Weg machten. „Wir sollten uns immer an den elektrischen Leitungen orientieren, und am Hundegebell erkennen, wie weit wir noch vom Treffpunkt entfernt sind." Am Hügel angekommen, trafen sie tatsächlich auf die Eltern, die noch zwei weitere Begleiter bei sich hatten. „Einer davon ist später mein Mann geworden." Sie wollten noch in derselben Nacht bis zur ungarischen Grenze kommen. „Aber meine Mutter war so unterernährt und schwach, dass sie einfach nicht mehr weitergehen konnte. Dann hat es angefangen zu schneien. Ich hatte an den Wimpern lauter kleine Eiszapfen. Die Grenze war auch in der zweiten Nacht noch nicht in Sicht. Da hat meine Mutter gesagt: So lasst mich doch zurück, allein könnt ihr es schaffen! Mein Vater hat gemeint: Da stimmt was nicht!" Der Fluchthelfer, der viel Geld genommen hatte, hatte ihnen den Weg offenbar falsch beschrieben. „Jetzt haben unsere Begleiter die Mutter geschleppt, bis wir schließlich im Kloster ankamen." Julianne Ziese bekam einen Grießbrei, dann fiel sie im Schlafsaal aufs Bett. „Ich habe 24 Stunden durchgeschlafen. Das war wie der Himmel auf Erden."

Es folgten lange Wochen der Ungewissheit. Bis am Gründonnerstag zwei Polizisten kamen und den Vater abholten. „Jemand hatte ihn angezeigt, dass er bei der SS war. Aber er hat sich getraut, zu lügen, weil er aus irgendwelchen Gründen keine Tätowierung hatte, und alles geleugnet." Als er im Verhör körperlich bedroht wurde, riss er den Stuhl hoch und drohte damit. „Dann wurde er abgeführt und sollte in ein anderes Gefängnis überstellt werden. Auf dem Weg haben die Wachen und mein Vater einen Leichenzug gekreuzt. Und er hat es irgendwie geschafft, darin unterzutauchen. Er ist zu uns gelaufen und hat gerufen: Wir müssen sofort weg!" Die Flüchtenden fanden einen verlassenen Bauernhof, der nach der Vertreibung leer stand, und versteckten sich dort. „Ein paar Bauern in der Nachbarschaft haben uns für Lebensmittel arbeiten lassen. Einmal haben wir sogar ein Ferkelchen bekommen." Ein paar Monate später folgte die nächste Vertreibung. „Jetzt sind wir nicht mehr ausgekommen. Wir wurden in einen Viehwaggon verfrachtet und Richtung Deutschland gebracht. Die Fahrt hat endlos gedauert. Das Räucherfleisch, das wir noch mitnehmen konnten, war voller Maden." Mehr als 180 000 Ungarn-Deutsche wurden ins untergegangene „Dritte Reich" transportiert. Als die Odyssee in Augsburg endete, wurde Julianne Ziese von amerikanischen Soldaten zuallererst mit dem Insektizid DDT besprüht. Eine Familie in Markt Oberdorf im Allgäu wurde angewiesen, die Vertriebenen aufzunehmen. „Zwangsverwiesen".

# 14

# TRÜMMERKINDER

„HUNGRIG AUF LEBEN!"

„Genießt den Krieg, der Frieden wird fürchterlich!" Jörg
Sonnabend empfand den Spruch, den er vor Kriegsende
so oft von den Erwachsenen gehört hatte, jetzt drückend
im Magen. „Dieser fürchterliche Hunger hat die ganze
Freude darüber aufgefressen, dass die Bombenangriffe
endlich zu Ende waren und wir die Nächte nicht mehr
im Bunker verbringen mussten." Derzeit war es der lee-
re Bauch, der das Durchschlafen verhinderte und alles
überschattete. „Da saßen wir nun auf den Trümmern,
die uns der Krieg hinterlassen hatte. Aber die Leiden und
Entbehrungen sollten für uns erst beginnen. Der Krieg
war zu Ende. Aber in meiner Umgebung hat das niemand
als Befreiung empfunden. Im Gegenteil, wir machten mit
dem Wort Witze: Wir sind von allem befreit worden, von
unseren Uhren, von unserem Schmuck und sogar von
unseren Kinderfahrrädern."

Der 11-Jährige wollte zurück in die kleine Werkswoh-
nung an der Scharfen Lanke. „Aber die hatten jetzt russische Soldaten belegt. Sie brauchten sie als Liebesnest

für Russinnen, die zuvor Zwangsarbeiterinnen gewesen waren." Die Mutter wollte sich das nicht gefallen lassen und ging zur russischen Kommandantur in der Wilhelmstraße, wo später das Kriegsverbrecher-Gefängnis eingerichtet wurde. In Berlin-Spandau lagen die Toten der vergangenen Tage. „Den Geruch habe ich noch heute in der Nase. Wir haben uns zwischen Leichen, abgeschossenen Panzern, Erdstellungen, die noch besetzt waren und Bombenkratern durchgeschlängelt. Und wurden tatsächlich bis zum zuständigen Kommandanten durchgelassen." Der Offizier, der perfekt Deutsch sprach, gab ihnen zwei bewaffnete Rotarmisten mit: „Die regeln das!" „So sind meine Mutter und ich vorne weg und die zwei Russen hinterher. Jeder dachte, wir werden abgeführt. Zu Hause angekommen, gingen die beiden Soldaten in unsere Wohnung und kamen mit zwei Frauen und einem Russen wieder heraus."

Als die Russen mit ihrem Tross vom Werksgelände der Werft langsam wieder abrückten, blieb vielerlei Kriegsgerät zurück, das Jörg Sonnabend und seine Clique früherer Pimpfe als Abenteuerspielplatz nutzten. „Ich habe einen deutschen Offiziersdegen erbeutet. Mit diesen Waffen hatten die Russen nach unseren vergrabenen Schätzen gestochert. Wir Kinder haben damit herrliche Fechtkämpfe veranstaltet." Jörg Sonnabend fuhr auf den Gestellen der Flakscheinwerfer Karussell. Sammelte die herumliegenden Gewehrpatronen ein, um damit ein „herrliches Feuerwerk" zu veranstalten. „Dazu brauchte man nur mit Hilfe zweier Zangen das Geschoss aus der Hülse herausziehen und das Schießpulver rausschütten. Das Pulver streuten wir dann schlangenförmig aus und steckten es an einem Ende an, das Ergebnis war eine herrlich zischende Feuerschlange." Und der 11-Jährige hortete die vergessenen Handgranaten. „Wir hatten beobachtet, wie die Russen damit in der Havel Fische fingen. Es war klar, dass wir mit den zurückgebliebenen Handgranaten das gleiche vorhatten. Eine einfache Sache, man schraubte den Verschluss ab, dann fiel ein blauer Blechknopf heraus. Dieser Knopf, der an einer Strippe hing, war der Zünder. Daran musste man ziehen und die Handgranate ins Wasser werfen. Durch die Detonation unter Wasser, die oben nicht zu hören war, sprudelte das Wasser auf und die betäubten Fische trieben nach oben." Danach sprangen die Burschen in den trüben Fluss, um die Beute zu sichern. „Obwohl das Schwimmen in der Havel nicht ungefährlich war. Sie war aufgrund der vielen Leichen und Kadaver mit Krankheitskeimen verseucht, wodurch viele an Kinderlähmung erkrankt sind." Das einzige, das sie nun nicht mehr spielen wollten, waren „Soldaten". „Irgendwie hat darauf keiner mehr Lust gehabt. Stattdessen haben wir jetzt Indianer gespielt."

Am 1. Juni 1945 musste Jörg Sonnabend erstmals nach dem Krieg wieder zur Schule. „Für uns Kinder war das eine riesige Enttäuschung. Dafür gestaltete sich der Schulweg selbst umso abenteuerlicher. Überall standen zerschossene Panzer, ausgebrannte Autos und verwaiste Geschütze. Die Schützenlöcher und Gräben waren noch nicht zugeschüttet, und die Panzersperren, die man auf der Heerstraße aus Eisenträgern und umgekippten Straßenbahnwagen errichtet hatte, waren auch noch nicht weggeräumt. Dementsprechend lange zog sich der Schulweg hin." Statt der Schulmappe, die er als kindlich ablehnte, hatte sich der 11-Jährige eine Kartentasche der Wehrmacht organisiert. Er trug die Winteruniform des Deutschen Jungvolks, etwas anderes hatte er nicht. „Nur das HJ-Emblem und die Aufschrift ‚Blut und Ehre' habe ich mir abgefeilt." Um so größer war seine Verwunderung, als er in der Schule in der Konkordiastraße auf dieselben Lehrer traf, die ihn im Krieg unterrichtet hatten. „Da waren der gefürchtete Lehrer Max, die Haack, der Bauer oder der Brettschneider. Neue Lehrer standen scheinbar nicht zur Verfügung."

Je länger der Krieg zu Ende war, umso bohrender wurde der Hunger. „Am Anfang war es noch nicht so schlimm, weil sich viele Leute in ausgebombten Geschäften, in Kasernen oder Lebensmittellagern, wie bei ‚Kaisers-Kaffee', selbst bedient und einen gewissen Vorrat angelegt haben. Wir haben zum Beispiel einen Lastkahn mit Wehrmachtsverpflegung ausgeräumt. Da gab es Konserven mit Schweinefleisch, Rindfleisch oder fertigem Gemüseeintopf, auch Kisten mit Schokolade waren dabei, alles köstliche Sachen, die uns gut über den ersten Nachkriegswinter gebracht haben. Als mein Vater im Februar 1946 aus der britischen Kriegsgefangenschaft heimkam, haben wir die letzte Büchse geöffnet."

„Danach war nur noch Hunger, Hunger, Hunger." Es gab so gut wie nichts. Und was es gab, landete auf dem Schwarzmarkt. Dort kostete ein Kilo Brot jetzt 70 Reichsmark, ein Pfund Butter 400 Reichsmark, die neue Währung Zigaretten je nach Sorte zumindest 8 Reichsmark das Stück. Als Jörg Sonnabend zum ersten Mal das nötige Geld zusammen hatte, erfüllte er sich, wovon er seit vielen Monaten geträumt hatte. „Ich hatte immer einen vollen Bäckerladen vor mir gesehen. Als Vision. So bin ich auf den Schwarzmarkt bei der Melanchthonkirche gegangen, habe mir ganz feierlich 1000 Gramm Brot gekauft, es an die Brust gepresst und mich unter den nächsten Baum gesetzt. Dort habe ich es ganz alleine und auf einmal aufgegessen. Ohne etwas dazu zu trinken." Auch der Schulbesuch bekam nun einen neuen Anreiz. „Dort gab es jetzt die Schulspeisung. Es hieß, wir sollten ein Essgeschirr und einen Löffel mitbringen. Die meisten kamen mit einem Wehrmachtskochgeschirr. Hauptsache, ein Henkel war dran. Der Tag der ersten Ausgabe der Schulspeisung war also gekommen und es begann mit Warten. Der Unterricht war zu Ende, die Zeit verging, nichts rührte sich. Bis dann endlich am Nachmittag ein Pferdewagen, beladen mit einigen Thermobehältern, auf den Hof rollte. So weit ich mich erinnern kann, gab es für jeden von uns einen halben Liter einer undefinierbaren Gemüsesuppe. Ob es geschmeckt hat, kann ich nicht mehr sagen. Aber wer Hunger hat, fragt nicht nach Geschmack. Und Hunger hatten wir. Der Höhepunkt für mich war immer der Tag, an dem es diese süße Suppe aus kanadischem Weizenmehl zusammengekocht mit Keksen gab."

Da die Lebensmittel, die auf der „Grundkarte" ausgegeben wurden, bei Weitem nicht reichten, um überleben zu können, fuhr Jörg Sonnabend zum Hamstern aufs Land. „Wir fuhren bis zum Bahnhof Nauen. Da die Züge überfüllt waren, musste ich meistens auf dem Trittbrett oder auf dem Puffer zwischen den Waggons sitzen. Dann machten wir uns zu Fuß auf in die Dörfer Richtung Ribbeck. Es ging darum, zumindest ein paar Kartoffeln, ein wenig Roggen, Butter oder vielleicht sogar ein Stück Speck zu ergattern." Als Tauschware hatten der 11-jährige Berliner und seine Mutter Schmuck, Bettwäsche, Teppiche oder einen Herrenanzug dabei, der die Bombenangriffe unbeschadet überstanden hatte. „Die Bauern waren so arrogant zu uns, dass wir gesagt haben: Jetzt legen sie sich die Perserteppiche schon in den Kuhstall." Auf der Rückfahrt wurden Späher ausgeschickt, die erkunden sollten, ob die Polizei am Bahnhof kontrollierte. „Da das Hamstern ja verboten war, ist es uns immer wieder passiert, dass uns beim Aussteigen alles abgenommen wurde." Die erste Nachkriegsweihnacht wurde trotz der Not zum Fest. „Wir waren so froh, dass keine Bomben mehr fielen, dass wir an diesem Abend sogar den Hunger vergaßen." Sie hatten keine Kerzen, aber ein paar Christbaumkugeln hatten den Krieg überlebt. „Meine Mutter hatte Mehl und Zucker zusammengespart, sodass sie einen mageren Kuchen backen konnte. Und der Großvater hatte wieder ein paar Kaninchen im Stall." Die Fenster waren nur mit Pappe vernagelt. Verheizt wurde alles, das brannte. „Da auch der Kachelofen zerbombt war, hatten wir nur den Herd in der Küche, der Rest der Wohnung war immer eisig. Da ist das Wasser in der Schüssel gefroren." In Berlin erfroren in diesen Wintertagen, in denen acht von zehn Wohnungen durch den Krieg zerstört worden waren, jeden Tag unzählige Menschen. „Wir haben die letzten Anzüge von Vater gegen eine Deichsel eingetauscht, um damit selbst einen Hamsterwagen zu bauen. Mit dem bin ich losgezogen und habe Holz und Kohlen gestohlen." Der Vater sammelte bei älteren Nachbarn, die selbst nicht mehr hamstern fahren konnten, Goldschmuck und Ringe oder Ketten ein, und tauschte diese gegen eine Provision gegen Lebensmittel ein. Die Mutter stanzte indes bei Siemens Löcher in die Stahlhelme der untergegangenen Wehrmacht. „Sie hat Siebe und Kochtöpfe daraus gemacht." Da es viel schneite und tagelang zweistellige Minusgrade hatte, konnten die Kriegskinder zwischen Schule und Hamstern wenigstens rodeln gehen. „Komischerweise hatte jeder noch seinen Schlitten, da die Russen im Frühjahr gekommen waren, hatten sie dafür wohl keine Verwendung gehabt. Unsere Hausbahn ging von der Weinmeisterhöhe hinunter zur Lanke-Werft, dort sind wir runter, bis es finster war." Den

Skianzug, den Jörg Sonnabend durch und durch nass machte, hatte die Großmutter aus einer grauen Decke genäht.

Im Februar 1947 stand Jörg Sonnabend eines abends bei 20 Grad unter Null an der Ecke Pichelsdorferstraße/ Heerstraße, er wartete auf seinen Vater, der noch immer nicht von der Hamstertour zurückgekommen war. „Da habe ich Dutzende junge Burschen und Frauen gesehen, die in Anzügen und Abendkleidern in die Straßenbahnlinie 75 eingestiegen sind." Sie fuhren zum Vergnügungslokal „Karlslust", dem größten Etablissement in Spandau, wo an diesem Samstag der Sportklub zum ersten Maskenball nach dem Krieg einlud. Fast eintausend Gäste waren gekommen, darunter auch 50 Engländer. Damit die leicht bekleideten Kostümierten nicht auch noch auf dem Ball frieren mussten, heizte der Wirt tüchtig ein. Die Stimmung war kurz vor Mitternacht auf dem Höhepunkt, als während der Darbietung von Kunstradfahrern plötzlich das Licht ausging. Am Tag danach las Jörg Sonnabend in der Zeitung, dass das Kostümfest in einer Katastrophe geendet war. Ein Balken der Dachkonstruktion hatte in den Kamin geragt und Feuer gefangen. Im Saal war Panik ausgebrochen. Alle drängten zum Ausgang. Doch es gab nur eine einzige schmale Tür, die ins Freie führte. Der einzige Hydrant lag unter den Schneemassen begraben, das Löschwasser fror beinahe in den Schläuchen. „88 junge Menschen sind hilflos verbrannt." Später sagten britische Soldaten, die noch versucht hatten, Ballgäste aus dem Feuer zu retten, aus, dass die Deutschen, anstatt sofort zu flüchten, unbedingt noch zur Garderobe wollten. Und die Musiker mit ihren Instrumenten, die sie nicht daließen, den Eingang blockierten. Die Zeitung „Abend" lieferte die traurige Erklärung: *„Die furchtbare Armut der Berliner ist wohl nie deutlicher geworden als in der Schreckensnacht von Hakenfelde, wo die von Panik besessenen Mädchen und Männer doch noch mehr Angst um ihre Garderobe als um ihr Leben hatten."*

Eckart Schwartz hatte im bitter kalten Winter 1945 das Glück, „dass meine Schwestern so hübsch waren. Die amerikanischen Soldaten waren in sie verliebt. Und so hat in der Nacht immer wieder mal ein Lkw vor dem Haus gehalten und Steinkohle abgeladen. Manchmal haben wir auch bacon, cheese, butter, Milchpulver, Kaffee oder Zigaretten bekommen." Aber ein paar Wochen über hatte die Familie fast gar nichts zu essen. „Wir sind dann los und haben uns aus den Kadavern der Pferde, die auf der Straße lagen, Fleisch herausgeschnitten." Onkel Otto, der entschieden hatte, weder nach Russland noch in die USA zu gehen, sondern sein Wissen ab sofort friedlichen Zwecken zu widmen, lehrte ihn, den Mund immer voll zu nehmen. „Er hat mir gezeigt, was man alles in den Mund nehmen kann, um darauf herumzukauen und dem Magen etwas vorzutäuschen: Sauerampfer, Löwenzahn, verschiedenste Pilze oder Gräser." Von der Mutter lernte er kochen, stopfen, putzen. „Sprich, unabhängig zu sein." Zwischen den Hamsterfahrten auf dem Land machte sich der 13-Jährige einmal auf den Weg ins Bayerische Viertel. Er wollte seine Freundin Kläre besuchen, mit er die Flucht nach Berlin überlebt hatte. „Als ich ausgestiegen bin, habe ich gesehen, dass das ganze Viertel ein einziger Trümmerhaufen war. Die Kaiser-Allee war bis zur Joachimstaler Straße häuserfrei. In den Trümmern arbeiteten bereits Frauen, die den Speis von den Backsteinen klopften, und Kinder, die die Ziegel danach sorgfältig aufschichteten." Dann stand Eckart Schwartz vor dem Schutthaufen, der einmal Kläres Haus war. „Die Nachbarn haben mir gesagt, dass die Familie Hufnagel beim letzten Luftangriff auf Wilmersdorf ums Leben gekommen ist und in einem Massengrab auf dem Viktoria-Luise-Platz beerdigt wurde. Ich war wie versteinert, konnte nicht einmal weinen."

Seine Schwester, die nach der Befreiung von russischen Soldaten vergewaltigt worden war, verlobte sich mit dem amerikanischen GI Carl. „Sie haben zuerst im russischen Sektor der Stadt gewohnt, aber das hat die Inge nicht ausgehalten." 1947 heirateten das deutsche Mädchen und der alliierte Soldat. „Kurz darauf sind sie auf einem Militärtransporter in die USA abgehauen. Wie ich sie Jahre später zum ersten Mal in den Staaten besucht habe, hat Carl gesächselt. Und er hat es mit sehr viel Liebe sogar geschafft, dass Inge über die Vergewaltigung einigermaßen hinweggekommen ist."

Jutta Schneider hatte nach Kriegsende nichts zu tauschen. „Wir waren ausgebombt, hatten alles verloren und keine Beziehungen." Sie fuhren trotzdem einmal nach Ostfriesland, in der Hoffnung, dass die Bauern ihnen etwas zu essen gaben. „Aber die haben uns nur ausgelacht. Vielleicht habt ihr ein Klavier, haben sie gesagt. Dann könnt ihr wiederkommen." Das 18-jährige Mädchen stahl sich in der Not auf umliegende Äcker, um bei der Ernte liegengebliebene Kartoffeln einzusammeln. Dabei dachte sie daran, was ihnen nach den Plünderungen und der Not wohl noch als „Verlierer" des Krieges drohte. „Es hieß, dass die Deutschen nie wieder turnen dürften. Oder dass es in Deutschland nie wieder einen Verein geben würde." In den Nächten galt jetzt eine Ausgangssperre. „Mehr als drei Leute durften auf der Straße nicht zusammenstehen." Eine Schulfreundin wurde von ihrem Vater getötet, weil der sich vor der Besatzungsmacht fürchtete. „Er hat die Irmgard, ihren Bruder und ihre Mutter erschossen." Die 18-Jährige wünschte sich nichts mehr, als dass ihr Vati, der im Krieg gefallen war, doch noch heimkehren würde. „Ich konnte mir eine Zukunft ohne ihn gar nicht vorstellen. Er würde mich beschützen und alles wäre leichter." Weil der Vater noch immer als vermisst galt, zahlte seine Dienststelle längst kein Gehalt mehr aus, und die Mutter erhielt keine Witwenrente. „Mutti hätte ihn für tot erklären lassen müssen. Aber wie konnte sie das, wo doch jeden Tag Soldaten aus der Gefangenschaft zurückkamen."

Jutta Schneider sammelte im Schlosspark mit der Mutter Zweige ein, um wenigstens ein Feuer machen zu können. „Ich habe mich dabei furchtbar geniert und bin immer ein paar Schritte hinter der Mutti hergegangen, wenn andere Leute vorbeikamen." In der Wohnung waren die Wasserleitungen eingefroren, obwohl sie ständig den kleinen Herd, den sie auf Bezugsschein bekommen hatten, befeuerten. „Der Ofen konnte die hohen Räume nicht wärmen, es war wie in einem Eiskeller, und deshalb sind die Mutti und ich die meiste Zeit fest zugedeckt im Bett gelegen. Da war es noch am erträglichsten." Um nicht dauernd an die Kälte und den Hunger zu denken, übte Jutta Schneider auf der Geige, die sie damals aus dem Feuer des einstürzenden Hauses hatte retten können. „Ich habe mir alles übereinander angezogen, was ich hatte, mir die Spitzen der Handschuhe abgeschnitten und gespielt, so viel ich konnte." In der Wohnung über ihnen wurde ebenfalls Musik gemacht. Der Sohn des Rechtsanwalts übte am Klavier Chopin und Liszt. „Dieses Familie hatte gute Beziehungen aufs Land und war so nett, uns hin und wieder Zuckerrüben zu überlassen. Die haben wir die halbe Nacht im Waschkessel in der Waschküche gekocht, und dabei die Tür abgeschlossen, damit niemand in Versuchung kam, etwas zu stehlen. Nach langen Stunden blieb dann ein dicker, brauner, süßer Sirup übrig, den wir in Gläser abgefüllt haben." Ein Schuster schenkte ihnen ein Mal eine Schokoladenecke. „Die war keine zwei mal zwei Zentimeter groß. Wir haben sie mit einem Messer ganz fein geraspelt und das Pulver dann auf neun Personen aufgeteilt. Jeder bekam etwas auf die Handfläche gestreut. Ich habe die Augen geschlossen, und mich ganz dem besonderen Geschmack hingegeben."

Die Lebensmittel waren immer noch rationiert. Jutta Schneider stand jeden Morgen Schlange, um das Achtel Vollmilch für ihre kleine Schwester Astrid zu bekommen. „Einmal in der Woche gab es an der Ecke beim Kaufmann eine kochend heiße Fleischbrühe. Beim Bäcker habe ich mich am liebsten angestellt, weil es dort immer schön warm war." Dort beobachtete sie einen Mann, wie er am Tresen um die Glasscheibe herumgriff und ein Paket Schwarzbrot stahl. „Ich sehe noch heute seine Hand. Und wie er sich unauffällig davon gemacht hat." Manchmal bekam die Mutter eine Handvoll ungebrannte Kaffeebohnen, die sie in der Bratpfanne bräunte. „Ich musste dann immer wieder runter auf die Straße laufen, um zu kontrollieren, ob es eh nicht zu riechen war. Man verriet sich nicht gerne." Dann begannen Jutta Schneider und ihre Mutter, aus Sperrholz Hampelmänner zu sägen, bunt zu bemalen und zu verkaufen. „Es gab Husaren, Chinesen, Bären oder komplette Puppenstuben." Die amerikanischen Soldaten waren die besten Kunden. Die Mutter, die nicht so gut Englisch konnte, wollte, dass ihre Tochter übersetzte. „Aber ich bin in den Keller gelaufen und habe mich dort verbarrikadiert." Die junge Frau hatte Angst, als „Amiliebchen" denunziert zu werden. „Denn es gab nicht wenige Fanatiker, die jungen Frauen zur Strafe, dass sie sich mit GIs eingelassen hatten, eine

Glatze schoren." Eines Nachts flog ein in Zeitungspapier gewickelter Stein durchs Fenster und landete neben Jutta Schneider am Kopfende des Bettes.

Wolfgang Pickert suchte abgebrannte Häuser nach halb verkohlten Holztrümmern ab und schleppte diese nach Hause. „Dann haben meine Mutter und ich das Holz mit einer Baumsäge zerkleinert. Sie war eine kleine, zarte Frau, doch gerade in dieser Zeit war Mutter unglaublich zäh. So hatten wir wenigstens irgendetwas für den Kachelofen. Denn Kohle konnten wir uns nicht leisten." Um das Überleben zu sichern, arbeitete der 15-Jährige als Trümmerjunge. „Ich habe mit meiner Mutter, der Trümmerfrau, Steine geklopft. Daneben habe ich eine Lehre als Maschinenschlosser begonnen." Die Mutter betätigte sich zusätzlich in einem Geschäft, das Wäsche mangelte. „Sie hat die Haushaltswäsche betuchterer Leute geglättet. Außerdem hat sie für private Kunden Maschen aufgenommen, die an deren Seidenstrümpfen entstanden waren." Und trotzdem musste Wolfgang Pickert immer wieder hungern. „Der Hunger war schrecklich. Was wir auf unsere Lebensmittelmarken erhielten, reichte nicht annähernd aus. So wurde auch das wenige Brot, das uns zur Verfügung stand, gerecht geteilt. Meine Mutter markierte das Brot mit einem Messer und schloss es danach in die Speisekammer ein. Aber für mich als Schlosserlehrling war das natürlich kein Hindernis. Mein Hunger war so stark, dass ich meine eigene Mutter heimlich bestahl." Die Mutter, die den Schwund natürlich bemerkte, sagte nichts. „Natürlich sind wir auch hamstern gefahren. Was freilich ein dummer Ausdruck ist. Es war der Hunger, der uns alle trieb, mit überfüllten Vorortzügen aufs Land zu fahren, am Waggondach festgeklammert, mit verschiedensten Tauschartikeln ausgestattet, um bei den Bauern wenigstens etwas zu essen zu bekommen. Je weiter wir von Berlin wegfuhren, umso größer wurden die Aussichten, wirklich etwas zu ergattern. Wie oft mussten wir hören: ‚Mer hebben nischt'. Und wenn es uns gelang, etwas aufzutreiben, kam die große Angst, es wieder zu verlieren. Denn es passierte allzu oft, dass uns die damalige Vopo an der Grenze zu Berlin wieder alles abnahm."

Helmut Godai bekam, kaum zu Hause eingetroffen, eine schwere Gelbsucht. „Ich habe nach den Monaten der Kriegsgefangenschaft gar kein Essen mehr vertragen." Als der 18-jährige Wiener wieder gesund war, stieg er in den illegalen Schleichhandel ein. „Zuerst bin ich noch selbst hamstern gefahren. Im Waldviertel habe ich einmal ein Hendl gefangen und wollte es verkaufen. Dann habe ich es meiner Mutter gegeben. Danach habe ich gefälschte Brotmarken verkauft. Aber dann habe ich selbst ein Geschäft aufgezogen und mit Saccharin gehandelt." Ein Freund, der von Wien aus Kindertransporte in die Schweiz begleitete, schmuggelte den synthetischen Süßstoff in großen Mengen nach Österreich. „Ich bin dann durchs Land gefahren und habe es unter der Hand verkauft. Um noch mehr Gewinn zu machen, habe ich aus der 100er-Packung immer 10 Stück rausgenommen. Bevor meine Kunden nachzählen konnten, war ich auch schon wieder weg." So belieferte Helmut Godai als „Schieber" hauptsächlich Altersheime und Krankenhäuser. Als er sein Geschäftsfeld auf den Naschmarkt am Wienfluss ausweitete, wurde er verpfiffen und von zwei russischen Soldaten auf frischer Tat ertappt. „Sie haben mich festgenommen und abgeführt. Da habe ich einen schweren Husten vorgetäuscht und dabei den ganzen Stoff aus den Taschen rausgeschmissen." Der Wiener wechselte dann vom Saccharinhandel im Untergrund zu einem legalen Gewerbe. „Mein Vater hat mich gebeten, auch in den Buchhandel einzusteigen. Nach zwei Lehrjahren und einem Praxisjahr habe ich dann bei ihm in der Leihbücherei angefangen."

Leo Zahel landete nach der Vertreibung aus Brünn in Wien-Floridsdorf. „Da die Brücken über der Donau gesprengt waren, war hier Endstation. Erst nachdem wir nachweisen konnten, dass wir beim früheren Stubenmädchen unserer Greißlerin, die jetzt in der Brigittenau wohnte, ein Quartier hatten, erhielten wir die Genehmigung, überzusetzen." Russische Pioniere hatten auf die im Fluss liegenden Träger behelfsmäßig Holzstiegen montiert, über die sie nun kletterten. „Unten hing ein aufgedunsener Menschenkörper angeschwemmt an einem Gitter. Ich hätte ihn so gerne befreit, aber es hieß nur: weiter, weiter! Welche Mutter wohl um ihn geweint hat?" Die zwei Vertriebenen fanden schließlich bei der alleinstehenden Nachbarin des Stubenmädchens Unterschlupf. „Am nächsten Tag kam der Nachbar mit der Zeitung ‚Neues Österreich' und sagte: Ihr habt mich angeschwindelt, hier steht, dass nur die Nazis aus der Tschechei vertrieben worden sind." Das wollte die Mutter nicht auf sich sitzen lassen und verlangte, dass der Nachbar sie ins Sektionslokal der Sozialistischen Partei begleitete. „Dort hat sie ihr Mitgliedsbuch der Deutschen Sozialistischen Arbeiterpartei DSAP vorgelegt und den Sachverhalt richtiggestellt." Von den Lebensmitteln, die im Parteilokal gelagert waren, bekamen sie zunächst trotzdem nichts ab. „Da hat halt die Stammbevölkerung mehr gegolten." Um zumindest ein wenig einheizen zu können, schlug der 14-Jährige am Handelskai mit einer kleinen Hacke Holzstücke aus den Bahnschwellen der Donauuferbahn, die durch Bomben beschädigt waren.

Doch die Not war so groß, dass die Mutter beschloss, sich zu ihrer Halbschwester nach Ternitz an der Südbahn durchzuschlagen. Der Zentralsekretär der Partei diktierte ein Schreiben, in dem er um Fahrkarten für die Familienzusammenführung ersuchte. Am Südbahnhof wurden die beiden tatsächlich von den Sowjets durchgelassen. Die Mutter fand Arbeit in der Küche der Werkskantine von Schoeller-Bleckmann, doch deren Arbeiter bauten soeben die Maschinen ab und stellten sie widerwillig auf Tieflader. Als Reparationsgut für Russland. „Ich habe in der Küche Kartoffeln geschält und auf den behinderten Sohn des Wirts aufgepasst." Der Großvater konnte schließlich Lebensmittelkarten besorgen. „Er hat beim Ofen des Werks gearbeitet, wo es so heiß war, dass die Arbeiter jeder eine Kiste Bier pro Tag gebraucht haben." Als die Maschinen demontiert waren, gingen Leo Zahel und seine Mutter wieder zurück nach Wien. In der „Zentralstelle für Flüchtlingsfürsorge" trafen sie eine ehemalige Nachbarin. „Frau Schuster hatte mit uns im Konsumhaus in Privoz gewohnt. Da sowohl ihr Mann als auch ihre beiden Söhne vermisst waren, bot sie uns an, bei ihr zu wohnen." In Wien musste der 14-Jährige nachweisen, dass er tatsächlich Mittlerschüler war. „Alle Zeugnisse und Dokumente waren ja in Brünn geblieben. So musste ich im Realgymnasium Kandlgasse Prüfungen in Mathematik und Englisch ablegen." Er bestand, doch das Schulgeld war mit 2400 Schilling pro Monat drei Mal so hoch wie für Österreicher. Nach zwei Monaten musste ihn die Mutter wieder abmelden, weil sie das Geld nicht zusammenbekam. Leo Zahel begann als Hilfsarbeiter bei der Firma „Mosaikchen" im 15. Wiener Gemeindebezirk. „Der Chef hatte irgendwo Karton und Wasserfarben aufgetrieben und mit Hilfe einer Bierdeckelstanze haben wir Kreise, Monde und Halbmonde erzeugt, die zu Spielzeug verleimt wurden." Dann hieß es, alle „Volksdeutschen" würden nach Deutschland abgeschoben. Leo Zahel fertigte Quartette und wollte nicht mehr weg. Da kam am 25. November 1945, nach mehr als 6 Monaten Trennung, der Vater aus dem Gefängnis nach Wien. „Es war acht Uhr abends. Und wir blieben."

Richard Suchenwirth lag wieder im Bett. Der 18-Jährige, dessen Vater als NS-Funktionär von den Amerikanern zuerst im Bärenkeller in Augsburg festgehalten wurde und jetzt in einem Kriegsgefangenenlager in Garmisch interniert war, litt erneut an Tuberkulose. „Ich war nach dem Krieg vollkommen ausgehungert, habe 10 Kilo abgenommen. Und dann ist auch die Infektion voll ausgebrochen." Als er zuvor den Vater im Lager besuchte und mit ihm über das untergegangene Reich philosophierte, war es der Kriegsgefangene, der seinem Sohn Lebensmittel zusteckte. „Er hat mir Butter oder auch Zigaretten gegeben, die ich gegen Brot eintauschen konnte." Trotz der schweren Krankheit begann Richard Suchenwirth, Geschichte und Philosophie zu studieren.

Karl Ibounigg hatte gar keine eigene Lebensmittelmarke. „Dafür hätte ich eine offizielle Entlassung aus dem Kriegsgefangenenlager gebraucht, aber die hatte ich nicht." Eine Tante sorgte dafür, dass der 18-jährige Grazer trotzdem überleben konnte. „Sie hat bei der Fleischerei Binder gearbeitet und mir immer etwas draufgegeben, wenn ich mich für meine Mutter angestellt habe." Er ging nun zur Handelsschule. „Dann habe ich die Annonce der ‚Volksfürsorge' gesehen und mich beworben." Karl Ibounigg begann daraufhin als Lehrling bei der größten deutschen Versicherung, die im „Dritten Reich" in die „Deutsche Arbeitsfront" eingegliedert worden war. Dort warb er bald mit einer Prämie, nach der sich alle sehnten: *„Sorgenfreiheit!"*

In Linz weigerte sich Gertrude Widder, mit den amerikanischen Soldaten, die ihr den Hof machten, auszugehen. „Ich konnte mich doch nicht mit Amis vergnügen, während mein Bruder noch irgendwo in Kriegsgefangenschaft saß. Nein, so ein Flitscherl wollte ich nicht sein." Das 16-jährige Mädchen bügelte stundenlang die Kleidung und Uniformen des Officers und seiner Ordonanzen, die sich im Haus einquartiert hatten. „Und am Ende bin ich draufgekommen, dass ich wieder die Bügelfalte vergessen hatte." In der Schule gab es nun „Götterschlatz". „Das war ein sehr kalorienreiches Gebräu aus Trockenei, Zucker, Trockenmilch und Wasser, das wir im Rahmen der amerikanischen Schülerausspeisung bekommen haben. Manchmal bekamen wir zur Abwechslung auch Kakao mit Nudeln oder Dosenfleisch mit Weißbrot." Um die kärgliche Verpflegung aufzubessern, wusch Gertrude Widder auch für die GIs. „Was nicht so einfach war, da wir ja kein Fließwasser hatten. Die Leitungen waren tot, der nächstgelegene Brunnen befand sich in einem Hof auf der Spittelwiese. Nun war aber die Landstraße in unserem Viertel für Zivilisten gesperrt und so mussten wir über das Hinterhaus in einen ziemlich großen Obstgarten, der von einer Mauer begrenzt war. Mittels einer Leiter überstiegen wir die Mauer, dann ging es in die Herrenstraße, auf die Spittelwiese und zum Brunnen. Der Weg zurück mit den vollen Wasserkübeln war sehr beschwerlich, besonders über die Leiter ähnelten wir Zirkusakrobaten." Irgendwann floss dann auch wieder

Wasser. Und eines Tages kam endlich der Bruder aus der Gefangenschaft nach Hause. Gertrude Widder wiederholte noch einmal die sechste Klasse Gymnasium. Und durfte sogar mit auf Skikurs fahren. „Auf die Tauplitz. Unsere Skier, Nudelwalker genannt, waren aus ehemaligen Wehrmachtsbeständen, noch mit der weißen Tarnfarbe vom Feldzug in Norwegen. Als Skischuhe hatte ich die nägelbeschlagenen Bergschuhe, die mein Vater im Ersten Weltkrieg an der Dolomitenfront getragen hatte. Sie waren natürlich zu groß, aber mit Papier ausgestopft ging es schon, nur das Oberleder hielt nicht stand und bekam einen langen Riss. Hätte unser Klassenvorstand nicht eine Tapeziererernadel in seinem Notfallgepäck gehabt, wäre es für mich aus gewesen mit dem Schifahren. Dabei hatte ich einen so tollen Skianzug, nämlich eine kanadische Feuerwehruniform, mit der mein Bruder aus der Kriegsgefangenschaft heimgekommen war."

Julianne Ziese, die mit ihren Eltern nach der Vertreibung in Markt Oberdorf im Allgäu untergekommen war, wohnte im Mädchenzimmer eines Metzgers. „Ich habe auf seine Tochter aufgepasst. Und immer darauf gewartet, dass es wieder Essen gibt. Zum Frühstück bekam ich Bratkartoffel, zu Mittag Fleisch oder Wurst." Die 15-Jährige, die arbeiten musste, um Lebensmittelmarken zu erhalten, packte für die Eltern heimlich Würste ein. „Als Hilfsarbeiterin habe ich zuerst nur abgezählte Kartoffeln bekommen." Sie trug nach wie vor Männerschuhe. „Denn eigene hatte ich nicht." Der Vater arbeitete nun

in Kempten am Bau. Die meisten seiner Kollegen waren
ehemalige Parteileute, die zur „Entnazifizierung" da waren. Sie bekamen eine Wohnung in einer Kaserne. „Dort
haben wir uns aus dem zurückgelassenen Kriegsmate-
rial einen Herd, Töpfe und Betten gebaut." Am Abend
drehten sie Zigaretten. „Den Tabak hatte meine Tante
angebaut. Mein Vater hat die Zigaretten dann schwarz
auf Baustellen verscherbelt." Wenn das vertriebene Mädchen zwischendurch einmal frei hatte, ging sie mit ihrer Schwester hamstern. „Einmal hatten wir den ganzen
Rucksack voll Fleisch und wurden prompt kontrolliert.
Da haben wir uns einfach beide auf die Beute draufge-
setzt und sind mit viel Glück durchgekommen." Zu Weihnachten 1946 bekam Julianne Ziese ein Stück Stoff geschenkt. „Daraus habe ich mir mein erstes Kleid genäht
und es am Sonntag ganz stolz ausgeführt." Und dann
verliebte sich die junge Frau in Franz, der aus Österreich
auf Besuch gekommen war. „Da ich zu ihm wollte, habe
ich mir falsche Papiere besorgt und bin damit 1948 über
die Grenze." Der Hof, den sie im kleinen Dorf Nexing
im Weinviertel kauften, hatte leer gestanden. „Die Familie, die hier gelebt hatte, war im Mai 1945 von den
Russen ausgerottet worden. Zuerst hatten sie die Tochter
des Hauses vergewaltigt, dann das Mädchen und ihre Eltern erschossen." Die Eltern von Julianne Ziese schifften
sich zu dieser Zeit nach Amerika ein. „Denn als Knecht
arbeite ich sicher nicht in Deutschland, hat mein Vater
gesagt."

Inge Kendl begann gleich nach dem Krieg eine Lehre als Drogistin und Apothekenhelferin. Das 14-jährige Mädchen aus Dachau, das nun wieder in München wohnte, hatte ständig Hunger. „Als einziges Essen habe ich eine dunkle Semmel gehabt, mit der musste ich den ganzen Tag auskommen." Die Chefin nützte den leeren Magen ihres Lehrlings aus. „Sie hat gesagt: Wenn du am Abend da bleibst und auf mein Kind aufpasst, dann kriegst du was zu essen. So habe ich manchmal wenigstens hauchdünne Kartoffeln bekommen." Mit 15 Jahren war Inge Kendl dann auch verpflichtet, die Spuren des Krieges zu beseitigen. Die alliierten Besatzungsmächte hatten verfügt, dass alle Frauen zwischen 15 und 50 Jahren mithelfen mussten, die zerstörten Gebäude abzubauen. In Deutschland lagen 400 Millionen Kubikmeter Schutt. Jede vierte Wohnung war ausgebombt. Fabriken, Bahnhöfe oder Rathäuser waren nur noch Trümmerhalden. „Ich habe als Trümmermädchen bei der Josephskirche gearbeitet, die Ziegeln geputzt und geschlichtet." Im Arbeitsbuch stand „Bauhilfsarbeiterin", andere Trümmerfrauen wurden als „Trümmerarbeiterin" oder „Arbeiterin für Enträumungsarbeiten" geführt. „Die schwierigste Arbeit war der Abriss der stehengebliebenen Mauern mit Handwinden und Spitzhacken. Danach mussten die Wandstücke auseinander genommen werden, ohne die Ziegelsteine zu beschädigen. Die Ziegel wurden dann in einer Kette von Hand zu Hand an den Straßenrand weitergereicht. Dort habe ich mit einem Maurerhammer den

Mörtel abgeklopft und die gesäuberten Steine zu einem Stapel mit 200 Stück aufgeschichtet." Der Schutt wurde auf Schubkarren, Pferdewagen, Lastwagen oder eigens angelegten Trümmerbahnen abtransportiert. Aus dem Bombenschutt wuchsen riesige Berge. In Schwabing der Luitpoldhügel, der 37 Meter hochwuchs, und von dem man heute die Alpen sehen kann. Oder der „Große Schuttberg", der 56 Meter maß und später zum Olympiaberg wurde. Am „Teufelsberg" in Berlin lag der Schutt von 15 000 zerstörten Häusern. Mehr als 20 Jahre lang luden hier bis zu 800 Lastzüge täglich an die 7000 Kubikmeter Schutt ab und machten den künstlich aufgeschütteten Berg zur höchsten Erhebung von West-Berlin.

Günther Sereda musste keinen Hunger mehr leiden. „Meine Mutter war drei Monate lang als Nationalsozialistin in Mistelbach eingesperrt, aber unsere Haushälterin, die Marie, hat mich gerettet. Die konnte sogar aus Brennnesseln was machen." Der 15-Jährige wollte wie sein verstorbener Vater Arzt werden. „Aber das war nur ein Traum. Wir hatten ja kein Geld. Deshalb hatte ich mich schon damit abgefunden, die Automechaniker-Lehre abzuschließen." Bis eines Tages ein Chirurg in den Ort kam. „Das war ein früherer Kollege meines Vaters, der aufgrund einer Verletzung aus dem Ersten Weltkrieg am Oberschenkel amputiert war. Er hatte seine Frau im Krieg verloren und war mit einer Ärztin, die ihm zugewiesen worden war, zu uns geflüchtet." Die beiden Ärzte bauten die zerbombte Praxis wieder auf. „Und ich wurde als

Adlatus herangezogen und habe assistiert." Am Abend spielte Günther Sereda beim Heurigen Harmonika oder Gitarre. „So habe ich mir ein Geld angespart und doch noch Medizin studiert."

Friedrich Giersig hatte den Ehrendolch der Eliteschule Napola über das Kriegsende gerettet. „Mehr sein als scheinen" war auf der scharfen Klinge eingraviert. Doch er hatte nichts, was er damit schneiden konnte. „Wir hatten am Anfang nur Eipulver, sonst nichts. Ich bin am Innufer Brennnesseln pflücken gegangen, daraus haben wir mit Salz und Mehl eine Frühlingssuppe gekocht. Das hat mich schlank gehalten." Der 14-Jährige bastelte mit seiner Mutter aus Holzleisten Taschen und tauschte sie in der Bäckerei gegen Brot ein. „Ich habe immer wieder um Essen gebettelt und mich stundenlang angestellt." Im Sommer ging Friedrich Giersig auf den Berg arbeiten. „Ein Bergbauer hat mich aufgenommen, dort habe ich dann drei Sommer lang als Knecht gearbeitet." Nach der Matura studierte der Napolaner Bauingenieur. Und zeichnete hauptsächlich „Bewehrungspläne".

Sabine Werner machte im Sommer 1945 immer noch jede Nacht ins Bett. „Die Angst der Bombennächte hatte mich zur Bettnässerin gemacht. Ich habe mich so geniert, aber das ging einfach nicht weg." Die Mutter, die nach dem Tod des Vaters auf Kreta nun mit einem neuen Mann zusammen war, war mit der 9-Jährigen und deren zwei Geschwistern nach Erfurt gezogen. Dort hatte sie Arbeit in einem Saatzucht-Unternehmen gefunden.

Sie lebten in Untermiete. „Dann sind die Amerikaner von den Russen abgelöst worden, und die haben meinen Stiefvater Arthur verhaftet." Er wurde nach Sibirien geschickt. „Er hat uns noch Geld hinterlassen, das wir in Büchern versteckt haben." Die Mutter, die nach dem neuerlichen Verlust noch unnahbarer geworden war, fuhr zu ihren Eltern nach Potsdam. „Sie hat nur meinen kleinen Bruder mitgenommen, und mich und meine 11-jährige Schwester Karin bei den Großeltern zurückgelassen." Die Großeltern ernährten sich von Erdapfelschalen und waren knapp am Verhungern. Die Kinder stahlen Kohlen. „Aber wir haben sie nicht eingeheizt, sondern für Mutter aufgespart. Wir haben jeden Tag gebangt und gehofft, dass sie wieder zurückkommt." Sabine Werner machte jeden Morgen ein Kreuz aufs Kalenderblatt. „Der Magen hat fürchterlich geknurrt und meine Zehen und Füße sind halb erfroren." Nach 40 Kreuzen ist die Mutter endlich wieder da.

Der Vater von Lieselotte Kuba kam nicht mehr zurück. „Wir sind noch jahrelang immer wieder mit der Dampflok nach Wien gefahren. Die Waggons waren so voll, dass wir immer stehen mussten. Beim Südostbahnhof mussten wir durch eine Gastwirtschaft durch. Dann standen wir mit Hunderten anderen Frauen und Kindern in der von Bomben getroffenen Kassenhalle und warteten auf den nächsten Heimkehrer-Zug." Rund um das Mädchen fielen Frauen ihren abgemagerten Männern um den Hals, Kinder drückten sich an die fremd gewordenen Väter. „Die Mutti hat ein Bild hochgehalten und gefragt, ob ihren Mann nicht jemand gesehen hat." Aber sie erntete nur Kopfschütteln. „So oft wir auch herkamen, Vati war nie dabei. Und so sind wir jedes Mal wieder allein zurück nach Hause gefahren." In Mistelbach, das wie der ganze Osten des Landes von den Russen besetzt war, prangten jetzt Hammer und Sichel am Rathaus. Lieselotte Kuba begleitete ihre Mutter, eine gelernte Weißnäherin, zur Arbeit in eine Reparaturwerkstätte auf den Hauptplatz, der nun nicht mehr Adolf-Hitler-Platz hieß. „Wir waren ausgebombt, hatten nichts mehr und meine Mutter musste schauen, dass sie uns irgendwie durchbringt." In der Volksschule kam eines Tages die Caritas in die Klasse, die Lehrerin forderte alle Kriegswaisen auf, aus den Bankreihen zu treten und nach vorne zu kommen. „Neben mir sind noch vier Mädchen aufgestanden. Dann mussten wir die Füße heben und unsere Schuhe herzeigen. Vier hatten ein Loch im Schuh und haben ein neues Paar bekommen. Meine Schuhe hatten kein Loch, weil mir die Mutti die Schuhe immer wieder zusammenflicken hatte lassen. Und so habe ich keine neuen Schuhe bekommen. Dabei hätte ich sie so dringend gebraucht." Als die 6-Jährige nach Hause kam, warf sie sich aufs Bett und weinte. „Ich habe das als so ungerecht empfunden, dass ich noch jahrzehntelang nichts für die Caritas gespendet habe." Kurz darauf kam Lieselotte Kuba beim Spazierengehen ein Kind entgegen, das ihren früheren Puppenwagen schob. „Ich habe meine Mutter ganz aufgeregt angestupst, aber sie hat mir verboten, etwas zu sagen. Wahrscheinlich wollte sie keine Schwierigkeiten bekommen oder sie war in unserer ganzen Armut einfach zu stolz, um etwas einzufordern, obwohl es uns gehörte." Wenn sie an der russischen Kommandantur vorbeimusste, wechselte die Schülerin die Straßenseite. „Ich hatte immer Angst, war sehr scheu und bin niemandem zugegangen. Wenn die Mutti einmal was ohne mich machen wollte, hat sie sich heimlich davonstehlen müssen, so sehr bin ich an ihr gehangen." Und Lieselotte Kuba fuhr 1948 auch nicht mit dem Roten Kreuz zur Erholung in die Schweiz, wo Pflegefamilien Kriegskinder aus Österreich und Deutschland aufpäppelten. „Weil ich meine Mutti nicht alleine lassen wollte. Und sie mich nicht."

Im Wald bei Zerlach in der Südsteiermark standen drei einfache Kreuze aus Birkenholz, wo der Ortsgruppenleiter der NSDAP in den letzten Kriegswochen drei Deserteure erschießen hatte lassen. Er führte das Kaufhaus im Ort, das Wolfgang Pucher nie wieder betrat. „Es gab das Gerücht, dass sein Vorgesetzter nach dem Krieg aus Rache in eine Hakenkreuzfahne gewickelt und mit Dreschflegeln totgeschlagen wurde." Der 6-jährige Bub stand mit seiner Mutter jeden Tag um 4 Uhr früh auf, die Hasen, Hühner, Gänse und Schafe wollten gefüttert werden. Seit die Kampftruppe der Russen abgezogen war, schliefen fast jede Nacht Fremde im Haus. „Das waren Menschen, die der Krieg irgendwohin gewirbelt hatte und die nun auf dem Heimweg bei uns durchkamen.

Meine Mutter hat jedem ein Stück Brot oder einen Apfel gegeben, obwohl wir selbst fast nichts hatten. Und sie hat die Gäste im Bett der Großmutter übernachten lassen." Wolfgang Pucher war so kalt, dass er auf dem Weg zur Schule im Gehen urinierte. „Dann war mir zumindest für kurze Zeit warm." Als er nach Hause kam, war die Mutter in Tränen aufgelöst. „Sie hatte den Schusterleisten des Vaters, den sie nie hergeben wollte, verkaufen müssen, weil sie uns sonst nicht durchgebracht hätte." Das Kriegskind sammelte im Wald Holz und Pilze, musste unterm Kruzifix in der Stube schon beim kleinsten Vergehen als Strafe auf Erbsen knien, trug selbstgenähte Hosen und war richtig glücklich, als ihm ein Russe ein gestohlenes Damenfahrrad überließ. Dann fragte ihn die Mutter, was er eigentlich einmal werden wollte. „Wagner habe ich gesagt. Aber sie hat mir als eine Möglichkeit auch Pfarrer aufgezählt." Die bigotte Frau, die ihre Kinder bei jedem Gewitter ums Haus gehen ließ und den Sohn ministrieren schickte, schaffte es, dass der örtliche Hochwürden das Geld fürs Internat auftrieb. Als Wolfgang Pucher später im Bischöflichen Knabenseminar in Graz einzog, sollte er das eigene Bettzeug und reichlich Speck mitbringen. „Aber wir hatten weder das eine noch das andere. Ich konnte statt der Matratze nur einen Strohsack mitbringen. Wie ich mich draufgelegt habe, ist eine Wolke Staub aufgestiegen, und alle haben mich ausgelacht. Im Speisesaal habe ich von Kameraden Brot gestohlen. Das war Mundraub, aus reinem Hunger." Mit

13 Jahren musste er die Schule wegen schlechter Noten verlassen. „Für den geistigen Beruf nicht geeignet, hieß es." Er wechselte die Schule, machte Matura und trat schließlich in den Orden der Lazaristen ein, wo er mit 23 Jahren zum Priester geweiht wurde.

Sigrid Ibounigg hasste das Frühjahr. „Da gab es kein Obst, und im Wald noch keine Schwammerl und Beeren. Das hieß Hunger ohne Ende." Das 6-jährige Mädchen war nach dem Krieg sehr viel alleine. „Die Mutter war ständig um Lebensmittel angestellt. Oder hamstern. Dann hat sie um ein Löfferl Schmalz für ihre Kinder gebettelt. Und immer nachrechnen müssen, ob wir uns diese Woche noch etwas leisten konnten." Der Vater, der immer noch vermisst wurde, hatte im Krieg immer Bohnen nach Hause geschickt. „Die Bohnen waren das Einzige, das ich von ihm hatte." Als sie vor Ostern 1946 vom Land zurück nach Graz kamen, war die Wohnung vernagelt. „Daneben hing ein Zettel, dass die Wohnung von der Kommunistischen Partei beschlagnahmt worden sei. Da ist die Mutter wirklich wütend geworden, hat gesagt, ich habe zwei kleine Kinder, wo soll ich denn hin. Und wir durften doch einziehen. Am nächsten Tag wäre die Wohnung vergeben worden." Drinnen war es bitter kalt. „Die Fenster waren nur mit Pappendeckel zugemacht. Wir konnten dann durch verschiedene Tauschgeschäfte so viele Zigaretten erhamstern, dass wir langsam eine Glasscheibe nach der anderen einschneiden konnten." Dazwischen ging die Mutter mit ihren Töchtern immer und immer wieder zum Bahnhof. „Bei jedem Heimkehrer-Zug haben wir gehofft, dass der Vater dabei ist. Und jedes Mal sind wir noch trauriger nach Hause gegangen." Bis im Mai 1946 die Nachricht kam, dass der Vater wenige Tage vor Kriegsende in einem Zug umgekommen sei, als eine Bombe darauf fiel. Und dass er in Melk begraben läge. „Die Mutter hat ihn daraufhin sofort exhumieren lassen. Sie hatten sich so gerne gehabt, dass sie auch später nie mehr geheiratet hat." Sigrid Ibounigg hat seither nie wieder Bohnen gegessen.

# 15

# SCHWEIGEN

„ES MUSSTE JA WEITERGEHEN!"

Eckart Schwartz stellte sich in die lange Menschenschlange, die vor dem Kino in der Habelschwerdter Allee anstand. Die Military Police deutete dem 13-jährigen Berliner, sich ordentlich einzureihen. Zwei GIs notierten vor dem Einlass Name und Adresse, dann erhielten die Besucher die kostenlose Eintrittskarte. „Und die Eintrittskarte, so hieß es, konnte man danach gegen Lebensmittelkarten eintauschen." Neben den Sitzreihen im Saal standen amerikanische Soldaten. Dann wurde es dunkel, der Film begann. „Es war ein Film über Auschwitz. Mit Bergen von nackten Leichen, Überlebenden aus Haut und Knochen, Gaskammern, Baracken, Bergen von Schuhen, Brillen und Koffern, und das alles in epischer Breite." Eckart Schwartz schlug die Hände vors Gesicht, er konnte die Bilder, die zum Teil schon in Farbe gedreht wurden, nicht ertragen. „Sie haben mich an die Listen mit persönlichen Gegenständen erinnert, die ich im Germanisierungslager auf dem Schreibtisch entdeckt hatte." Als die Spule auslief, war es im Saal drückend still. „Niemand hat ein Wort gesprochen, alle waren blass, keiner hat den anderen angesehen." Er lief nach Hause und vergrub sich im Bett. „Obwohl ich ja selbst von den Nazis als rassisch unrein betrachtet wurde und meine Mutter früher Jüdin war, habe ich seit diesem Film immer Schuldgefühle gehabt."

Helmut Godai war nach dem Krieg davon überzeugt, dass die Shoah, die Vernichtung von sechs Millionen Juden, „Feindpropaganda" war. „Ich konnte und wollte einfach nicht glauben, dass das passiert war. Es war so schlimm, das zu erfahren und das wahre Ausmaß dieses Verbrechens zur Kenntnis nehmen zu müssen." Erst viele Jahre später machte sich der Wiener mit seiner Frau auf den Weg nach Bergen, wo er als 17-Jähriger für den Endkampf trainiert worden war. „Wir haben das KZ Bergen-Belsen besucht, und ich war schockiert, dass es so nahe bei der Kaserne lag und ich trotzdem nichts gewusst habe." Er erinnerte sich an die Gruppe Gefangener in gestreiften Kleidern, die er damals gesehen und geglaubt hatte, sie wären normale Häftlinge, die aufgrund eines Bombentreffers in ein anderes Gefängnis verlegt würden. Er dachte an die jüdischen Klassenkollegen und an die Nachbarn, die plötzlich verschwanden, und angeblich nach Polen gebracht wurden. Er sah sich selbst, wie er die Bücher jüdischer Schriftsteller aus dem Laden räumte und stattdessen „Mein Kampf" in die Auslage stellte. „Auch wenn ich selbst ja nichts damit zu tun hatte, habe ich immer versucht, das zu vergessen. Denn an Sünden erinnert man sich nicht gerne." Wenn Helmut Godai heute beschreiben möchte, welche Gefühle er im Lauf der Zeit mit dem Nationalsozialismus verbunden hatte, sagt er: „Dafür. Dagegen. Entsetzen."

Karl Ibounigg hatte die Bilder des Massenmordes schon in der Kriegsgefangenschaft vor Augen gehabt. „Die Amis sind über die Rheinwiesenlager geflogen und haben Flugblätter mit Fotos aus den Konzentrationslagern auf uns abgeworfen." Viele der Soldaten schüttelten ungläubig den Kopf, manche nickten, einige sammelten die Zettel ein, um daraus ein Feuer zu machen. „Ich selbst habe schon zuvor gewusst, dass es Dachau gibt. Und das Lager in Wöllersdorf, wo ja schon vor dem Krieg Regimegegner eingesperrt worden waren. Aber von Gaskammern und Auschwitz und Mauthausen und wie die KZs alle hießen, habe ich keine Ahnung gehabt." Der 17-jährige Grazer war nach der Kapitulation der Deutschen Wehrmacht auch persönlich niedergeschlagen. „Ich habe bis zuletzt gegen die Alliierten gekämpft. Wie sollte ich mich jetzt befreit fühlen? Ich habe mich besiegt gefühlt. Was sonst? Meine Welt war über Nacht zusammengebrochen." Nach der Entlassung versuchte Karl Ibounigg nach vorne zu schauen. „Ich war vom Nationalsozialismus nicht geimpft. Wie der Kampf für mich aus war, war der Krieg für mich vorbei. Aus und vorbei." Danach, so sagt er, „wollte ich nur noch heim".

Wolfgang Pickert benötigte mehr als zwei Jahre, um die Schuld der Deutschen zu sehen. „Ich habe noch beim

Kriegsverbrecherprozess in Nürnberg gesagt: Nein, das gibt es nicht, was den Angeklagten da vorgehalten wird. Erst danach ist mir langsam, dafür umso heftiger gedämmert, dass Hitler ein Verbrecher war und dass die Vernichtung der Juden das schlimmste vorstellbare Verbrechen überhaupt war." Der 16-Jährige fragte sich, wie es passieren konnte, dass er unter Mörder geraten war. „Ich war durch den Krieg ja kein Kind mehr, sondern geistig sehr reif."

Aber wie sollte man auch verstehen, dass die Generation der Eltern und Großeltern einen Krieg geplant und durchgezogen hatte, der letztlich 55 Millionen Tote forderte. Und damit fast so vielen Menschen das Leben kostete, wie vor dem Krieg in Deutschland gelebt hatten. „Dieses Grauen war doch im wahrsten Sinn des Wortes unfassbar." Wolfgang Pickert hatte keine Worte dafür. „Weil alles, was vor dem Zusammenbruch gut und richtig zu sein schien, nun plötzlich schlecht und falsch sein sollte. Das hat mir sehr zu schaffen gemacht."

Schon aus Selbstschutz blieb ihm, wie den meisten Kriegskindern, nur die Möglichkeit, das Unfassbare, das Unaussprechliche nicht an sich herankommen zu lassen. „Was hätten wir denn machen sollen? Es musste ja weitergehen!" Die Eltern sagten: „Sei froh, dass du überlebt hast." Das Schicksal als Kriegskind verblasst angesichts der Monstrosität aus Schuld und Scham. Das Schweigen begann. „Ich habe nie darüber gesprochen. Nicht mit meinen Eltern. Nicht mit anderen Leuten. Nicht

mit Kriegskindern. Keiner hat darüber gesprochen. Ich
habe es nicht verdrängt. Ich hatte einfach kein Bedürfnis, darüber zu reden." Wolfgang Pickert ging stattdessen boxen, obwohl der Kampfsport den Deutschen bis
1950 verboten war. Dabei musste er nicht denken, nur
schlagen und decken. Er wurde Berliner Meister im Fe-
dergewicht. Verdingte sich als Zeitungsausträger, Bau-
hilfsarbeiter oder Kohlenausträger. Und war 1949 doch
wieder arbeitslos. „Dann haben mir meine Eltern gesagt,
dass in Berlin dringend Polizisten gesucht würden." Da
war es auf einmal, das Trauma des Krieges. „Ich bin
ganz hysterisch geworden. Habe herumgeschrien. Nein,
nein, nein! Ich ziehe sicher keine Uniform an. Nie mehr
wieder!" Der 20-Jährige rang mit sich und bewarb sich
schließlich doch. Er wurde kaserniert und musste wieder
exerzieren. „Das Brüllen am Kasernenhof hat mich fertig
gemacht. Viele Schüler haben daraufhin gleich wieder
kehrtgemacht." Wolfgang Pickert kämpfte sich durch,
machte an der Zonengrenze mit der amerikanischen
Militärpolizei Streifendienst in Zivil. Bis er eines Tages
einen Karabiner entgegennehmen sollte. „Da habe ich
gesagt: Das Ding fass ich nicht an! Ich habe als 15-Jäh-
riger schießen müssen." Der Polizeianwärter lief nach
Hause, sperrte sich ein und wollte alles hinschmeißen.
Am nächsten Tag meldete sich Wolfgang Pickert zurück.
„Es musste ja schließlich weitergehen!"

Auch Richard Suchenwirth hatte nie über sein Schicksal als Kriegskind gesprochen. „Wozu auch? Ich habe

keine Angst davor gehabt, mich mit der Vergangenheit auseinanderzusetzen. Aber was hätte es schon für einen Sinn gehabt. Es muss ja doch jeder seinen eigenen Weg gehen. Deshalb habe ich auch nie mit anderen über die eigene Geschichte gesprochen." Zu Hause führte der 18-Jährige nach dem Krieg seinen eigenen Kampf. „Ich habe sehr lange gebraucht, um mit mir selbst ins Reine zu kommen. Und anzuerkennen, dass unentschuldbare Verbrechen begangen wurden." Richard Suchenwirth versuchte in der braunen Welt, die sein Vater mit auf- gebaut hatte, in der er sich selbst ganz gut eingerichtet hatte, und die nun so schmählich zusammengebrochen war, irgendwie Ordnung zu schaffen. Doch die Knäuel in seinem Kopf gingen nicht auf. Als er später als Neuro- loge arbeitete, fragte er jeden Patienten, was dieser im Krieg erlebt hatte. „Ich hatte Soldaten bei mir, die sich gewundert hatten, warum sie in Polen nicht mit Blumen, sondern mit Bohnen empfangen wurden. Einen Ober- fähnrich, der mit Dutzenden Kameraden in Ein-Mann- U-Booten ausgefahren und als einziger wieder zurück in den Hafen gekommen war. Und so viele Klienten, die nicht über den Bombenterror hinweggekommen waren, dem sie als Kind ausgesetzt waren. Da habe ich verstan- den, dass jeder Mensch seine Geschichte mitschleppt." Richard Suchenwirth hat nie vom Krieg geträumt. „Ich habe mich selbst gewundert, wie gut ich es geschafft habe. Auf meiner Seele liegt kein Trauma." Und doch kann der 87-Jährige erst heute aussprechen, was ihm so lange Kopfzerbrechen gemacht hat. „Hitler war ein Idiot. Er war größenwahnsinnig. Und wir haben uns alle hineinreiten lassen."

Jörg Sonnabend war 11 Jahre alt, als das „Dritte Reich" kapitulierte, in das er 1934 hineingeboren wurde. „Ich war deprimiert, dass meine Welt zusammengebrochen ist. Ich hatte doch keine andere. Und mir war auch nicht bewusst, dass wir Schuld hatten." Bis heute sieht der 80-jährige Berliner, wie er über tote Soldaten hinwegsteigt, hat den Geruch der verwesenden Leichen in der Nase und hört die Flugzeuge, die ihre tödliche Fracht abladen. „Was wir als Kinder erlebt haben, da hätten wir Tausende Psychiater gebraucht, um das zu verarbeiten. Also haben wir alles weggesteckt." Die Eltern sagten nichts. Der Junge fragte nicht. Was war, war. Und wurde beschwiegen. Jetzt galt es anzupacken. „Wir müssen vorwärts, wurde gesagt, das Land aufbauen." Warum es zerstört wurde, wurde nicht besprochen. Und für das Leid der Kriegskinder war keine Zeit. „Jammern füllt den Magen nicht", hieß es. Dann machte die Sowjetunion im Juni 1948 die Grenzen dicht, der westliche Teil Berlins war plötzlich abgeschnitten. Der Kalte Krieg überdeckte den soeben verlorenen Krieg. Die Bösen waren wieder die anderen.

„Das war schon ein sehr eigenartiges Gefühl, als die gleichen Flugzeuge, die uns noch vor drei Jahren mit Bomben bepflastert hatten, nun unser Überleben sicherten." Jörg Sonnabend fuhr mit seinen Freunden auf dem Fahrrad zu den Landebahnen am Flugplatz Gatow. Die

14-Jährigen beobachten, wie alle paar Minuten eine „Lancaster", „Halifax" oder „Blenheim" niederging. „Die Briten hatten die Bomber zu Transportmaschinen umfunktioniert." Der Vater arbeitete auch am Flugplatz, er wartete die Lastkraftwagen, die alles auf die Stadt verteilten, was über die Luftbrücke eingeflogen wurde. Jörg Sonnabend hatte die Möglichkeit, ein Jahr lang auf einem Bauernhof in Ostfriesland zu verbringen, die Engländer brachten Berliner Trümmerkinder im Rahmen der „Aktion Storch" dorthin, wo die Not nicht so groß war und es mehr zu essen gab. „Aber ich wollte nicht mitfahren. Die sieben Monate, die ich im Krieg auf Kinderlandverschickung in der Slowakei war, hatten mir gereicht." Im September 1948 zog Jörg Sonnabend mit seiner Schulklasse in ein Zeltlager der Amerikaner auf der Großen-Badewiese in Hohengatow. „Das Camp bestand aus Armeezelten, der Schlafsack sah aus wie eine Zementtüte. Aber die Verpflegung war hervorragend. Es gab Eintopf, Fleisch und Stullen. Und wir bekamen reichlich Coca-Cola." Im Gemeinschaftszelt liefen Zeichentrickfilme: „Mickey Mouse" und „Popeye the Sailor". Die Jugendlichen wurden als Freunde behandelt und sogen die amerikanische Kultur begierig in sich auf. „Ich habe amerikanischen Swing und Jazz gehört, und zu Hause immer den US-Soldatensender AFN eingestellt. Die Sendung ‚Frolic at five' war Pflicht. Ich konnte gar nicht genug bekommen von Glenn Miller, Harry James, Benny Goodman, Ray Anthony oder Lionel Hampton." Im alten Sportpalast, wo Joseph Goebbels 1943 den „Totalen Krieg" beschworen hatte, hörte Jörg Sonnabend jetzt für 8 D-Mark die noch vor Kurzem verbotene Musik. „Da ist die Post abgegangen."

Die Eltern kamen da nicht mit. „Mein Vater hat immer über die schreckliche Negermusik gemeckert." Und die Mutter verstand nicht, warum ihr Junge plötzlich die langen GI-Jacken der US-Army oder die braunen Lederwesten der englischen Soldaten trug, die sie vor Kurzem noch bekriegt hatten. „1950 war die Zeit der Ringelsocken und knöchellangen Röhrenhosen, dazu trug man Schuhe mit mindestens drei Zentimeter dicken Kreppsohlen. Das Sakko war zweireihig und musste schön lang sein. Meine Lieblingskrawatte zierte ein Segelschiff." Während in den meisten Tanzlokalen das „Offen-Tanzen" ausdrücklich verboten war, shakten sich Jörg Sonnabend und seine Clique im „Heideschloss" oder den „Kammerspielen" beim Boogie-Woogie weg. Die dunkle Vergangenheit hatten die Kriegskinder von gestern an der Garderobe abgegeben. „Wir haben nie wieder darüber gesprochen."

Gertrude Widder will bis heute nichts über den Krieg und die Konzentrationslager wissen. „Ich will darüber nichts lesen, nichts sehen, nichts hören." Die 85-jährige Linzerin, die nach dem Krieg „dem Vater zuliebe", der im NS-Regime als Pflichtverteidiger die Vollstreckung von Todesurteilen mit ansehen musste, Jus studiert hatte, hat ihr Schicksal immer beiseite geschoben. „Wenn mich etwas so belastet, dann muss ich es wegschieben." Wenn sie mit ihren Jugendfreundinnen zusammenkommt, wird über den Krieg kein Wort verloren. „Wir verdrängen das."

Julianne Ziese hat ihre Jugend im Krieg verloren. „Ich konnte niemals Kind sein. Und ich hatte auch keine Teenager-Zeit." Die 84-Jährige hat die Demütigung, das Massaker und die Vertreibung nie verwunden. „Ich will meine Heimat nicht mehr sehen. Das ist nicht mehr mein Zuhause." Die schönen Zeiten sind unter verletzlichen Schutzblättern in schweren Fotoalben abgelegt, die hässlichen Erinnerungen im Gedächtnis eingebrannt. Wenn sie zwischendurch ins Bewusstsein drängen, braucht Julianne Ziese viele Taschentücher. „Ich habe gefroren. Und gesehen, wie andere meinen Mantel und meine Schuhe getragen haben." Die Kälte ist geblieben.

Sabine Werner ist immer viel zu warm angezogen. „Die Angst, ich könnte wieder frieren, die bring ich nicht weg." Die 78-Jährige hat fast ihr ganzes Leben den Vater gesucht, den sie 1941 im Alter von 5 Jahren verloren hatte. „Dieser Verlust hat mich immerzu begleitet. Sein Tod hat alles geprägt. Und was alles noch schlimmer machte, war, dass die Mutter, aus preußischem Offiziersadel, danach noch unnahbarer geworden ist." Die Kinder erfuhren so gut wie keine Zuwendung. „Sie musste wohl alle Gefühle unterdrücken, weil sie sonst selbst zugrunde gegangen wäre. Dabei hatte die Frau früher Charleston auf Tischen getanzt." Sabine Werner erinnert sich daran, wie sie ihren kleinen Bruder nach dem Krieg in den Trümmerhalden bewusst in Angst versetzt hatte. „Ich habe mich auf dem

Weg zu unserer Großmutter absichtlich versteckt und dann gewartet, bis er aus Verzweiflung zu weinen begonnen hat. Dann bin ich hinter der Mauer hervorgestürzt und habe ihn getröstet. So konnte ich wohl mein Liebesbedürfnis befriedigen." Anstelle der Nähe und Zärtlichkeit predigte die Mutter Anstand. „Anständig sein, ihr müsst immer anständig sein, das war, was wir von ihr gehört haben." Die strenge, gefühlskalte Erziehung machte das Mädchen aus Potsdam selbst hart. „Ich habe mich immer unsicher gefühlt. Und später auch die eigenen Kinder sehr kühl und distanziert erzogen. Statt sie zu herzen, habe ich immer den Zwang gehabt, mich um alles kümmern zu müssen." Die eigene Mutter hatte Sabine Werner zum ersten Mal umarmt, „als sie schon im Sterben lag".

Friedrich Giersig hätte einmal zur neuen Führungsschicht der Nationalsozialisten zählen sollen. Der Schüler der Eliteschule Napola hat sich nach dem Krieg oft gefragt, warum scheinbar fast alle, auch er selbst, die eigene Verantwortung abgegeben hatten. „Führer befiehl, wir folgen dir!" Doch der 83-Jährige hat nie eine Antwort darauf gefunden. „Der Krieg hat uns zumindest selbständiger gemacht", sagt er dann. „Als Kind weiß man ja nichts." Oder: „Es war halt so!" Den Ehrendolch hat er bis heute aufgehoben. „Und eigentlich ist das Motto der Napolaner, das darauf eingraviert ist, auch zu meinem Lebensmotto geworden: Mehr sein als scheinen."

Jutta Schneider lebt seit Jahren alleine in ihrem liebevoll eingerichteten Haus im bayrischen Reisbach. Und hat doch keinen Platz. „Das Haus ist so voll, weil ich eine Sicherheit darin finde, alles aufzuheben. Ich kann einfach nichts wegschmeißen. Und was kaputt ist, wird repariert." Die 87-Jährige wollte auch ihre Erinnerungen an die Zeit als Kriegskind erhalten. Und hat sie deshalb für die eigenen Kinder und Enkelkinder aufgeschrieben. „1927–1948" steht auf dem Einband. Ihr inzwischen verstorbener Mann Wolf, ein Kameramann und Regisseur, hat zur Erzählung wunderschöne Zeichnungen beigesteuert. Als Jutta Schneider nach monatelanger Arbeit fertig war, schrieb sie müde, aber zufrieden darunter: *„Bögen falzen. Marmorierpapier herstellen. Bücher binden. 13 fertige Exemplare. Hoffentlich erwartet niemand ein literarisches Werk. Ich bitte um Nachsicht. Eigentlich wollte ich nur einige Dinge notieren, an die ich oft denken musste. Dabei hat mich die Vergangenheit eingeholt. Denn erst jetzt stelle ich fest, dass ich in den ersten 21 Jahren meines Lebens als Kriegskind so geformt wurde, wie ich heute lebe und handle. Heute noch habe ich Angst vor den Sirenentönen und träume immer noch von Feuer, Krieg und Retten. Das wird mir wohl bleiben."*

Und doch hat Jutta Schneider ihr Schicksal nicht ganz an sich herangelassen. In den Aufzeichnungen heißt das Kriegskind nicht Jutta, sondern Gesine. Und der Text ist nicht in Ichform, sondern in der dritten Person verfasst. Als ginge es hier gar nicht um sie. Als wäre die dramatische Geschichte bloß ein Roman.

# 16

# VERMÄCHTNIS

„AUFPASSEN!"

Wolfgang Pickert hat der Krieg zum Pazifisten gemacht.
„Ich hasse den Krieg. Jeden Krieg." Der 84-jährige Berliner kann nur noch sehr schwer aufstehen, der Gang
vom Bett zum Schreibtisch, den er auf Krücken bewäl-
tigt, nimmt ihm die Luft. Hinaus kommt er gar nicht
mehr. Und trotzdem steht Wolfgang Pickert mitten im
Leben. Jede Woche schreibt er zwei bis drei Mal seine
Kommentare zum aktuellen Weltgeschehen und schickt
sie als Mail an Dutzende Freunde, Bekannte und Wegbe-
gleiter. Es sind die dramatischen Erfahrungen als Kriegskind, die ihn geprägt haben. „Es ist so schlimm, wenn
eine Generation, wie die meine, in ein Unrechtssystem
hineingeboren wird. Denn wie will ein junger Mensch,
unausgegoren und bar jeder Lebenserfahrung wissen,
was gut oder böse ist, wenn er sofort vereinnahmt wird.
Und wenn einmal alles im Gange ist, ist ein Aufbegehren
nicht mehr machbar." Wolfgang Pickert, der nach seiner
Karriere bei der Polizei exotische Fernreisen organisiert
hat, die sich in Tischen, Sesseln, Masken, Skulpturen,

Schätzen und Fotos in der Wohnung widerspiegeln, ist ein offener, toleranter Mensch geworden. „Nur Glatzköpfe kann ich nicht sehen. Die Neonazis kotzen mich echt an. Denn ich habe auf eigener Haut erfahren, was Nationalsozialismus bedeutet." Der Berliner setzt sich wieder an den Schreibtisch und versendet sein Vermächtnis. „Auch wenn der Friede immer eine Utopie bleiben wird, so muss man gerade deshalb jeden Tag darum kämpfen."

Jutta Schneider fasst ihre Lebensweisheit in einem Wort zusammen: „Frieden!" Die 87-Jährige, in deren Scheune gerade junge Sängerinnen aus Finnland für ein Konzert proben, meint damit auch den häuslichen Frieden. „Man kann schon streiten, aber man darf keine Nacht mit einem Streit zu Bett gehen. Man muss sich vorm Einschlafen in jedem Fall wieder versöhnen. Denn alles kommt im Leben zurück." Der Krieg hat Jutta Schneider gelehrt, weltoffen, tolerant und vorsichtig zu sein. „Die Verfolgung von Menschen aufgrund ihrer Religion oder Hautfarbe oder Gesinnung darf nicht geschehen. Ein Mensch ist ein Mensch, wie du und ich. Daraus ergibt sich für mich selbstverständlich, dass niemand getötet werden darf. Also kein Krieg geführt werden darf. Denn im Krieg passieren keine Verbrechen, der Krieg selbst schon ist das Verbrechen. Das klingt wahrscheinlich sehr simpel, aber so einfach ist es." Jutta Schneider, die unter anderem als Restauratorin und Archäologin in Museen in Berlin und Bremen gearbeitet hat, fürchtet sich immer noch, wenn im Dorf die Sirenen anschlagen. „Aber viel schlimmer ist, was heute in der Welt geschieht. Ich sitze hier in meinem gemütlichen Haus und esse mein Abendbrot, während ich im Fernsehen sehe, dass Menschen in bedrohten Gebieten um ihr Leben laufen. Ich kriege dann keinen Bissen mehr runter."

Helmut Godai denkt an die Nachbarin in Wien, die 1938 im Stiegenhaus in Wien alle davon überzeugen wollte, gegen den Anschluss an das „Deutsche Reich" zu stimmen. „Sie hat gemeint, dass Hitler unweigerlich Krieg bedeutet. Aber niemand hat ihr geglaubt. Für mich heißt das, dass man jede Entwicklung sofort auf ihre Folgen hin anschauen muss, beurteilt und gleich danach handelt. Denn sonst ist es zu spät dafür." Der 87-Jährige, der nach dem Krieg in Wien eine Buchhandelskette aufgebaut hatte, aber nie wieder Geschichten von Abenteurern und Helden gelesen hat, weiß, was es heißt, in einer Diktatur zu leben. „Wenn du nicht mitmachst und mitschwimmst, riskierst du dein Leben. Deshalb kann man nur vorher etwas machen. Und sollte zumindest in der eigenen Umgebung, in der Familie und im Bekanntenkreis seine Meinung kundtun." Helmut Godai sieht noch heute die jungen Mädchen in ihren Uniformen vor sich, die mitten im Krieg neben ihm im Dünen-Express an der Nordsee saßen und davon sangen, glücklich sein zu wollen. „Ja, wo die Burschen singen und die Klampfen klingen und die Mädchen fallen ein, was kann das Leben uns denn schon geben, wir wollen glücklich sein!" Schon damals als Kindersoldat hatte er gedacht, „dass wir alle doch nichts anderes als ein normales Leben haben wollen." Dass zur selben Zeit ein paar 100 gleichaltrige Kinder und Jugendliche in Köln, die ihr Haar lang trugen, karierte Hemden anzogen, ein buntes Halstuch umbanden und sich Edelweiß-Piraten nannten, das Nazi-Lied umgetextet sangen, wusste er damals nicht. Die 13- bis 17-Jährigen trafen sich auf dem Kölner Manderscheiderplatz oder den Seen der Umgebung und stimmten zur Gitarre ihre Version an: *„Ja, wo die Fahrtenmesser blitzen und die Hitlerjungen flitzen und die Edelweißpiraten schlagen drein, was kann das Leben uns denn noch geben, wir wollen frei von Hitler sein!"* Helmut Godai hat erst vor Kurzem darüber gelesen, dass die Mitglieder der Bewegung, deren einziges Ziel es war, frei von Hitler zu sein, sogar Pläne geschmiedet hatten, das Gestapo-Hauptquartier zu sprengen und Munitionszüge der SS zum Entgleisen brachten. „Es ist also immer möglich, etwas zu tun." Nachsatz: „Am 10. November 1944 wurden 13 'Edelweißpiraten' gehängt." Der fürwitzige Wiener wiederholt noch einmal, was er bis heute nicht verwunden hat: „So viele meiner Freunde sind irgendwo da draußen ums Leben gekommen, und liegen unter der Erde, und hatten noch nicht einmal ein Mädchen geküsst."

„Nichts geht über Frieden. Nichts." Gertrude Widder hat immer wieder versucht, ihren Kindern zu erzählen, wie das ist, in einer Diktatur zu leben. „Das kann sich niemand vorstellen. Das kann man nur schwer schildern. Diesen Zwang. Diesen Druck. Diese Angst. Und man hofft die ganze Zeit nur, dass es ein Ende nimmt." Die 85-jährige aparte, schlanke Frau aus Linz hat im Krieg viel Kraft aus ihrem Glauben geschöpft. „Diese Glaubensstunden, zu denen ich mich mit anderen Jugendlichen heimlich getroffen habe, haben mir sehr geholfen, durchzuhalten. Das war unser kleiner Widerstand." Während Gertrude Widder in ihren Fotoalben blättert, wird sie nicht müde, zu betonen, „in welch glücklicher Zeit wir derzeit in Österreich oder Deutschland leben". Wann immer ein Krieg zu Ende geht, fühlt sie Erleichterung. „Und wie die Mauer in Berlin gefallen ist, habe ich vor Glück geweint."

Leo Zahel sucht, nach seiner Lebensweisheit gefragt, nach dem Buch, in das ihm ein Freund, der österreichische Arbeiterdichter Josef Luitpold, der selbst vor den Nazis in die USA geflüchtet war, kurz nach dem Krieg eine persönliche Widmung geschrieben hat. „Hier ist es." In schöner Handschrift steht da: *„Der Mensch, o Freunde, er soll lernen, auf dass aus dieser Erde der schönste unter allen Sternen werde!"* Aber der 83-Jährige glaubt nicht daran, dass der Mensch aus Kriegen lernt. „Der Mensch ist nicht gescheiter geworden. Es ist furchtbar, dass die Menschheit so unmenschlich ist. Wenn ich die bisherige Geschichte des Menschen auf einem Meterstab abbilden müsste, wäre 1 Millimeter Homo sapiens, aber 999 Millimeter Bestie." Dann denkt Leo Zahel wieder daran, wie die Bomben auf ihn fielen, wie sie über Nacht aus der Wohnung geschmissen wurden, wie er das tote Kind über die Grenze schob. „Und daran, dass ich in all dem

Wahnsinn nur daran gedacht habe, ob es morgen etwas zu essen gibt. Überleben war das alles Bestimmende, das Einzige, was uns bewegt hat."

Jörg Sonnabend glaubt auch nicht daran, „dass sich der Mensch gebessert hat. Gar nicht". Wenn der 80-jährige Berliner, der bis zu seiner Pensionierung als Ingenieur gearbeitet hat, manchmal noch über den Teufelsberg spaziert, denkt er bei jedem Schritt daran, dass unter dem grünen Gras und einer Million Bäumen seine eigene Geschichte verschüttet liegt. „Sagt ein Berliner zu einem Bayern: Eure Berge sind zwar höher, aber unsere sind selbst gebaut!" 55 Meter tiefer, am Grunde des heutigen Hügels, der aus 26 Millionen Kubikmeter Trümmerschutt besteht, war er gleich nach dem Krieg heimlich durch den Rohbau der „Wehrtechnischen Fakultät" geschlichen, die Albert Speer im Auftrag des Führers für die „Welthauptstadt Germania" geplant hatte. „Auf dem Betonboden lagen überall bunte Glassteinchen verstreut, vor allem rote, schwarze und weiße. Nachdem ich mir die Hosentasche damit vollgestopft hatte, habe ich auf der Decke der mächtig aufragenden Arkaden im Schein der Taschenlampe ein unvollendetes Mosaikbild entdeckt: Es hätte ein monströses, weltumspannendes Hakenkreuz werden sollen." Jörg Sonnabend will sich gar nicht vorstellen, was gewesen wäre, hätten die National-sozialisten den Krieg gewonnen. „Je älter ich werde, desto klarer tritt all das wieder ins Gedächtnis. Und ich kann nur hoffen, dass das Böse dort unten bleibt."

Julianne Ziese mag nicht verstehen, „warum für Kriege immer Geld da ist. Auch wenn für sonst nichts etwas da ist, in die Rüstung wird immer investiert. Und die Kirche segnet die Waffen". Die 84-Jährige, die vor nunmehr 70 Jahren in der Nacht zur Zeugin des Massakers in ihrem Heimatdorf geworden war, ist froh, alt zu sein. „Denn ein Krieg heute wäre noch viel, viel verheerender." Sie liebt die Kultur ihrer neuen Heimat, hat alle großen Schauspieler der letzten Jahrzehnte gesehen und ein Abonnement bei der Philharmonie. „Was ich aus dem Krieg gelernt habe? Dass man nie in einer Minderheit leben sollte. Ansonsten sehe ich nicht, dass wir daraus gelernt hätten. Der Mensch vergewaltigt. In jedem Bereich. Wir Kapitalisten haben uns im Wohlstand der Spaßgesellschaft eingerichtet, lassen die armen Länder im Stich und sind selbst doch immer unzufrieden." Beim Abschied fällt Julianne Ziese noch etwas ein, was wohl ihr Vermächtnis als Kriegskind sein könnte: „Ich würde meinen Sohn nicht in den Krieg ziehen lassen. Niemals."

Inge Kendl sitzt auf dem Sofa ihrer gediegenen Wohnung in München. Auf der Decke über ihr sind noch die Spuren des Krieges zu sehen. „Da ist die Stabbrandbombe durchs Dach gefallen. Und da, am Teppich, ist sie gelegen." Die 83-Jährige sieht sich im Fernsehen ihre Vergangenheit an. „Alles, was ich als Kind nicht gewusst oder verstanden habe oder worüber ich mir gar keine Gedanken gemacht habe, schaue ich mir heute an. Auch die Berichte über Dachau, wo ich damals viele Jahre neben dem KZ gelebt habe. Je älter ich werde, desto mehr denke ich an meine Kindheit und Jugendzeit." Und je mehr sie heute erfährt, umso mehr fragt sie sich, „warum das damals niemand durchschaut hat. Und die große Frage: Warum gibt es Krieg?"

Judith Lemke ist ihrem Vater in diesen Tagen ganz nahe. Die 73-Jährige, die heute in einem beschaulichen Dorf südlich von Bonn lebt, aus Pflänzchen und Kräutern heilende Salben generiert und Kindern die Freude am Malen vermittelt, hat ihre schmerzvolle Geschichte noch einmal ausgegraben. Nummeriert und mit Schleifen gebunden, liegen die zärtlichen Briefe vor ihr, die sich der Vater an der Ostfront und die Mutter zu Hause in Potsdam geschrieben haben. Zwischen Juli 1943, als er zum letzten Mal zu Hause war, und November 1943, als er in der Baracke liegend von einem Granatsplitter in die Brust getroffen wurde, haben sich die Eltern 50 Briefe geschrieben. „Als der letzte Brief vom 14. November bei uns angekommen ist, war mein Vater schon gefallen." Erst jetzt versteht Judith Lemke, wie sehr sich die beiden geliebt haben müssen. Wie sehr sie darauf hofften, doch eine Zukunft zu haben. „Mein Vater hat zum Beispiel geschrieben: Auch wenn ihr ausgebombt werdet und wir alles verlieren sollten, mach Dir keine Sorgen. Dann fangen wir nochmals von vorne an. Und heiraten eben noch einmal!" Jedem der Briefe hat der Vater gepresste Blumen beigelegt, die blass geworden sind, verletzlich, aber immer noch ganz. „Es hilft mir, zu lesen, wie sehr sich mein Vater auch auf mich gefreut hat." Die Mutter hatte die Erinnerungen ihr ganzes Leben weggeschlossen. „Sie hat mir den braunen Koffer, in dem sie all unsere Schätze aufbewahrt hatte, niemals gegeben. Heute weiß ich, dass sie die Trauer nicht an sich und mich heranlassen wollte." Die Folgen waren katastrophal. „Sie hat uns im Sinne der Nazi-Erziehung ganz streng gehalten, nie auf den Arm genommen, nie getröstet, es gab keine Zärtlichkeit, keinen Körperkontakt. Sie hat für uns gesorgt, hat sich abgerackert, aber die Emotionalität ist vollkommen auf der Strecke geblieben." Judith Lemke erinnert sich, dass sie sich immer alleine fühlte, mit niemandem reden konnte, und wenn sie mit 5 Jahren nachts aus dem Gitterbett stieg, um aufs Klo zu gehen, im Dunkeln umherirrte, „weil ich den Lichtschalter nicht fand. Und mich nicht getraut hätte, die Mutter um Hilfe zu rufen. Meine Not hat nie jemand gesehen." Was das Kriegskind von damals heute aber noch mehr bedrückt, ist, dass sie das Trauma der Mutter selbst weitergetragen hat. „Ich habe nie eigene Kinder bekommen, weil ich das Kindsein immer als schrecklich erlebt habe. Und als ich später als Lehrerin gearbeitet habe, war ich genauso streng und habe den Kindern verboten, während der Stunde aufs Klo zu gehen." Der Krieg in ihr und der Verlust des Vaters haben auch die Beziehungen von Judith Lemke geprägt. „Mein erster Freund war ganz irritiert, weil ich ihn nicht gestreichelt habe. Aber das kannte ich ja nicht. Und in späteren Partnerschaften habe ich von jedem Mann erwartet, dass ich alles von ihm bekomme.

Das kann kein Mensch leisten." Was sie aus dem Krieg gelernt hat? „Dass er noch Generationen nachwirkt!"

Wolfgang Pucher muss zur Abendmesse. Der 75-jährige Ordenspriester, der zum Armenpfarrer von Graz geworden ist, dient dem Vater im Himmel, „weil mein eigener Vater im Krieg geblieben ist." Sein Vermächtnis als Kriegskind ist zuallererst das Teilen. „Wir waren ganz arm, hatten eigentlich gar nichts, aber was wir hatten, wurde geteilt, und wenn jemand Hilfe gebraucht hat, dann hat er sie bekommen." Dann das Gottvertrauen. „Unser Haus hat bis heute keinen Blitzableiter. Ich glaube heißt eben auch, auf das Leben zu vertrauen." Und die Erfahrung, „dass auch die schrecklichsten Dinge den Aspekt haben, dass man daraus etwas lernen kann". Was Wolfgang Pucher gelernt hat, das predigt er nicht, er lebt es. „Kriege werden meiner Meinung nach nie von Völkern geführt, sondern immer von einzelnen Wahnsinnigen und ihrem Umfeld. Und im Krieg gibt es Opfer und Täter. Die Masse ist weder gut noch böse. Nicht jeder ist zum Widerstandskämpfer geboren, aber Zivilcourage ist eine Charaktersache." Der Pfarrer fürchtet, dass das Grauen neuer Kriege wieder näher rückt. „Das ist wie ein Geschwür. Der Mensch hat leider auch die Fähigkeit, grausam zu sein. Das steckt in jedem von uns drin. Deshalb ist es wichtig, darum zu kämpfen, dass das Böse nicht überhandnimmt."

Günter Sereda ist Arzt und Psychotherapeut geworden, „weil ich immer herausfinden wollte, wie und warum der Mensch fähig ist, Krieg zu führen, zu morden und zu töten". Der 84-Jährige hat nach dem Krieg die „Katathym Imaginative Psychotherapie" mitentwickelt, bei der die Patienten anhand der Bilderwelten ihrer Tagträume therapiert werden. „Der Patient kann dabei in seine Vergangenheit zurückkreisen, sich wieder als Kind spüren und lang vergessene Ängste und Gefühle von damals beleben." Günter Sereda sieht die Kinder des Krieges jeden Tag in seiner Praxis. Ein Rezept für die Bewältigung der Vergangenheit hat er nicht: „Vielen tut es gut, zu erzählen. Manchen, zu verdrängen."

Lieselotte Kuba, die im Krieg ihren Vater und zwei ungeborene Geschwister verloren hat, hat selbst vier Kinder bekommen. „Im Gegensatz zu vielen Bekannten, die aufgrund ihrer Erfahrungen als Kriegskind selbst keine Kinder in die Welt setzen wollten, habe ich mir immer eine große Familie gewünscht." Die Kinder hat sie in Liebe und Achtung groß werden lassen. „Eine strenge Erziehung wäre uns nie in den Sinn gekommen. Vielleicht hat meinen Mann, der auch ein Kriegskind ist, und mich da von Anfang an diese Seelenverwandtschaft verbunden. Wir Kriegskinder wollten, dass es uns besser geht. Und unseren Kindern sollte es einmal noch besser gehen." Nach dem Ende des Krieges ist aus ihr trotz des Verlustes des Vaters ein glücklicher, zufriedener Mensch geworden. „Ich habe auch kaum zurückgeschaut, mich stattdessen immer an der Zukunft orientiert." Mit 14 Jahren beginnt das Mädchen 1954 eine Lehre als Friseuse und spielt im Alten Rathaus Theater bei der „Bunten Bühne". „Die Stücke mussten noch durch die Zensur der russischen Besatzer, aber wir und die Zuseher haben so viel Freude gehabt, auch wieder einmal zu lachen, dass alle Aufführungen ausverkauft waren." Sie geht zu den „Roten Falken" und engagiert sich wie ihr späterer Mann Heinz in der Sozialistischen Partei. „Das Schöne war, dass es vorwärtsging, dass soviel erreicht wurde, und wir ein Radl davon sein konnten."

Und doch ist der Krieg das Trauma ihres Lebens geblieben. „Auch wenn wir nie darüber gesprochen hatten, so haben doch alle draufgezahlt. Vor allem die Frauen, die ihre Söhne, ihre Männer, ihre Brüder verloren haben. Und dann oft auch noch vergewaltigt wurden." Lieselotte Kuba, die ihre Mutter so gerne noch so viel gefragt hätte, wünscht sich nichts mehr als Frieden. „Der Krieg ist das Schlimmste. Das Trauma schlechthin." Sie kann nicht verstehen, „warum sich die Menschen das immer wieder antun. Denn was soll denn dabei herauskommen? Es gibt doch immer nur Verlierer. Der Krieg ist wirklich das Letzte, es sollte ihn gar nicht geben dürfen." Die 74-Jährige, die durch den Krieg zur Gerechtigkeitsfanatikerin geworden ist, hofft, dass es bald mehr Frauen gibt, die regieren. „Vielleicht sind die klüger. Denn keine Mutter will, dass ihr Kind in den Krieg zieht."

Das Schicksal als Kriegskind hat Eckart Schwartz zu Nathan Ceas werden lassen. Unter diesem Namen schreibt der 82-Jährige, der vor Kurzem wieder in die

Stadt seiner Kindheit, nach Berlin, gezogen ist, gegen den Krieg an. „Man muss die Geschichte erzählen, immer und immer wieder. Damit sie sich nicht wiederholen kann. Und man muss immer aufpassen." Vielleicht, so meint er, habe seine Generation nie wieder Krieg geführt, weil sie diesen in der eigenen Kindheit und Jugend erlitten hat. „Wir wissen, wie das ist, am Boden zu liegen und zu zittern, ob man die nächsten Minuten noch erlebt. Wir haben ja nur in Angst gelebt." So fährt der charismatische alte Mann übers Land, um als Zeitzeuge aufzutreten, für seinen nächsten Roman zu recherchieren und aus seinen Büchern vorzutragen. Als er am Ende der Lesung das Buch „Die Schatten der Vergangenheit" zuklappt, lädt er die jugendlichen Zuhörer ein, mit ihm zu „schwatzen", über sein Schicksal. Das Schicksal der Kinder des Krieges. Danach bedankt er sich und sagt noch: „Und fragt auch eure Großeltern und Urgroßeltern. So lange es noch möglich ist!"

# NACHWORT

Ich bin 20 Jahre nach Kriegsende zur Welt gekommen, in Frieden, Demokratie und Liebe aufgewachsen, habe nie Hunger oder Kälte gespürt, keine Bombennächte erlebt, bin also ein glücklicher „Nachgeborener" – und doch war der Krieg immer irgendwie in mir. Meine Eltern sind Kriegskinder, geboren 1937 und 1940. Meine Großeltern waren im Nationalsozialismus weder Täter noch Opfer. Sie waren keine Nazis, haben aber auch keinen Widerstand geleistet. Sie sind, so gut es eben ging, auch in der Diktatur menschlich geblieben, und haben versucht zu helfen. Mein Großvater Albert ist mit den geistig behinderten Patienten des Pflegeheimes, in dem er arbeitete, immer spazieren gegangen, wenn es hieß, heute würden sie abgeholt. Irgendwann konnte er seine Pfleglinge dann nicht mehr schützen. Sie wurden auf Schloss Hartheim verbracht und noch am selben Tag im Euthanasie-Programm der Nazis vergast. Der Großvater hat nichts dagegen getan, was hätte er auch tun können? Als er heimkam, hat er bitter geweint. Meinen zweiten Großvater, Adolf, er war Sozialdemokrat, habe ich nie kennengelernt. Er ist im Frühjahr 1944 in Russland gefallen. Auf eine Mine aufgefahren, hieß es. Mit 31 Jahren. Seine Frau hat nie erfahren, wo er zu Tode gekommen ist, ob er irgendwo begraben wurde, was wirklich passiert ist. Sie ist ihr Leben lang alleine geblieben und hat nicht mehr geheiratet.

Meine Eltern, Heinz und Lieselotte, haben, wie die allermeisten Kriegskinder, nach vorne geschaut und an der Zukunft gebaut. Eine Auseinandersetzung mit der Vergangenheit gab es nicht. Was war, war. Sie wollten nach dem Krieg, der ihre Kindheit zerstört hatte, ihre Träume leben, nicht ihr Trauma. Doch was die Kinder des Krieges gesehen, gespürt, erlitten und erlebt hatten, war so dramatisch und verletzend, dass sie unbedingt Hilfe gebraucht hätten. Nur von wem? Es gab keine Aufarbeitung. Zu monströs war das Verbrechen gewesen, dass die erwachsenen Deutschen und Österreicher begangen hatten, zu groß die Schuld und Scham, als dass man darüber hätte sprechen können.

Und wie hätten die Kinder auch erzählen sollen, was sie als Soldaten im Schützengraben getan und erlitten hatten, wo sie es doch selbst nicht verstehen konnten. Wie hätten die Mädchen, die von „Befreiern" vergewaltigt worden waren, diese Demütigung mit jemandem teilen können. Wie hätten die Kinder, die im Luftschutzkeller Todesängste gelitten haben, darüber sprechen sollen, wo sie doch ohnehin glücklich sein konnten, überlebt zu haben. Also wurde kollektiv geschwiegen. Das Leben musste schließlich weitergehen, und außerdem, so hörten es die Kinder des Krieges, war es schließlich allen so ergangen. So sind die schweren Wunden auf der Seele irgendwann vernarbt, aber nie verheilt. Und brechen nun, am Lebensabend der Kriegskinder, erneut auf.

Offenbar mussten 70 Jahre vergehen, damit die Kinder von damals, die für diesen Krieg nichts konnten, heute erstmals so offen, ehrlich und intim über die eigene Geschichte im Zweiten Weltkrieg erzählen können, wie sie dies in „Wir Kinder des Krieges" tun. Schon bei den Recherchen zu diesem Buch wurde mir rasch bewusst: Die Kriegskinder möchten ihre Geschichte jetzt erzählen, gleich wie schmerzlich das für sie ist. So, als ob sie sich damit, am Ende ihres Lebens, von der Last der Vergangenheit befreien möchten, die Gewissheit finden, dass ihre persönliche Geschichte nicht vergessen wird, und die Hoffnung hegen, dass andere daraus vielleicht etwas lernen können.

Als Sohn zweier Kriegskinder habe ich mich schon in der Schule und später im Studium der Politikwissenschaft intensiv mit dem NS-Regime auseinandergesetzt. Danach, als Journalist, habe ich jahrelang gegen Rechtsextremismus und Neonazis angeschrieben. Dann habe ich gemeinsam mit anderen Journalisten das größte österreichische Zeitgeschichte-Projekt „A Letter To The Stars" initiiert, in dem Schüler und Lehrer die Lebensgeschichten von jüdischen Opfern und Überlebenden erforscht und dokumentiert haben. Die Enkel der Kriegskinder haben in diesem Projekt berührende Gedenkveranstaltungen mit den Überlebenden des Holocaust gefeiert, die damals selbst Kinder waren. Aus diesen so spannenden wie fruchtbaren Begegnungen sind auch Dokumentarfilme entstanden. Wie „killing nazis. Die Geschichte eines echten Inglourious Basterd." Oder „Heil Hitler, die Russen kommen", in dem Kriegskinder ihre Geschichte zwischen Hakenkreuz und Sowjetstern erzählen. In all diesen Projekten war es so, als hätten die Zeitzeugen förmlich darauf gewartet, ihre ganz persönliche Geschichte endlich erzählen zu können: „Wir sind ja ein Geschichtsbuch, aber auch in einem Geschichtsbuch muss man blättern!"

Bei einer der Gedenkveranstaltungen von „A Letter To The Stars" habe ich dann meine Mutter, deren Vater im Krieg geblieben war, beobachtet, wie sie gemeinsam mit Tausenden anderen ein paar der 80 000 Kerzen entzündet hat, die in Erinnerung an die vom NS-Regime ermordeten österreichischen Juden, Behinderten, Roma und Sinti sowie politischen Gegner am Wiener Heldenplatz brannten. Und ich habe in diesem Moment gespürt, dass sie dabei wohl auch an ihren eigenen Vater gedacht hat, den sie, als Kriegskind, mit 4 Jahren zum letzten Mal gesehen hatte. So entstand für mich das Bedürfnis, auch jenen Menschen eine würdevolle Erinnerung zu geben, die in diesem Krieg auf der Seite der Täter selbst Opfer waren. Den Kindern des Krieges.

Fast alle Kriegskinder erzählen heute ihre Geschichte, wenn man sie nur fragt. Und in keinem der Gespräche, die ich für dieses Buch geführt habe, ist es darum gegangen, aufzurechnen, Schuld zuzuweisen oder Schuld von sich zu schieben. Die Zeitzeugen aus Deutschland und Österreich wollen mit ihren Berichten nur eines: ihre ganz persönliche Geschichte erzählen. Und damit ein Vermächtnis gegen den Krieg abliefern. Nachdem ich alle Interviews in Deutschland und Österreich geführt hatte, war schließlich nur noch ein Gespräch offengeblieben. Das mit meiner eigenen Mutter.

Andreas Kuba